만주국의 탄생과 유산

―제국 일본의 교두보

오카베 마키오 지음
최혜주 옮김

어문학사

제국 일본의 교두보
만주국의 탄생과 유산

초판 1쇄 발행일 2009년 8월 13일

지은이 오카베 마키오
옮긴이 최혜주
펴낸이 박영희
편집 이선희
표지 강지영
교정·교열 이은혜
책임편집 강지영
펴낸곳 도서출판 어문학사
　　　　132-891 서울특별시 도봉구 쌍문동 525-13
　　　　전화: 02-998-0094 / 팩스: 02-998-2268
　　　　홈페이지: www.amhbook.com
　　　　e-mail: am@amhbook.com
　　　　등록: 2004년 4월 6일 제7-276호

ISBN 978-89-6184-080-4 93900

정가 16,000원

인 지 는
저 자 와 의
합 의 하 에
생 략 함

※ 잘못 만들어진 책은 교환해 드립니다.

한국어판 서문

이 책의 초판은 1978년 8월 산세이도三省堂 선서選書의 하나로 도쿄에서
출판되었다. 그 후 30년 가까이 지나 고단샤講談社 학술문고에 다시 수록
되었을 때, 이웃나라의 혜안을 가진 연구자의 눈에 띄어 이제 새로운 독
자를 얻게 되었다. 중국어판이 나온 이래 번역되어 나오게 된 것은 처음
이므로, 저자로서는 감사하고 영광이라고 생각한다.

1931년 9월 일본의 중국 동북침략(이른바 만주사변과 만주국의 설립) 이
래, 1945년 8월 연합국에 항복하기까지, 일본은 제국주의·파시즘 체제
아래 침략전쟁을 수행하고, 자국민과 근린 아시아 제국의 민중에게 심각
한 참화를 입혔다. 그 반성에서 1946년 적어도 방침상은 전쟁방기와 전
력을 갖지 않겠다고 강조한 신헌법을 제정했다.

많은 도시가 폭격으로 잿더미로 변하고, 생산과 유통은 막혀 식료도,
물자도 부족한 가운데, 눈앞의 생활재건에 쫓기는 일본국민의 대부분은
스스로를 전쟁의 피해자라고 인식하여, 이 '평화헌법'을 환영했다. 1948
년에는 연합국에 의한 도쿄재판의 판결에서 군인 등 전쟁지도자 25명에
게 유죄가 언도되었다. 이것도 국민은 받아들였지만, 자국의 전쟁범죄 사
실을 자발적으로 인식하고, 고발하는 움직임은 거의 일어나지 않았다. 평
화운동, 핵병기반대운동의 일정한 확산은 보였지만, 그것도 아마 피해자

의식에서 나오고 있었다.

전후 일본사회의 전쟁인식은 이러한 수동적인 감각으로 지탱되고 있었다. 그래서 국가·국민이 일체가 되어 침략전쟁을 수행하고, 그 때문에 참혹한 식민지 지배를 행한 사실을, 있는 그대로 인식하는 자세는 성장하기 어려웠다. 한민족의 대재액大災厄인 한국전쟁을 계기로, 일본이 부흥에서 고도경제성장을 향해 간 1960년대의 후반에는 이전의 식민지·점령지 지배를 긍정하고 미화하는 논조도 나타났다. 보수정치가도 가끔 이러한 언동을 반복하여, 역사의식을 둘러싸고 한국이나 중국과의 마찰을 깊게 했다.

근대 유럽사상사를 전공하고, 1965년에 대학을 졸업한 나는 이러한 상황 아래에서 일본의 근현대사를 새로 배우기 시작했다. 그런 가운데 일본의 식민지였던 조선에 대해서는 당시도 상당한 연구축적이 있었지만, 그것과 밀접한 관계가 있는 중국 동북(일본에서 말하는 만주)지배에 대해서는 아직 실증연구가 충분하지 않고, 언론계·학계의 일부에서는 일본은 만주의 근대화에 공헌했다고 하는 언설도 유포되어 있었다. 이러한 풍조에 대해 냉철한 실증연구의 입장에서 파시즘기의 일본의 침략정책을 서술하려고 한 것이 이 책이다.

4

1980년대가 되자, 침략전쟁을 실제로 지탱한 세대의 일본인이 사회의 제일선에서 물러나기 시작해, 자신들의 청춘시대의 의미를 응시하려는 경향이 강해졌다. 그런 가운데 침략을 담당한 현실을 객관적으로 인식하고, 사회를 향해 말하는 사람도 늘어갔다. 현대사 연구자는 증가하고, 국가에 의한 교과서검정의 위법성을 묻는 재판도 시작되어, 일본사회의 전쟁인식은 보다 다면적·복합적이 되었다. 현재는 일본, 한국, 중국의 연구자가 상호 상대방의 나라에 유학하여 사료를 탐색하고, 근현대사를 둘러싼 공동연구를 하는 것이 당연시되고 있다. 현대사의 이해는 과도한 내셔널리즘에서 급속하게 해방되고 있다고 말할 수 있다.

이 책이 동아시아 각국 역사의 객관적인 공통인식 형성에 불충분하게나마 공헌해 왔다면 망외의 기쁨이지만, 그 판단은 각국의 독자에 맡겨진 것이다. 번역·출판의 수고를 해주시는 여러분에게 깊은 감사를 드린다.

3·1독립운동 90주년

2009년 3월 저자

차 례

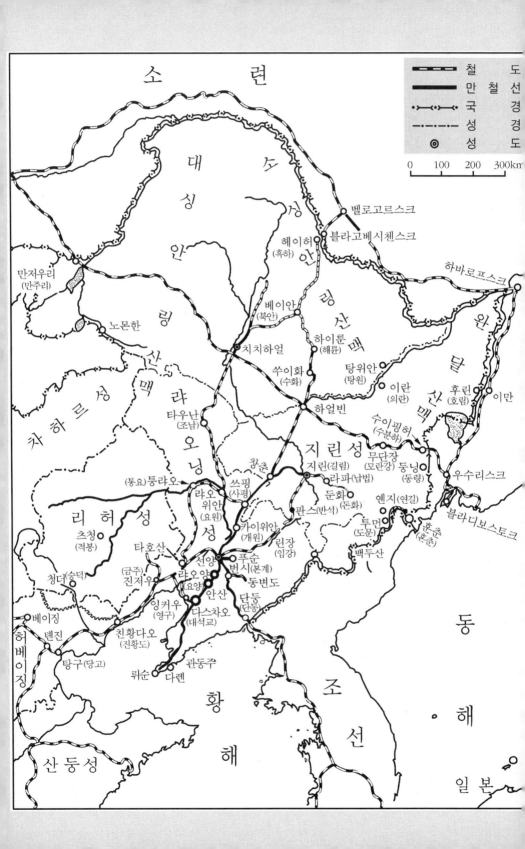

현대사 속의 '만주'

天 地 內 有 新

新 滿 洲 便 是 新

無 苦 無 憂 造 成 我

只 有 親 愛 並 無

人 民 三 千 萬 人 民 三

縱 加 十 倍 也 得

仁 義 尚 禮 讓 使 我

현대사 속의 '만주'

다음의 창가를 전교생도 및 아동에게 철저하게 지도할 것.

만주 시나노信濃촌 건설 노래

(나가노長野현·시나노 매일신문사 현상 당선가)

> 새벽하늘 멀리 빛나면
> 희망은 불타서 숲을 이룬다.
> 보라, 대륙의 새로운 벌판
> 개척하는 우리들에게 빛이 있다.
> 아아, 만주 시나노촌(이하 생략)

나가노현 학무부장 통달

「만주 흑태黑台[1]의 시나노촌 건설기념일에 관한 건」(1937년 9월)

---

1 역주_헤이룽장黑龍江성 밀산시密山市에 있는 흑태진黑台鎭

어느 회의에서의 결정

1940년 12월 3일 중부 지방의 산간에는 몇 번인가 눈이 내려 긴 혹한
이 시작되었다. 나가노현 하니시나埴科군, 국철 신에츠 본선信越本線을 따
라 치쿠마가와千曲川의 오른쪽 언덕에 늘어선 4정町 13촌2의 정장町長과
촌장, 조역助役3들은 이날 온천으로 유명한 도구라戸倉정의 역장회의실에
모였다. 군내의 각 정촌에서 300호의 농가를 이민시켜 '만주 하니시나향
鄕'을 만들기 위한 회의이다. 도구라정의 북쪽에 있는 고가五加촌에서는
조역 미야모토宮本正武가 출석하고 있었다.

만주 농업이민의 국책사업에 기초하여 전국적으로 이민 송출이 진행
되는 가운데, 하니시나군郡에서도 이민단을 보내려는 계획이 본격적으로
구체화된 것은 그 해 9월 중순의 일이다. 그 이면에는 이민의 선진현을
자부하고 있던 나가노현 당국의 강력한 행정지도가 있었고, 전년도에는
이미 2개의 군에서 송출이 이루어지고 있었다. 이제까지 시도한 전체 현
단위의 이민단과 정촌 단위의 이민단 편성(분촌이민)이 각각 벽에 부딪
쳐, 조금 더 현실적인 군 단위의 방법(분향이민)이 금후의 주력이 될 듯한
분위기였다.

하니시나향의 경우, 처음 계획은 10월 중순에 선발대 45명의 선발을
끝내게 되어 있었다. 그런데 적극적으로 대원을 지망하는 자가 없고, 11
월 초순이 되어 겨우 15명이 정해졌을 뿐, 그 후는 전혀 늘어나지 않았

---

2 역주_정町은 읍, 촌村은 면, 향鄕은 촌의 집합체에 해당함.
3 역주_시정촌市町村에서 장長을 보좌하고, 그 임무를 대리하는 특별직 지방공무원을 말함.

다. 이날의 의제 하나는 선발대원의 정원을 어떻게 채울까라는 점이었
다. 그러나 출석자 누구 한 사람도 묘안을 갖고 있지 않았다. 선조로부터
물려받은 좁은 밭을 갈고, 혹은 고통 속에서도, 어쨌든 얼마간의 토지를
소작하고 있는 농민들에게, 설령 수십 정보(1정보는 대략 1헥타르)가 주어
진다고 해도, 전혀 모르는 외국으로 이주하는 것은 대략 비현실적인 꿈
같은 이야기였다. 그것도 한 달이나 두 달 만에 결심하고, 준비를 갖추는
것은 우선 불가능한 상담이다. 만일 이주한다고 해도 선발대가 간 모습
을 확인하고 나서 본대에 참가하면 된다. ―이것이 농민의 속일 수 없는
본심이었다. 모인 정·촌장들이 각자의 할당에 응모 수를 다시 한번 확인
하고, 그 달성을 위해 한층 노력한다고 말할 수밖에 없었던 것도 당연한
것이었다.

　회의는 진행되어 바야흐로 하니시나향 이민단의 단장을 정하는 절차
가 되었다. 군내 일원으로부터 서로 알지 못하는 동지가 모여 인위적으
로 하나의 공동체를 만든다는 것이므로, 그것을 완성시킬 단장 인사 결
정은 장래 이민의 성공과 실패를 나누는 중대 문제였다. 3년 넘게 계속
하고 있는 중국과의 전쟁 때문에 석탄도, 장작도, 탄도 어쩔 수 없이 제
한되어서 회의실은 추웠다. 고가촌의 조역 미야모토宮本正武의 얼굴은 창
백하고 몸은 떨렸다. 그러나 이것은 단지 방의 추위 때문만은 아니었다.
사회를 본 하니시나향 건설본부장(하니우埴生촌 촌장)이 자리를 바라보면
서, 한마디 한마디를 고르는 것처럼 이렇게 말을 꺼냈기 때문이다.

단장의 인선에 대해서는 본부도 신중하게 고려를 거듭해 왔습니다. 지난번부터 군 정·촌장회에서도 협의한 결과, 고가촌의 미야모토 조역이 이번에 가장 적임이라고 생각하여 부탁드리자고 일치를 본 바입니다. 아시는 바와 같이, 군은 인격이 원만하고, 인망 역시 두텁습니다. 기회가 되면 결단을 내리는 데에 있어서도 조금의 잘못도 없어, 이민단에게는 유일하게 얻기 어려운 인재라고 확신하고 있습니다.

당사자 미야모토에게 단장으로 취임하라는 교섭이 있었던 것은 바로 2, 3일 전이었다. 아닌 밤중에 홍두깨 같은 이야기였다. 한 한촌寒村의 올곧은 관리가 만 50세를 맞이하는 지금, 먼 해외를 건너 어려운 개간을 하기 위해 괭이를 가지고 나아가 몇 백 명이나 되는 농민을 직접 지도하는 역할은 너무나도 무거운 임무라고 생각되었다. 또 그 개인의 인생 설계에서 생각해보더라도, 장래 타향에서의 노후생활에 커다란 불안을 느꼈다. 그는 극력 사퇴하고 싶었지만 달리 적당한 사람이 없다는 설득과 국책 이민을 호소하는 앞에서는, 그 본심을 끝까지 관철시킬 기력이 시들어버렸다.

그리고 그는 금일의 하니시나향 건설위원회의 회의에서 만장일치로 단장에 선임되었다. "저 같은 사람은 도저히 이 일의 적임자가 아닙니다"라는 최후의 사퇴도 아무런 소용이 없었다. 대세는 이미 정해졌다. "공사 모두 여러 가지 어려움은 있다고 생각합니다만 국가를 위해, 군의 농민을 위해, 뜻을 굽혀 수락해주시기 바랍니다"라고 각 출석자로부터 차례로 간청받자 지금까지 촌민에게 같은 말로 응모를 권해 온 입장에서도, 감히 거절하기는 어려웠다. 불과 4일 전 11월 29일에는 촌장이 미야모토를 고가촌의 금후 이민송출을 맡는 주무자로 본부장에게 막 보고했다. 그런데 이렇게 급전직하, 이민을 해야 하는 한사람이 되어 버린 것이다. 그는 15명의 선발대를 따라 12월 26일 미지의 대륙을 향해 출발했다. 정식으로 단장에 결정되고서 불과 3주간 정도의 분주함이었다.

일본인과 '만주'

이러한 예는 당시 전국의 어디를 가나 있었다. 1932년부터 1945년까지 30만 명 가까운 일본 농민이 국책에 따라, 다양한 형태로 만주(중국의 동북 지방)로 이주한 것이다. 거의 대부분은 미야모토와 같이 반드시 자신의 본의가 아니고, 주위의 분위기에 밀려 바다를 건넜다. 그리고 대부분의 사람들이 현지에서 군대에 소집되거나, 패전 후의 혼란 가운데 연루되어 목숨을 잃고, 억류되고, 혹은 일가가 이산하는 운명과 조우했다. 또 빈궁의 밑바닥에 떨어져, 고통 끝에 겨우 귀환했을 경우도 이전의 토지는 다른 사람의 손에 넘어가버려, 고향 마을에는 돌아갈 여지가 없는 일이 많았다. 이러한 사람들은 이제는 다 갈아엎어버린 것으로 보이는 일본 가운데, 겨우 남은 고랭지 원야에 다시 개척의 한 걸음을 내딛을 수밖에 없었다.

이들 농민 외에도 패전하기 전, 일본인의 '만주체험'은 다양한 형태로 존재했다. 일본의 권익철도인 남만주철도(만철)의 종업원만도, 대강 10

만 명을 넘었다. 그밖에 일본자본의 회사원, 관리, 일반거류민, 거기에 군인, 병사도 넣으면 많을 때는 100만 명 남짓한 일본인이 거기서 생활하고 있었다. 단기 여행자를 포함해 어떤 형태로든 '만주'와 관련된 일본인은 매우 많았다. 패전부터 33년이 지난 금일에도 대부분의 일본인은 자신이나 우인, 지인의 친족 가운데, 적어도 한사람은 이전의 '만주체험자'를 발견할 수 있지 않을까. 그런 의미에서 일본인이 '만주'와 관련된 것은 현대사를 가로지르는 커다란 국민적 체험의 하나이다.

그중에서도 현재 4, 50세 이상의 세대에게는 현실의 '만주체험'을 가진 사람이 많고, 이 국민적 체험은 한층 직접적인 실감으로 인상을 주고 있다.

망막한 평원, 지평선에서 올라와 지평선으로 가라앉는 커다랗고 붉은 태양. 평야 천리의 군데군데에 마을이 흩어져 있고, 콩이나 수수밭 사이에 농부가 유유히 일하고 있다. 그 가운데를 한줄기의 철로가 지나가고 있는 것은 일본의 권익을 상징하는 만철선이다. 그 만철이 경영하는 근대도시 다롄大連(대련)의 당당한 집들이 들어선 거리나, 무진장의 노천굴 탄광, 차창에서 내다보이는 대제철소—이 연령층의 일본인 대부분은, '만주'에 대해 대강 이러한 공통적 이미지를 가지고 있을 것이다. 그들은 일본의 자본이나 기술이나 인재가 이 땅에 뛰어들어, 그 부원이 급속하게 개발되어 가는 것에, 일종의 민족적인 자부심을 가지고 있었다. 이런 자부심을 갖는 마지막 세대인 일본인들은 현대의 일본사회에서 한편으로 연령상 중견층을 형성하고 있고, 각 방면에서 커다란 발언력을 가지고 있었다. 따라서 일본인과 '만주'와의 관련은 지나가 버린 과거의 일에

15

그치지 않고, 지금까지도 사람들의 의식이나 생활 상태까지 유형무형의 작용을 끼치고 있다고 말할 수 있다.

만주국 연구와 이 책의 주제

중국 동북 지방에 주둔하고 있던 일본군(관동군)이 갑자기 중국군을 공격하고, 단시간 안에 요지를 점령한 것은 1931년 9월의 일이었다. 이 전쟁은 오늘날 일반에게 만주사변이라 불리고 있지만, 역사적 의미의 크기를 생각하면, '사변'이란 명칭은 그 내용을 왜소화하는 것일 뿐이다. 전쟁은 그 후 동북 전토에서 계속되었는데, 1932년 3월 관동군이 이제까지의 기정사실에 서서 만주국을 발족시켰기 때문에 사태는 새로운 국면을 맞이했다. 오는 1981년은 만주사변이 일어난 지 50년이 된다.

요즈음 일본에서 제2차 세계대전을 '15년 전쟁'이라는 명칭으로 부르는 것이 많아졌다. 이 명칭은 만주사변에서 1945년 패전까지 14년(만주사변의 전쟁준비기를 넣어 대략 15년) 사이에, 일본이 언제나 어디에서나 전쟁을 계속해 왔다는 역사의 현실을 잘 나타내고 있다. 당시의 공식 전쟁목적에 따라 '대동아전쟁'이나 미·일간의 전쟁에 한정되기 쉬운 '태평양전쟁'과 비교해, '15년 전쟁'이란 명칭이 보다 객관적인 시민권을 얻기에는 우리들의 동시대사의 50년경과가 필요했다고도 말할 수 있다.

만주사변은 이 긴 15년 전쟁의 기점으로 일본이나 동아시아의 세계사에서 매우 중요하다. 이것을 계기로 정치에 대한 군부의 발언권이 증가

16

하고, 이윽고는 군부를 중심으로 파시즘 지배가 확립된다. 만주사변은 일본의 파시즘화에의 커다란 이정표가 되었다.

만주사변, 만주국의 설립으로 일본이 지향한 것은 단지 중국의 민족주의 · 혁명운동에서 동북의 권익을 지키는 것만이 아니었다. 오히려 더욱 나아가 이와 대결하고, 더욱이 소련의 국내 건설에 맞서는 것이었다. 이 점은 이 책에서 차차 밝혀갈 예정이다. 국내의 사회운동이나 국민의 자유로운 사상 탄압과 함께, 만주사변 이후의 일본이 이와 같이 동아시아의 현실에 적극적으로 개입하고, 개혁이나 혁명의 진로를 군사력으로 봉쇄하게 된 것은, 일본에게 파시즘이 성립되는 하나의 중요한 계기였다. 파시즘의 특질은 세계사의 현실에 대한 군사적인 반혁명이라고 말할 수 있기 때문이다.

그런데 일본 파시즘의 중국 동북지배에 대해서는 그 역사적 중요성에 비해 그다지 구체적으로 해명되지 않았다. 그것도 동아시아 현대사의 전체 가운데 그것의 시점을 위치시키는 일은 연구자 사이에서도 거의 볼 수 없다.

나는 이 책에서 14년에 걸친 일본 파시즘의 동북지배, 즉 그것의 표현인 만주국이라는 것에 대해, 가능한 한 전체적인 역사기술을 하고 싶다고 생각했다. 그러나 실제로 쓰기 시작해보자 내 자신의 힘이 부족하고, 여러 제약 속에서 전체적, 종합적인 기술은 매우 무리라는 것을 알았다. 금일의 연구 수준에서는 부분적으로 자세하게 분석이 진행된 면도 있지만, 아직 공백 부분이 크다. 사료의 탐색에서 그 비판, 분석이란 실증연구의 축적을 기다려야 하는 부분이 너무나 많은 상태에서는 한 걸음에

달려가 통사를 쓰는 것이 매우 어렵다.

더욱이 식민지 문제는 역사 연구 가운데 하나의 경계영역에 해당하고, 단지 일본의 사료만으로는 그 전체 모습을 파악할 수 없다는 요소도 연구를 느리게 만든다. 중국 동북 지방을 연구하는 데는 적어도 중국어·한국어·러시아어·영어 문헌을 볼 필요가 있다. 그렇게 보면, 한 사람의 연구자가 만주국의 전체상을 그리는 것은 지금의 형편상 도저히 불가능한 이야기일지도 모른다.

그래서 나는 우선 다음 세 가지 측면에서 만주국의 현실을 도드라지게 하려고 시도했다. 먼저 I 장에서는 만주사변의 역사적 의미를 포함해, 세계사의 현실과 관련시키면서, 만주국의 설립과 육성의 정치 과정을 좇는다. 이어서 II장에서는 일본 파시즘이 만주국에 가장 기대한 점, 즉 총력전 체제를 확립하기 위한 산업개발과, 소련에 대한 반혁명적인 전쟁준비를 축으로, 만주국의 지배 실태와 모순을 분석한다. 마지막 III장에서는 동북 지방은 본래 농업지역이고, 농민이 인구의 대다수를 차지하므로 농업정책의 실태를 파악하여, 식민지 지배와 민중의 관계를 밝혀 그 모순을 그린다. 만주사변의 경과에 대해서는 이미 많은 통사가 있으므로, 이 책에서는 지면관계상 거의 언급하지 않았다.

고유명사에 대해

그런데 이 책의 고유명사를 표기하는 방법에 관해서는 여기서 미리 말해두고 싶다.

일본에서는 중국 동북 지방의 일을 오랫동안 '만주'라고 불러왔다. 또 동부 내몽골을 합쳐서 '만몽'이라고 말했다. 지금까지도 '만주'는 매우 일반적으로 사용되고 있다.

'만주'의 명칭은 본래 동북 지방에 사는 민족(이른바 만주족)을 가리키고, 그것이 지역 명으로 바뀌었다고 말해지고 있다. 그러나 근대의 중국에서는 '만주'는 지명으로 거의 사용하지 않고, 주로 동북, 동삼성東三省을 사용한다. 중국 전체의 북동부에 위치하고, 랴오닝遼寧, 지린吉林, 헤이룽장黑龍江의 3성으로 이루어지고 있기 때문이다.

통일 민족국가의 건설이 최대의 과제였던 중국으로서는, 그 분리할 수 없는 영토인 것을 전제로 한 '동북', '동삼성'의 명칭을 좋아하는 것은 당연할 것이다. 그와 반대로 오히려 중국 이외의 나라에서 '만주', '만추리아'가 사용되는 것은 중국의 분할지배를 계획하던 제국주의의 뉘앙스, 동북을 특수지역이라고 보는 발상이 담겨져 있기 때문이다. 만주사변으로부터 중일전쟁으로 가는 일본의 발걸음은 틀림없이 이 '만주'라는 말이 가진 동북의 특수지역화를 억지로 실현하려는 것이었다.

'만주' 하나를 보더라도 단어에는 이러한 구체적이고, 역사적인 내용이 물들어 있다. 이 책에서는 만주사변, 만주국, 남만주철도 등이라는 용례를 제외하고, 단지 지명으로서는 '동북'을 사용했다.

또 이것과 관련해 이 책에 등장하는 외국지명·인명에 대해서는 가능한 한 그 나라의 발음을 존중하기 위해, 지금까지의 관습과 달리 다른 방법을 시도했다.

보통 한자문화권 내의 나라에서는 외국어의 고유명사는 서로 그 글자를 자국어로 읽고 가르치고 있다. 그것이 한자가 가진 성격일 것이지만, 다른 민족의 역사나 문화를 존경하고, 상호의 이해를 깊게 하기 위해서는 하나의 고유명사라도 외국어로 인정하고, 노력해서 습득해야 하는 것은 아닐까. 그렇기 때문에 나는 중국이나 조선의 고유명사도 전부 외래어로 가다가나로 써야한다고 생각한다.

이 책에서도 그 원칙에 따랐는데, 오늘날 중국어의 표준적 발음은 이제까지 많은 일본인이 생각하고 있던 것과는 상당히 차이가 있다. 또 이책에 나오는 고유명사는 반드시 일본인에게 익숙한 것만은 아니기 때문에, 그 한자에 해당하는 현행의 일본어 글자체를 필요에 따라 괄호로 보충하는 편법을 취했다. 다만 중국 측이 그 합법성을 인정하지 않는 만주국 특수의 행정구획 등까지 중국 음으로 쓰는 것은 난센스이므로, 그 경우는 한자를 사용했다.

Ⅰ

만주국의 탄생
—괴뢰국가의 정치사

신속하게 만주 및 몽골의 일부를 점령하여 이것을 완전히 우리 세력 하에
두고, 대외 장기전을 위해 자원 기타에 관하여 확고한 책원지를 획득할 것.
―관동군참모부 「만몽에서 점령지 통치에 관한 연구」 (1930년 9월)

1
만주사변이 의미하는 것

일본의 동북경영

선양瀋陽은 지금도 옛날도 중국 동북 지방 최대 도시이다. 중년의 일본인에게는 옛 명칭 펑톈奉天 쪽이 친근감이 깊을지도 모른다.

만주사변은 1931년 9월 18일 밤, 선양의 교외 유조호柳条湖에서 일어난 중·일 양군의 충돌(유조호사건)에서 시작되었다. 일본이 경영하는 남만주철도의 레일이 중국 측에 의해 폭파당하고, 일본군의 한 부대가 사격을 받았다는 것이 관동군의 주장이었다. 그러나 오늘날에는 이 전쟁이 관동군의 계획과 준비 아래에 일방적으로 일어난 것이 분명하다. 만철선을 폭파한 것도, 그것을 구실로 중국군을 일제히 공격하고 마침내 전 동북을 무력으로 점령한 것도, 모두 관동군 중추부의 예정된 행동이었다.

이 시기에 관동군이 이와 같은 침략적인 수단을 취한 배경에는 당시

▌유조호의 만철선이 폭파된 현장

동아시아 세계의 현실과 그 가운데 일본 제국주의의 절실한 위기가 있었다.

러일전쟁(1904~1905)의 결과, 일본은 중국 동북 지방에 있는 러시아의 권익 일부를 획득했다. 그 중심은 랴오둥遼東 반도의 조차권과 동청철도(나중의 중동철도) 남부선의 경영권이다. 일본은 이 조차지를 관동주라고 이름 붙이고, 관동도독부(나중의 관동청4)를 두고 식민지 통치를 시작했다. 또 철도와 그 부속권익(항만·탄광 등)을 경영하기 위해, 1906년 자본금 2억 엔으로 남만주철도주식회사(만철)를 설립했다. 그 이후 일본은 관

---

4 역주_뤼순旅順(여순)에 설치된 관동주 통치기관. 1919년 관동도독부를 폐지하여 관동주의 행정을 담당, 군사면은 관동군에 위임했다. 1934년 다롄(대련)에 관동주청을 두고 폐지했으며, 장관은 주만주국 대사가 겸임했다.

동주와 만철을 발판으로 동북 지방을 세력권으로 삼고, 중국에 대한 제국주의 열강의 분할·지배 경쟁에 가담해 간다.

만철은 일본정부와 군부의 지도 아래 특별법(칙령)으로 설립되고, 정부의 강력한 감독을 받는 한편, 수많은 특권을 부여받고 있어서, 그 본질은 중국 지배를 위한 국가기관이었다. 자본금의 액수도 패전 전의 일본 법인으로서는 항상 최대였고, 그 반액은 정부가 출자하고 있었다. 만철은 철도와 탄광을 기둥으로 도시나 항만 경영, 각종 사업 투자, 중국에의 철도 차관 등 다각적인 경영을 했다. 철도는 동북의 특산물(특히 대두)과 푸순撫順(무순)탄광의 석탄을 주요한 화물로 하여, 대부분의 만철 이익을 내고 있었다. 회사의 이익금은 영업을 개시한 1907년도에 벌써 367만 엔이었다. 이후 눈부시게 성장하여 1911년도에는 1,062만 엔, 제1차 대전 중인 1917년도에는 2,360만 엔에 달했다.

만철사업의 또 다른 하나의 기둥에는 지방경영이 있다. 만철은 선로를 따라 띠 모양帶狀의 철도 부속지를 러시아로부터 계승했다. 그곳에는 중국의 주권이 미치지 못하고, 조차지처럼 철도경영국이 행정권을 가졌다. 역이나 요충의 토지에서는 부속지의 폭도 쭉 확대되고, 구래舊來의 중국 도시와는 달리 시가지나 공장이 건설된다. 만철은 군사, 외교, 사법 등을 제외한 부속지의 일반 행정권을 일본정부로부터 부여받았다. 부속지의 주민으로부터 비용을 징수하고, 토지, 건물, 시가 경영과 건설을 행하는 것이다. 이 지방경영은 영리적으로는 적자이지만, 부속지는 "우리의 이권을 확보하고 국력을 부식하는 기초"[5]이고, 관동주와 함께 일본 제국주의의 동북경영의 거점이었다.

제1차 대전(1914~1918)을 계기로 일본은 악명 높은 대화對華 21개조6를 요구하는 등 중국지배의 확대에 나섰다. 당시 중국에서는 신해혁명 (1911~1912)으로 청조가 무너진 뒤, 각지에 반봉건적인 군벌권력이 세력을 얻어 항쟁을 계속하고 있었다. 제국주의 열강은 앞 다투어 각각의 군벌을 지지하고, 그것을 통해 중국에 대한 발언권을 강화하려고 했다. 일본의 21개조 요구도 이러한 중국의 정치적 분열에 편승한 것이다. 일본의 강인한 정책은 다른 열강과의 대립을 초래했다. 일본은 영·미에 대항하여 단기서段祺瑞(1865~1936, 돤치루이) 군벌을 밀고, 나중에는 동북을 지반으로 하는 장쭤린張作霖7 군벌에 접근했다.

제1차 대전 시기에 일본의 동북경영은 크게 진전되었다. 농업 발전과 탄광 확장으로 만철의 수송량은 현저하게 늘어나, 대두의 국제상품화, 만철의 배양선培養線 개통, 러시아혁명의 전란에 따른 중동철도의 수송력 저하 등이 이에 박차를 가했다. 안산鞍山에 철광산을 획득한 만철은 일본의 중공업 발흥에 맞추어 제철사업에도 나섰다.

금융면에서는 일찍부터 지반을 굳혀 요코하마쇼킨橫浜正金은행8에 가

5 『滿鐵10年史』

6 역주_1915년 제2차 오쿠마大隈 내각이 중국에서의 이권 확대를 위해 袁世凱정부에 요구한 것. 산둥성 독일 권익의 양도, 남만주·내몽골 권익의 기한연장과 철도부설권, 漢冶萍公司의 일본과 중국의 공동경영, 복건성을 다른 나라에 양도하지 않고, 일본의 세력권에 두는 것의 확인을 요구했다. 나중에 워싱턴회의에서 산둥성 권익은 중국에 반환되었다.

7 역주_1873~1928. 북방 군벌의 거두. 만주 군벌·펑톈 군벌이라고 말한다. 일본의 지원으로 만주를 통일하고, 나중에 베이징 정계에 진출한다. 장제스의 북벌군에 압박을 받고 패주하던 도중, 관동군의 모략으로 열차와 함께 폭사 당한다.

8 역주_1880년 무역금융을 목적으로 설립된 은행으로 1887년 특수은행이 된다. 1931년 금본

담하여 조선은행과 동양척식 등의 반#국가적인 일본자본이 동북에 진출했다. 미쓰이三#9, 오쿠라大倉10 등의 재벌을 선두로 민간자본이 동북으로 유입되는 것도 성행했다. 동북에 있는 일본의 민간회사는 1911년에 30사, 불입자본금은 약 1억 1,200만 엔이었다. 10년 후인 1921년에는 797사, 약 5억 1,700만 엔을 셀 수 있게 되었다.11

중국혁명의 진전

제1차 대전은 세계사적으로도 매우 커다란 전환점이었다. 한마디로 말하자면, 자본주의 세계와는 근본적으로 대립하는 사회주의국 소련의 성립과 거기에 촉구된 민중의 자각적인 반제국주의운동의 등장이다. 자본주의 세계체제는 심각한 위기를 맞았다.

일본 제국주의도 쌀 소동(1918)12에 상징되는 국내의 민중운동과, 대

위제 이탈 후는 爲替統制의 중심기관이 되었다.

9 역주_에도시대 兩替商 미쓰이 가에서 만든 일본의 최대 재벌. 1876년 미쓰이은행을 창립하고, 경공업·상공부문을 중심으로 발달했다. 1888년에는 三池탄광을 불하 받아 1892년 미쓰이 광산을 창립했다.

10 역주_군수품 어용상인이었던 오쿠라 기하치로(大倉喜八郞)가 청일·러일전쟁을 통해 만든 재벌.

11 天野元之助,『만철경제의 발달(滿洲經濟の發達)』, 經濟調查會, 1932

12 역주_8월에 도야마富山현에서 쌀값이 뛴 것에 대해 한 어촌의 주부들이 봉기한 것을 계기로, 1도 3부 38현에 걸쳐 쌀값 인하를 요구한 소동을 말함. 참가자 약 70만 명 이상, 일부에서 군대도 출동해서 3개월 후에 진정되었다. 이로 인해 데라우치寺內正毅 내각이 총사

만·조선·중국에서의 반일민족운동에 직면했다. 조선의 3·1독립운동
(1919)은 그 전형이다. 또한 러시아혁명에의 간섭을 위해 동시베리아·
극동 지방을 점령한 일본군은 거기서도 게릴라전을 중심으로 하는 민중
의 저항에 고생했다.

중국에서는 대전 중의 민족자본의 발전, 노동자계급의 대두, 학생층의
자각 등을 기초로, 군벌과 제국주의 지배에 대한 폭넓은 저항이 생겨났
다. 그중에서도 대전의 전후처리를 토의하는 파리강화회의가 일본에 산
둥성의 구 독일 권익의 계승을 인정한 것은, 중국의 민족주의를 정면에
서 자극했다. 이것을 계기로 일어난 5·4운동(1919)은 쌀 소동이나 3·1
운동과 함께, 동아시아에 제국주의와 대립하는 주체적인 민중의 힘이 자
라온 것을 나타내는 획기적인 사건이었다. 이러한 민중의 힘은 군벌지배
에 대항하여 중국의 근대적 통일을 지향하는 중국국민당의 세력을 강하
게 하고, 나아가 1921년의 중국공산당 설립의 전제가 되었다.

일본 제국주의는 내외로 민중의 움직임에 당면하는 한편, 대전 후는
만성적인 불황에 고민하기 시작했다. 전시 중에 확대한 중국 권익도 워
싱턴회의(1921~1922)[13]에서 좁혀졌다. 열강에 비교하면 자원이나 기술
기반이 약한 일본에게 이러한 위기는 매우 심각했다. 중국에의 침략과
국내정치의 독재화로 위기를 벗어나려고 하여, 이윽고 파시즘이 대두된
것도 그 때문이다.

직했다.

[13] 역주_미국대통령 하딩(Warren Gamaliel Harding)의 제창으로 열린 국제회의를 말함. 해군
군축제한과 극동·태평양 문제를 협의하여, 7조약·2협정을 체결했다.

중국에서는 국민당의 실력이 고조되면서 군벌과의 대결이 심해졌다. 1924년 국민당과 공산당이 제휴한(제1차 국공합작)[14]것은, 중국의 통일을 지향하는 국민혁명을 크게 진전시켰다.

일본이 지지하는 군벌 장쭤린張作霖은 국민당에 대항하면서, 베이징에 진출해 정권의 자리에 앉았는데, 그 지위는 매우 불안정했다. 국민당 내의 실권을 장악한 장제스蔣介石[15]는 제국주의 열강, 특히 영·미의 지지를 얻어 중국 통일을 실현하려고 생각하여 반공 쿠데타(1927)로 국공합작을 파괴하는 한편, 베이징정권에의 무력공략(북벌)을 개시했다. 영·미는 이 움직임을 환영하고, 1928년 중국의 관세자주권을 인정함과 동시에, 공산당을 추방한 국민정부[16]를 중국의 정식정부로 승인한다.

▌장쭤린 (1928.6)

위기에 직면한 일본 제국주의에겐 중국시장을 확보하는 것이 사활을 건 문제였다. 특히 국민혁명이 동북에까지 미치고, 이 땅이 통일중국의 일부가 되는 것을 무엇보다도 두려워했다. 일본은 북벌(장제스의 국민혁명군이 1926년 북벌

---

14 역주_중국국민당은 반제국주의 투쟁을 내걸고, '連蘇·容共·扶助工農'을 강령으로 하여 중국공산당과 제휴했다. 1927년 장제스의 난징정부 수립 후, 국공은 분열되었다.

15 역주_1887~1975. 1907년 일본 육군사관학교에 유학하고 신해혁명에 참가했다. 광동군정부 손문의 후계자로 북벌을 추진했다. 1927년 난징 국민정부를 수립하고, 상하이쿠데타 이래 공산군과 항쟁했으나, 중일전쟁으로 중단했다. 전후 중화민국정부를 대만으로 옮겼다.

16 역주_1927년 9월 武漢政府를 합체해서 난징에 수립하여, 1928년 장제스가 주석이 된다.

시작-옮긴이)에 간섭하기 위해 1928
년 산둥성에 출병했다.17 장 군벌에
특별 조처해서, 동북의 특수화를 도
모하려고 한 것이다. 이 출병으로 지
난濟南(제남)에서는 중·일 양군이 충
돌하고(지난 사건)18, 중국민중의 반
일의식을 점점 강화시켰다.

▋1925년 3월의 장제스

　이미 장쭤린도 일본이 하라는 대로
는 되지 않았다. 동북에서도 민중의
자각이 높아져, 군벌이라고 해도 그
것을 무시할 수 없었던 것이다. 21개
조 요구에 의한 동북의 제 권익도 중
국 측의 저항으로 거의 실현되지 않
았다. 장 군벌은 1925년 이래 동삼성
교통위원회(나중의 동북교통위원회)를
설치하여, 자주적인 교통망 건설을
계획하고 있었다. 기설선, 신선, 항만
을 교묘히 연결하는 이 교통망이 완

▋장쭤린 폭살사건 당시의 폭파현장

17　역주_국민혁명군의 북벌에 대해 다나카 기이치田中義一 내각은 재류일본인의 생명과 재산
　　을 보호한다는 구실로, 1927년 5월 육군 약 2,000명, 1928년 4월 약 5,000명, 지난 사건
　　후 더욱 증병하여, 3차례 산둥성에 출병했다.
18　역주_1928년 제2차 산둥 출병 중, 지난에서 북벌도상의 국민혁명군과 일본군이 충돌한
　　사건.

▮ 시라가와 요시노리
白川義則
장쭤린 폭살
사건 당시 육상

▮ 고모토 다이사쿠河本大作

성되면 만철선을 포위하고, 그 생사를 좌우하는 급소를 장악하게 된다. 일본은 이러한 병행선 건설이 1905년의 청일조약에 위반한다고 항의를 반복하지만, 조약은 만철선 부근에서 병행선19을 금하고 있을 뿐이다. 100킬로나 떨어진 타호산打虎山—통요通遼 사이의 타통선打通線 등을 조약위반이라고 하는 근거는 부족했다.

군부나 정우회의 강경파는 이제 장쭤린을 단념하고, 동북을 중국으로부터 분리할 계획을 세우게 되었다. 일본은 북벌의 정면 목표가 되어 있는 장쭤린에게 본거지 동북으로 철퇴할 것을 요구했다. 그러나 1928년 6월, 관동군20의 젊은 장교는, 이 요구를 받아들여 펑톈(봉천)으로 돌아가는 장쭤린의 열차를 폭파하고 암살해버린 것이다.

---

19 역주_중국 측은 일본의 철도 이권 독점에 대하여 1927~1931년에 만철 병행선의 3대 간선 건설을 추진하여, 만철의 독점을 타파하려고 했다. 만주사변의 원인이 되었다.

20 역주_1919년 설치되어, 뤼순에 사령부를 두었다. 관동주와 남만주철도의 경비를 주요 임무로 했다. 특수공작을 하는 군사령관 직속의 특무기관도 두었다. 사령부는 만주사변 발발과 함께 펑톈, 만주국 성립 후는 신경(장춘)으로 옮기고, 사령관은 만주국대사와 관동청 장관을 겸했다.

청천백일기 나부끼다

장쭤린 군벌을 계승한 장남 장쉐량張學良21은 아버지보다도 개명開明적이고, 국민혁명에 그 나름대로의 이해를 가지고 있었다. 북벌군(장제스의 국민혁명군─옮긴이)이 베이징에 들어가자, 그는 화평을 신청하여, 이윽고 국민정부와 동북군벌과의 타협이 진행되었다. 일본은 이것을 방해하려고 했지만 장쉐량은 일본의 요구를 거부하고, 1928년 말 동북 땅에 일제히 국민정부의 청천백일기를 내걸었다.22

국민정부는 장쉐량을 동북 변방의 군 사령장관에 임명하고, 1930년에는 리허熱河(열하)성을 포함하는 동북 4성의 반자치적 행정기관으로 동북정무위원회를 두었다. 펑톈은 선양, 펑톈성은 랴오닝성이라고 개칭되었다. 북벌은 여기에 완성되어, 동북은 통일중국의 일부가 된 것이다.

1930년에는 만철의 경영이 악화되기 시작해 일본의 위기감에 박차를 가했다. 1929년도에 약 7,500만 엔이라는 창업 이래 최고의 수익을 올린 만철의 철도수익금은 1930년도에는 5,820만 엔, 1931년도에는 4,780만 엔으로 점차 저하하여, 1931년도의 종합수지에서 처음 적자를 냈다.

이 감수 원인은 세계공황의 영향, 중동철도를 둘러싼 중·소분쟁의 해결로 1929년과 같은 화물의 만철 집중이 없어진 것, 금 해금에 따른 엔고

---

21 역주_1901~2001. 장쭤린의 장남으로 아버지의 폭사 후, 국민정부에 합류하여 항일운동에 노력했다. 1936년 西安사건에서 장제스를 감금, 제2차 국공합작을 촉진했다.

22 역주_장쉐량은 1928년 12월 28일 역치를 선언함으로써 장쭤린이 내건 오색기五色旗를 내리고, 국민정부의 청천백일기靑天白日旗로 바꾸었다.

로 화물이 은銀으로 계약한 중국 측 철도에 흘러간 것 등이다. 따라서 중
국의 철도망정책의 영향은 당시 강조된 것만큼 커다란 것은 아니었다.
감수라고는 해도 철도부문의 이윤율은 높고, 또한 실제로 적자가 나오는
것은 만주사변 중의 1931년도(1932년 3월까지)의 결산이다. 사변 전, 중
국의 만철 포위책으로 만철이 이제 재기불능인 것처럼 선전한 것은 분명
히 일본의 중국에 대한 강경론을 만들어내기 위한 헛소문이었다.

그렇다고 해도 만철의 이제까지의 초과 이윤이 감소한 것은 분명한 것
이고, 직접·간접으로 어떠한 형태로든 만철 사업에 연결을 가지는 동북
주재 일본인에게는 바로 그 경제적 기초를 흔드는 문제였다. 동북 군벌
이 재정 위기를 넘기 위해, 대두수매의 독점과 금표(엔)의 교환금지를 추
진한 것도 대두 거래나 금은차액을 이용하는 투기적 이윤의 재미로부터
일본인을 내쫓았다.

이러한 일들에서 동북 주재 일본인은 반중감정을 강화해 간다. 1930
년경부터 1931년에 걸쳐 중·일 사이에는 분쟁이 끊이지 않고, 긴장은
날로 높아갔다. 일본 권익의 위기를 배경으로 설립된 만주청년연맹이나
동북 각지의 일본인 거류민회는 만철에 의존하는 일본인 중소자본의 의
식을 반영하여, 첨예한 배외적 캠페인을 벌였다. 자본의 파쇼화는 먼저
식민지에서 시작된 것이다.

동북점령의 전략성

일본 군부는 정부나 정당과의 대립을 깊게 하면서 새로 독자적인 동북 분리구상을 굳혀갔다. 또 그 전제로 국내정치를 개조하고, 군부를 중심으로 하는 강력한 독재체제를 수립하려고 생각했다. 만주사변은 그 제일보였던 것이다.

군부가 동북 지방을 완전히 지배하는 것은 국민혁명과 일본 제국주의와의 모순을 해결할 뿐 아니라, 사회주의 소련에 대한 반혁명적 대항에서도 필요했다. 1925년의 일소기본조약 등으로 일본은 북사할린에서 석유·석탄 채굴권을 얻었다. 이것은 러일전쟁 이래의 소련령 연안 어업권과 함께, 중국 이권에 이은 일본의 주요한 국외 이권이었다. 석유가 부족한 일본, 특히 해군에게 북사할린의 석유는 무엇보다도 귀중했으며, 이 지역의 석탄도 제철원료탄으로 뛰어난 것이었다. 또 소련령 어업의 고이윤은 일본 제국주의 기초의 일단을 지탱하는 것이었다.

그러나 일본의 대소권익은 소련 측의 교묘한 정책과 경제건설의 발전으로 인해 일본의 의도대로는 실현되지 않았다. 이러한 일본과 소련과의 경제적 모순은 일본 제국주의의 반혁명성을 한층 강하게 하여, 그 파쇼화에 박차를 가했다. 군부 가운데서는 동북을 탈취하고 그 자원과 지리적 조건을 이용하여, 강고한 대소전략기지로 삼으려는 생각이 대두하고 있었다.

동북점령의 또 하나의 의도는 일본의 식민지 체계의 요점에 위치하는 조선 지배를 안정시키는 것에 있었다. 동북 지방의 동부, 조선에 접하는

▌훈춘사건(일제가 간도지역의 조선독립군을 토벌하기 위해 조작한 사건)에 동원된 일본군 제 19사단

이른바 간도 지방은 주민의 반수 이상이 조선인으로 채워져, 조선민족의 반일독립운동 근거지가 되고 있었다. 이 지역의 민족주의운동·공산주의운동은 조선 국내에 커다란 영향을 끼치고 있었다. 만주사변 시 조선군(식민지 조선에 주둔하는 일본군)도 출병하여, 간도 지방을 조선에 병합하는 안이 있었던 것은, 저간의 사정을 잘 말해주고 있다.

만주사변은 사회주의국 소련, 종속국 중국, 식민지 조선의 역사적 현실에 대하여, 위기에 직면한 일본 제국주의의 군사력에 의한 반혁명적 대응이었다고 할 수 있다. 이것을 계기로 일본은 준전시체제에 들어가, 총력전 준비를 축으로 파시즘이 성립한다. 만주국은 이 만주사변의 반혁명성의 귀결이었다.

2
파견군이 만든 나라

폐제廢帝를 떠받들다

장쉐량이 추진하는 동북의 중앙화에 대항하여, 국민혁명의 성
과를 무력으로 부정하는 것이 만주사변의 목적이었기 때문에, 관
동군에게는 장 정권이나 국민정부와 교섭할 생각이 처음부터 없
었다. 그렇기는커녕 작전주임 참모 이시하라 간지石原莞爾23 중좌
등 관동군 중추부의 처음 목표는 동북을 일본의 영토로 만들어
버리는 것이었다. 그러나 이러한 노골적인 침략 계획은 국제정
세 등에서 보면 실현 여지가 없고, 육군중앙부의 동의조차 얻을

▌이시하라 간지石原莞爾

---

23 역주_1889~1949. 관동군 참모로 만주사변, 만주국 수립에 활약했다. 「만몽문제사건」을
발표하고, 일미개전을 상정하는 「세계최종전론」에 기초한 쇼와유신 구상이 군부에 큰 영
향을 미쳤다.

수 없었다. 중앙부로서는 동북에 국민정부의 주권을 인정하고 나서, 새로이 친일 지방정권을 만드는 것이 현실적이라고 생각하고 있었다.[24]

사변 개시 직후인 9월 22일에 열린 관동군의 참모회의도 "지금 일반의 정세로는 한번에 만몽점령안을 실현하기 곤란하므로, 차선책으로 신정권의 수립으로써 만족하지 않을 수 없다"고 인정해, 「만몽문제 해결안」을 결정했다. 거기에서는 "우리나라의 지지를 받아 동북 4성 및 몽골을 점령한 선통제宣統帝를 두수頭首로 하는 지나정권을 수립한다"는 것, 그리고 이 정권의 위촉을 받아 일본이 국방, 외교, 교통, 통신 등을 담당하도록 결정했다. 신정권은 관동군으로서는 당연 중국으로부터 독립해야 하는 것이었지만, 중앙부와의 의견 차이에서 그 점은 애매하게 되었다. 그리고 각 지방의 치안을 유지하기 위해, '종래 선통제파로 관동군과 연락관계를 갖는' 다음과 같은 인물들을 기용하게 되었다. 그것은,

희흡熙洽(시챠)—동북 변방군 부사령장관 공서公署 참모장·지린성 정부주
　　　　　　석대리
장해붕張海鵬(장하이펑)—랴오닝성 조요洮遼 진수사鎭守使
우지산于芷山(간츠산)—랴오닝성 동변 진수사
장경혜張景惠(장징훼이)—동성東省 특별구(하얼빈 일대의 중동철도 부속지)행
　　　　　　정장관
등 5명이다.

---

24 「만주사변에서 군의 통수(滿洲事變に於ける軍の統帥)」

┃1925년 2월 베이징을 탈출하여 텐진 일본 조계에 망명한 푸이(가운데)

여기서 왕성하게 등장하는 선통제는 청조의 마지막 황제 푸이溥儀 (1906~1967)의 이름이다. 그는 1908년 불과 3살의 어린 나이로 황제에 즉위했는데, 신해혁명으로 1912년에 퇴위, 만주사변 당시는 텐진의 일본 조계에서 망명생활을 보내고 있었다.

푸이의 일상생활은 청조의 유신遺臣이나 구 황족, 수구적인 영국인 가정교사 등에 둘러싸인 좁은 세계에 한정되어, 중국사회의 현실에서 분리되었다. 그는 25세가 되었는데도 아직 청조부활의 꿈에만 기대고 살아가고 있었던 것이다. 그러나 이 몽상은 군벌 혼전시대의 중국에서 반드시 시대착오anachronism라고만 말할 수는 없다. 보수적인 군벌이 자기 입장을 유리하게 하기 위해, 본래의 황제를 받드는 일이 있을 수 있을지도 모르는 일이었기 때문이다. 그러나 국민혁명의 진전은 그것을 허락하지 않았다.

동북의 일본에의 병합을 일단 신정권 수립으로 바꾼 관동군은 동북 군벌계의 군인, 정치가 가운데서 국민혁명에 부정적인 반동파를 기용하려고 생각했다. 앞에 말한 5명의 군벌군인이 그 전형인데, 그들은 혁명에 타협한 장쉐량에게 반드시 동조하고 있지 않았다. 이 가운데 노령의 청조부흥론자 장해붕張海鵬이나 청조와 같은 만주인으로 재빨리 푸이에게 출마를 권하는 편지를 보낸 희흡熙洽을 제외하면, 그들이 관동군이 말할 정도로 푸이에게 가까웠다고는 생각되지 않는다. 그렇다고 그 수구적인 성격에서 푸이의 옹립에 반대는 없었다.

관동군의 정략공작

이다가키 세이시로
板垣征四郎

관동군은 「만몽문제 해결책안」에 근거하여 전쟁의 진전과 병행해서 정략공작을 추진해가게 된다. 이 공작은 군 참모부의 이다가키 세이시로板垣征四郎(대좌)25·이시하라 간지·다케시타 요시하루竹下義晴(중좌)·가타구라 다다시片倉衷(대위) 등의 협의에 근거하여 이루어졌고, 고등정략을 이다가키의 총무과, 행정실무를 제3과가 담당하게 되었다.26 먼저 푸이나 군

---

25 역주_1885~1948. 관동군의 고급참모로 이시하라 간지와 함께 만주사변을 계획하여, 유조호사건 이후에 전 만주를 점령하고, 만주국을 탄생시켰다. 전후 A급 전범이 되고 도쿄재판에서 사형이 된다.

벌군인에게 연락이 시작되었다. 9월 23일에는 푸이의 측근이 선양에 와
서 이다가키와 회견하고, 희흡 등과도 연락을 취했다. 그리고 9월 28일,
희흡과 지린성의 장경혜張景惠가 동성東省 특별구의 독립을 선언했다. 25
일 랴오닝성에서는 개전과 함께 선양에 진출한 관동군사령부의 측근만
으로 구성되고, 군벌관료 원금개袁金凱를 장으로 하는 랴오닝지방치안유
지위원회가 만들어졌다.

그러나 군벌군인도 처음은 사태를 관망할 뿐이고, 솔선해서 관동군에
게 협력한 것은 아니었다. 이들의 독립선언도 관동군이 직접·간접으로
강제한 결과였다. 예를 들면 희흡의 경우, 지린을 점령한 제2사단장 다
몬 지로多門二郞(1878~1934, 중장)가, "'독립선언인가 죽음인가'라고 권총
을 들이대고 강요하므로-절체절명 이것을 승낙했다"[27]고 한다. 관동주
의 활발한 정략공작이 중국이나 열강의 의혹을 초래하는 것을 고려한 육
군중앙부는 관동군에 대해, 정권수립운동과 푸이 옹립에 관여하지 않도
록 지시했다. 그러나 중앙부가 어디까지나 이것을 철저하게 할 예정이
없었던 것은 관동군도 알고 있었다.

랴오닝성을 누르고, 지린성을 독립시킨 관동군은 동삼성 가운데 남은
헤이룽장성을 수중에 넣으려고 하여, 멀리 성도 치치하얼齊齊哈爾에 군대
를 보냈다. 동성의 군사적 실권을 잡은 마점산馬占山(마찬산, 1885~1950)은
처음 용감하게 일본군에 저항했지만, 치치하얼 함락 후 장경혜나 이다가

26 『戰陣隨錄』.

27 石射猪太郞, 「외교관의 일생(外交官の一生)」, 讀賣新聞社, 1950, 복각, 太平出版社, 中公
文庫.

키의 설득을 받아들여 협력을 약속하고, 1932년 1월 임시 성정부가 조직
되었다.

또 일찍 치안유지위원회가 만들어졌지만, 위원장 원금개가 순조로운
협력을 보이지 않았던 랴오닝성에서는 1931년 11월 초, 관동군의 거듭
되는 강요로 겨우 독립이 선언되었다. 같은 달 말, 랴오닝성은 펑톈성의
옛 이름으로 환원되었는데, 이것은 랴오닝의 이름이 국민혁명의 달성을
상징하고 있었기 때문이다. 덧붙여서 관동군은 원금개를 단념하고, 12월
구 랴오닝성 정부주석 장식의臧式毅(창스이)를 성장省長에 앉혔다.

이 사이 푸이에 대한 공작은 10월 하순 톈진에 파견한 펑
톈 특무기관장 도이하라 겐지土肥原賢二(대좌)의 손으로 추진되
었다. 그는 이다가키·이시하라와 함께 만주사변 계획에 처
음부터 참가하고, 전쟁의 개시와 함께 선양 시장에 취임, 그
지위를 친일파 민간인 조흔백趙欣伯(차우신보)에게 막 양보했
다. 도이하라는 푸이를 만나 출마를 요구함과 동시에 그 결
심을 촉구하기 위해, 음모로 톈진에 불온한 정세를 만들어내
고, 11월 하순 푸이를 몰래 동북으로 데리고 갔다.

도이하라 겐지土肥原賢二
펑톈 특무기관장

민간의 협력자 - 만주청년연맹

전쟁이 시작되자, 전부터 이것을 예상하고 있던 일본인 거류민 가운데
로부터 자발적으로 군에 협력하려는 움직임이 나타났다. 이른바 대륙낭

인을 비롯하여, 각지의 거류민회, 만주청년연맹, 대웅봉회大雄峰會 등이
그것이다. 그중에서도 청년연맹, 대웅봉회의 멤버가 해낸 역할은 컸다.

만주청년연맹은 다롄신문사가 기획한 모의의회를 계기로, 1928년에
결성된 민간단체이다. 회원은 20~30세 대의 만철, 기타 샐러리맨, 변호
사 등의 자유업자, 중소 자영업자 등을 주로 하여, 1929년에는 2,700여
명을 헤아렸다. 회원의 정치적 경향은 반드시 일치하진 않았지만, 중국
민족주의의 대두나 일본 권익에의 압박을 항상 목전에 두고 있는 만큼,
대세는 중국에 대한 강경론으로 자리 잡아, 만주사변 전부터 일본에 유
세대를 보내는 등 배외적 여론의 환기에 힘써왔다.

청년연맹은 사변개시 후 얼마 안 있어 관동군의 정략공작에 적극적으
로 협력하게 되었다. 그 중심이 된 것은 연맹 이사 야마구치 주지山口重次
(만철 철도부 근무) 등이다. 그는 9월 말, 전쟁으로 멈춰있던 선양—해룡海
龍 간의 철도선(심해선瀋海線)의 운행재개를 군으로부터 의뢰받아, 동선同線
의 상급종업원을 설득하여, 정감수丁鑑修를 장으로 하는 심해철로보안유
지회를 조직했다. 이 때문에 야마구치는 관동군 참모의 신용을 얻고, 이
후 군은 연맹원을 촉탁으로 하여 산업시설의 접수나 복구를 대폭으로 위
임하게 되었다.

야마구치는 계속해서 동북의 중국 측 철도를 독점으로 관리하기 위해,
연맹의 장춘長春 지부장 오자와 가이사쿠小澤開作(치과의사) 등과 함께, 동
북교통위원회의 개편을 계획했다. 이것은 이제까지 군에의 협력을 소정
의 군사 수송에만 한정하고 있던 만철을, 전면적으로 끌어내기 위한 것
이기도 했다. 이 새 위원회는 위원장 정감수丁鑑修(심해선)를 비롯하여, 김

벽동金璧東(吉長·吉敦線) 등 중국 측 철도를 대표하는 5명의 위원으로 이루어진다. 만철은 여기에 많은 고문, 참사를 보냈다. 만철은 위원회를 통해 중국 측의 철도를 지배 하에 두려고 한 것이다.[28]

한편 연맹 이사장 가나이 쇼지金井章次(만철 지방부 위생과장)는 랴오닝지방치안유지위원회의 고문이 되었다. 그는 역시 연맹의 이사 고레야스 마사도시是安正利(만철 이학시험소)를 중심으로 산업부흥소를 두고, 선양의 전등창電灯廠, 군공창, 방적공장 등의 접수·복구를 맡게 했다. 이들 관동군 참모부의 촉탁이 된 연맹원은 모두 74명에 달했다고 한다.[29]

야마구치·오자와 등은 이러한 산업면에서의 공작을 통해 기사技師나 현장장現場長 등 중국인 중 청년층을 접하고, 그들의 반 군벌감정을 잘 유도하여, 일본에 협력시키는 방향을 찾아냈다. 이것을 '민족협화'라고 이름 붙이고, 나중의 만주협화당운동으로 나가게 된다.

민간의 협력자—대웅봉회大雄峰會

한편 관동군에게는 랴오닝성의 지방행정 재편도 큰 문제였다. 전쟁에서 성省정부가 없어졌기 때문에 현 이하의 지방행정은 혼란하고, 그 실태는 거의 파악할 수 없었다. 이 때문에 군은 11월 초에 랴오닝성 자치지도

---

28 岡部牧夫, 「식민지 파시즘운동의 성립과 전개(植民地ファシズム運動の成立と展開)」, 『歷史學硏究』406호, 1974.

29 「만주건국과 오자와 가이사쿠(滿洲建國と小澤開作)」, 『滿洲國史·總論』.

부를 발족시켰다. 자치지도부는 "각 현에서 유력한 개인 혹은 단체로 현 자치집행위원회를 조직" 한다. 그리고 이것을 지도하기 위해 일본인을 주체로 한 현자치지도위원회를 두고, 거기에 자치지도원을 파견하게 되었다.

자치지도부의 부장에는 관동군에게 특히 신용이 있던 보수파 정객 우중한于沖漢이 취임했다. 본부원이나 각 현의 자치지도원은 주로 대웅봉회의 멤버가 중심이었다. 대웅봉회는, 오카와 슈메이大川周明30의 강한 영향을 받은 불교적 국가주의자 가사기 요시아키笠木良明가 만철의 동아경제조사국(도쿄)으로부터 본사(다롄)에 전근해 온 1929년, 가사기를 중심으로 만들어진 사적인 사상그룹이다. 회원도 수십 명 정도이고, 주로 만철의 청년사원층이었다. 대외적인 여론 활동을 하는 청년연맹과는 상당히 성격을 달리하고 있었다.

❙ 오카와 슈메이大川周明

가사기에 따르면, 국가란 모든 관음의 '대자비' 실현을 목적으로 하는 '이법理法국가'가 되어야 한다. 일본에게 그 '이법'은 '황도皇道'이다. '대자비'는 '자타 일체를 품으려는 정신'이므로, 일본은 '황도'를 통해 '대자비의 대법'을 국외에 선포할 필요가 있다. 이를 위해서는 일본인 청년이 아시아 제국에 나아가, '대자비'를 실현하기 위한 '법진法陣'을 시행해

---

30 역주_1886~1957. 일본주의·아시아주의자. 국수주의 단체 유존샤猶存社를 기타 잇키北一輝와 함께 결성하여, 군부의 중견장교와 접촉해서 국가개조사상을 주입하고, 1931년의 3월사건·10월 사건을 계획했다. 전후 A급 전범이었으나, 도쿄재판 중에 발광을 이유로 석방되었다.

야 했다.

이러한 가사기의 사상은, 놀랄만한 독선성에도 불구하고, 많은 젊은 식민지 거주자들을 사로잡았다. 그리고 자치지도부야말로 이 '법진'을 펴는 일 외에는 다른 것이 없다고 생각한 가사기의 의향에 따라, '대웅봉회'로 하나가 되어 여기에 참가한 것이다.

가사기가 기초한 자치지도부 포고 제1호는 '가슴 속 깊은 대자비심을 발포(喚發)'시키거나, '이 대승大乘 상응의 땅에 역사상 아직 보지 못한 이상경理想境을 창건해야 한다'라고 하여, 그의 독특한 관념적 미사여구가 늘어서 있다. 그러나 결국 가사기가 만든 「자치지도원 복무심득」에는 더욱 확실하게 "자치지도부의 이상은 메이지천황의 위도偉図를 받들어 계승하고, 참 일본이 세계에 짊어지는 대사명의 제일보를 이 인연 깊은 만몽의 땅에 내리는 데 있다. 이 성업인 흥아의 경륜을 통해 세계 정의에로 일로一路 직통한다"고 말하고 있다. 지방행정의 지도에 임한 자치지도원(나중 만주국의 현縣 참사관)의 대부분은, 이 「복무심득」을 금과옥조로 여기고, 만주국의 지방관리 가운데 오랫동안 가사기의 사상적 영향을 전해간다.[31]

이외에도 관동군은 많은 민간인을 촉탁으로 고용하고 있었다. 마쓰모토 다모즈松本侠(만철 총무부 조사과)나 고마이 도쿠조駒井德三(외무성 촉탁) 등은 일찍부터 고문이 되어 고등정책에 관계했다. 또 실무에도 만철이나 관동청 등으로부터 공식으로 파견된 자가 적지 않았다. 그 대부분은 만

---

[31] 岡部牧夫, 「가사기 요시아키와 그 사상적 영향(笠木良明とその思想的影響)」, 『歷史評論』 295호, 1974.

주국 초기의 관리가 되었다.

새로 만들어진 괴뢰국가

1931년 12월 관동군은 새로이 통치부를 두었다. 지금까지 산업공작을 담당하고 있던 참모부 제3과는 폐지되고, 신정권 수립의 실무공작은 이 통치부(1932년 2월 특무부라고 개칭)를 중심으로 진행된다.

통치부장에는 고마이 도쿠조, 부부장에는 다케베 지우에몬武部治右衛門(만철 지방부 차장)이 취임하고, 행정(과장·마쓰모토 다모츠松本侠), 산업(동 마쓰시마 가가미松島鑑·만철 지방부 농무과장), 재무(동 겐다 마쓰조源田松三·관동청 재무부 재무과장), 교통(동 야마구치 주지山口重次) 등의 과가 만들어졌다. 통치부 행정과는 신정권의 법체계나 통치기구를 차차 결정하고, 실질적으로는 만주국의 입법기관 역할을 했다.

이때 국제연맹에서는 만주사변에 관한 조사단의 파견을 결정했다. 관동군은 2월 하순이나 3월 상순에 예상된 조사단의 도착 전에 신정부를 날조해냈다. 그때까지 동북의 '독립'을 기정사실로 해두려고 생각한 것이다. 통치부는 신정부의 구체안을 서두르면서, '만몽개발건국에 관한 기초안을 얻기' 위해, 대규모 자문회의를 열었다. 1932년 1월 15일부터 2주간에 걸친 회의에는 광범위한 학식 경험자나 동북에 관계가 있는 경제인(어느 쪽이나 일본인) 등이 참가하여, 신정부의 화폐제도, 금융, 재정, 산업 등 다방면의 문제를 심의했다. 그러나 이것은 관동군이 독단으로

￨1932년 1월 28일 상하이 사변

정략공작을 추진하고 있다는 비판을 피하는 선전이기도 하고, 통치부가 만든 여러 안을 수동적으로 심의할 뿐이었다.

신정권 공작이 진행되면서 관동군은 내외의 이목을 동북으로부터 돌리게 하기 위해, 주화駐華공사관 부속 무관 보좌관 다나카 류기치田中隆吉(소좌)에게, 상하이에서 사건을 일으키도록 의뢰하여 자금을 주었다. 다나카는 중국인을 매수하여 일본인 승려들을 습격하고 사상자를 냈다. 이 때문에 상하이의 일본인 거류민과 일본의 동북침략으로 현저하게 반일감정이 격화된 중국민중과의 대립이 심해져, 1932년 1월 28일 제1차 상하이사변이 발발했다.

열강이 중국의 심장부 상하이에서의 중·일충돌에 눈을 빼앗기고 있는 틈을 타, 동북의 사태는 급속하게 진전되었다. 관동군은 매일처럼 관계참모의 회의를 열고, 신정권 수립의 단속과 국가체제를 차례로 결정했다. 2월 16일에는 장식의臧式毅, 희흡熙洽, 마점산馬占山, 장경혜의 4명이 관동군사령부에 사령관 혼죠 시게루本庄繁(중장)32를 방문한다. 그 후 이다가키·고마이 등의

￨혼죠 시게루本庄繁
만주사변 당시 관동군
사령관

---

32 역주_1876~1945. 柳条湖사건을 일으켜서, 만주사변으로 확대시킨 관동군 사령관이다. 패전 후 자결했다.

참석 아래 건국회의를 열고, 군의 방침에 기초하여 동북의 독립과 신국
가의 조직에 대해 협의했다.

건국회의 의제는 신국가의 국호, 푸이의 칭호, 국기, 수부首府, 원호元号
등 주로 명목적, 형식적인 것에 지나지 않았다. 정체를 군주제로 할까,
공화제로 할까로 의견이 나뉘어, 회의는 난항이었지만 우선 공화제로 하
여 푸이에게는 집정執政이라는 자격을 주기로 결정했다.

1932년 3월 1일 만주국33은 건국을 선언하여, 9일 푸이가 집정에 취
임했다. 이후 13년 5개월에 걸쳐 존속한 괴뢰국가는 이렇게 성립된 것이
었다. 그 수부는 장춘長春(신경으로 개칭), 원호는 대동大同이었다.

┃ 만주국 집정 취임식장을 향해가는 푸이(1932. 3. 9)

---

33 역주_초대 국무총리에는 정효서鄭孝胥, 1934년 3월 이후 帝政을 실시. 왕도낙토를 목표하
는 독립국이지만, 사실상은 일본의 식민지, 대소 군사기지화 했다. 1945년 8월 일본의 패
전으로 소멸되었다.

┃ 장춘長春의 관동군 사령부

일본에의 종속

집정 취임 후 관동군사령관에 보낸 푸이의 서간에는 만주국의 괴뢰적인 성격이 남김없이 나타나 있다. 만주국은,

(1) 국방·치안유지를 일본에 위탁한다.

(2) 일본군에 필요한 철도, 항만, 수로, 항공로 등의 관리를 일본에 위탁한다.

(3) 일본군에 필요한 각종의 시설을 극력 건설한다.

(4) 일본인을 관리에 임명하지만, 그 임명권은 관동군사령관에 있다.

고 하는 것이었다. 푸이로서는 이것들은 집정 취임, 그리고 장래 황제가 될지도 모른다는 가능성과의 교환조건이었다.[34] 그는 단지 명목적인 자신의 지위를 위해, 나라를 판 것이 된다. 이 서간에 나타난 만주국의 본질은 관동군에게 전 동북에서의 자유로운 활동을 보장하는 것이었다고 말할 수 있다.

3월 12일, 일본정부가 육군의 요구에 근거하여 각의에서 결정한 「만몽문제 처리방침요강」은 동북을 '일본 존립의 중요 요소'라고 하여, "차차 일국의 실질을 갖추도록 유도한다"라 하고, "대러對露 대지對支 국방의 제일선으로 하고, 외부로부터의 교란은 허락하지 않는다"고 말하고 있다. 처음 독립국을 만드는 것에 난색을 나타낸 육군중앙부나 일본정부도, 관동군의 공작이 생각보다 잘 처리되었기 때문에 사태를 추인한 것이다. 중국과 소련에 대한 반혁명 무력으로서의 성격을 지닌 관동군은, 만주국 성립으로 점점 움직이기 어려운 것이 되었다. 이후 관동군으로부터 만주국에 제출된 많은 요구는 전부 넓은 의미에서 볼 때 대소전쟁의 준비를 위해서였다(전 만주국 총무장관 다케베 로쿠조武部六藏의 극동재판에서의 증언)고 말해도 좋다.

집정서간에서 말하고 있는 교통기관의 관리·신설을 비롯하여, 항공회사의 설립, 광업권의 설정 등에 관한 협정이, 1932년 8월부터 9월에 걸쳐 관동군과 만주국 사이에서 계속해서 맺어졌다. 같은 해 5·15사건[35]

---

34 愛親覺羅溥儀(新島 外譯), 『나의 반생(わが半生)·下』, 大安, 1965.
35 역주_1932년 5월 15일, 해군청년장교를 중심으로 일어난 쿠데타. 육군사관학교 생도, 민간우익단체 愛鄕塾도 참가하여, 수상관저·경시청·일본은행을 습격하고, 이누가이犬養毅

| 사이토 마코토齋藤實

뒤에 성립한 사이토齋藤實 내각은 만철 총재 우치다 야스야內田 康哉를 외상으로 맞아들였다. 우치다는 군부의 의향에 따라 만 주국의 조기승인을 언명하고, 일본정부도 이것을 관철한다고 정했다.

이러한 정세에 힘을 얻은 군부는 승인 후에도 만주국에 대 한 지배권을 잡기 위해, 종래 관동청, 관동군, 영사관이라는 3 계통의 일본 파견기관이 병립하고 있던 것을 통일하도록 요구 했다. 그래서 사이토 내각은 만주국에 특명전권대사를 파견하여, 관동군 사령관에 이 전권대사와 관동주 행정의 지도감독권을 겸임시킨다는 편 법을 고안해냈다. 만주국에 대한 지도는 군사령관 겸 전권대사의 '내면 적 통할 아래 주로 일본계 관리를 통해' 행하도록 되었다.36 이것이 군사 령관의 내면지도권이라고 불리는 것이다. 외견적으로는 독립국인 만주 국이 실질상 일본, 특히 관동군의 괴뢰에 지나지 않는 것을 제도적으로 나타내고 있다.

8월 초대 전권대사로 무도 노부요시武藤信義(대장, 1868~1933) 가 관동군사령관에 임명되었다. 9월 무도와 만주국 국무총리 정효서鄭孝胥(1860~ 1938, 정샤오쉬)는 일만의정서에 조인, 여기 에 일본은 만주국을 정식으로 승인했다.

이 의정서의 내용은 만주국이 종래의 일본 권익이나 일본군 의 주둔을 인정한다는 것이었다. 또 동시에 앞의 집정서간과

| 정효서

수상을 사살했다. 정당 내각에 종지부를 찍었다.
36「만주국 지도방침요강(滿洲國指導方針要綱)」

그것에 기초하는 제 협정을 계속해서 유효로 하는 왕복문서, 침략을 받은 경우 만주국군은 일본군 지휘관의 통일 지휘에 복종할 것 등을 정한 협정, 통신·방송기관의 설치를 정한 교환공문 등이 교환되었다.

▌「일만의정서」 조인식 사진. 푸이 오른쪽 무도 노시요부武藤信義 관동군사령관, 왼쪽 정효서 국무총리

통치기구

만주국의 중앙정부기구는 정부조직법(1932년 3월 공포)에 다음과 같이 정해져 있다. 먼저 집정은 군주가 아니지만, 그에 준하는 자로, 입법·사법·행정의 삼권과, 외교권·군대통수권을 가지고 만주국을 통치한다. 그 지위는 전 인민의 추천에 근거하고, 또 통치의 책임을 전 인민에 대해 진다고 되어 있다.

법률, 교령(집정의 명령), 예산, 조약 기타에 대한 집정의 자문기관으로 참의부가 있다. 집정의 입법권을 익찬하여, 법률안과 예산안을 의결하는 입법원은 조직법에는 있지만, 만주국이 붕괴하는 날까지 결국 설치되지 않았다. 따라서 만주국에는 법률은 존재하지 않고, 모든 교령(나중의 칙령)이 법률 역할을 하게 되었다. 그때 참의부는 교령안을 심의하지만, 이것은 단순한 자문기관에 지나지 않으므로, 정부가 만든 안은 거의 그대로 공포되었다. 만주국의 정치체제는 근대적인 권력의 분립과는 완전히 다른 것이었다.

국무원은 집정의 명령을 받아 행정권을 행한다. 국무원에는 민정·외교·군정·재정·실업·교통·사법의 행정 각부와 국무총리, 각부 총장을 둔다.

법원은 민사·형사의 소송을 심판한다.

이외 기밀, 인사, 주계, 수용에 관한

만주국의 최고행정기관인 국무원

▌만주국 건설초기 초대국무총리 정효서(오른쪽에서 2번째),아마카스 아사히코甘粕正彦 헌병대위
(오른쪽에서 3번째)

사항은 국무총리가 각부로부터 분리해서 직접 관장하는 것으로 되어 있
다. 이를 위해 국무원에 총무청이 설치되어, 이것을 총무장관(일시 총무
청장)이 맡아 처리하게 되었다. 이 총무청 제도는 만주국 통치기구의 큰
특색이었다. 총무청은 정부의 인사, 자금, 물품을 집중 관리하는 것에 따
라, 행정 전반에 강한 통제력을 끼치는 것이 가능했던 것이다. 이것을 총
무청 중심주의라고 부른다.

총무장관에는 반드시 일본인이 임명되어 청 내의 각 처장이나, 국무원
각부의 총무사장(나중의 각부 차장) 이하의 일본인 관리를 사실상 감독하
는 지위에 있었다. 이들 일본인 관리는 앞에서 말한 것과 같은 내면지도
권으로 관동군사령관에게 임면·지휘되었다. 이렇게 군은 정부를 생각

대로 움직이는 것이 가능했다. "「무슨 무슨 건의 승인에 대해 명령에 따라 통첩함. 관동군 참모장」이라는 문서가 총무장관에 오지 않으면, 정부는 일을 할 수가 없었다"[37]는 것이다.

만주국 발족 당시 중앙정부의 주요 인사들을 보자. 국무총리 정효서는 푸이의 측근이고, 국무원 각부 총장(각성 대신에 해당함)의 지위에 앉은 것은 '건국'에 공이 있었던 구 군벌군인이나 군벌관료였다. 그 가운데 민정부의 장식의臧式毅, 군정부의 마점산馬占山(나중에 장경혜), 재정부의 희흡熙洽 등은 각각 성장으로 부임지에 있는 일이 많았고, 실무는 일본인 차장이나 총무사장이 장악했다. 그중에 집정, 국무총리(1934년 이후는 장경혜), 각부 총장은 모두 명목상의 존재이고, 실질적인 정부 방침은 총무장관이 정기적으로 여는 일본인 고급관리의 회의에서 결정했다.

1932년 3~7월경의 주요 일본인 관리는 〈표1〉과 같다.

그 대부분은 만철 직원 또는 식민지의 관리 출신이었고, 어떤 형태로든 그때까지 관동군의 정략공작에 참가해왔다. 또 총무청 주계처장이나 재정부 각 사장에 취임한 호시노 나오키星野直樹[38] 등 대장관료는 1932년 7월에 대장성에서 조직적으로 파견한 것이기 때문에, 나중에 일본정부 관리가 만주국에 대량 출향出向[39]하는 선례를 열었다.

지방조직으로는 각 성에 성공서省公署가 있고, 성장 아래에 총무·민정·

37 片倉衷·古海忠之, 『좌절한 이상국(挫折した理想國)』, 現代ブック社, 1967.
38 역주_1892~1978. 만주국 총무장관을 역임하고, 제2차 대전 후 도쿄재판에서 A급 전범으로 종신형을 선고받았으나, 1958년 석방되었다.
39 역주_명령을 받아 있던 곳에 적을 둔 채 다른 곳에 근무하는 일

경무·실업·교육 등의 각 청을 두었다. 펑톈성의 경우 총무청장에는 가나이 쇼지金井章次, 경무청장에는 미타니 기요시三谷淸(퇴역헌병)가 임명되는 등 성 레벨에서도 중요한 자리는 일본인이 차지했다.

성 아래에는 시, 현이 있고, 몽골인이 사는 서부 지방에는 현에 준하는 기旗가 설치되었다. 현에는 자치지도원이 파견되었다. 7월 자정국資政局 폐지 후, 현·기제가 공포되어, 지도원은 현(기)참사관이라고 이름을 바꾸었다. 참사관에게는 현정의 중요한 정무에 참여한다는 직능이 주어졌다.

표1 · 만주국의 일본인 고급관리(1)

총 무 장 관	駒井德三(외무성고문·관동군 특무부장)
총 무 청 주 계 처 장	村角克衛(만철) → 松田令輔(대장성)
총무청 비서처장 겸 인사처장	皆川豊治(사법성)
자 정 국 장 (대 리)	笠木良明(만철) 1932년 7월 폐지
법 제 국 장 (대 리)	松本俠(만철)
민 정 부 총 무 사 장	中野琥逸(변호사)
민 정 부 경 무 사 장	甘粕正彦(퇴역군인) → 長尾吉五郎(퇴역헌병)
외 교 부 차 장	大橋忠一(외무성·하얼빈영사)
외 교 부 총 무 사 장	大橋忠一 → 神吉正一(외무성)
재 무 부 총 무 사 장	阪谷希一(척무성) → 星野直樹(대장성)
재 무 부 이 재 사 장	田中恭(대장성)
실 업 부 총 무 사 장	藤山一雄(福昌華工·만철촉탁)
실 업 부 농 광 사 장	牧野克己·松島鑑(만철)
교 통 부 총 무 사 장	森田成之(만철)
사 법 부 총 무 사 장	阿比留乾二(만철) → 古田正武(사법성)
사 법 부 법 무 사 장	栗山茂二(사법성)
문 교 부 차 장	上村哲弥(만철)

* 1932년 3~7월경 ( )안은 경력

만주국 협화회

이상과 같이 관동군에는 만주국에 대한 강대한 지배권이 보장되었다. 그렇다고 해도 약 3,000만의 이민족을 그만큼 완전하게 통치할 수 있는 자는 없었다. 현실적으로 만주국이 성립한 당시, 일단 치안이 유지되고 있던 것은 간선철도에 따라 있는 주요한 도시뿐이었다. 광대한 동북의 각지에는 만주국에 반대해 많은 무장집단이 봉기하고, 일본군이나 만주국군과 치열한 전투를 계속했다. 이들 무장투쟁을 진압하여, 동북의 민중을 만주국의 통치에 복종시키는 것은 관동군에게 첫째가는 급무이고, 이를 위해서도 만주국의 성립을 정당화하여, 민심을 끄는 이데올로기가

▌오족(일·만·한·조·몽골)협화·王道樂土건설을 표징하는 국기를 배경으로 관동군 사령관 히시가리 다카시菱刈隆 (맨 앞중의 군복입은 사람)와 푸이

필요했다.

만주국의 '건국 이데올로기'로서 최초로 받아들여진 것은 앞에도 말한 가사기 요시아키笠木良明의 사상이다. 정략공작 과정에서 자치지도부가 만들어진 것도 그 결과였다. 그러나 매우 관념적이고, 그것도 조직적 기반을 가지지 않는 가사기의 사상은 외견적으로는 근대국가의 형태를 갖추려는 군의 방침에 적합하지 않은 것이 분명하게 되었다. 가사기의 사상은 얼마 안 있어 배척되고, 대신 등장한 것은, 만주청년연맹의 야마구치 주지山口重次 등이 '민족협화'를 부르짖고 조직하고 있는, 만주협화당의 운동이었다.

관동군 특무부에 가담하여 군의 정략공작의 일단을 추진해 온 야마구치 등은, 중국인 기사技師나 젊은 관료층의 이른바 근대적 경향, 반 군벌 감정을 조직화하여, 만주국 설립에 협력시키는 데 어느 정도 성공했다. 또 지방에서는 지주·대농층과 토착 상업자본의 이익을 반영하는 각지의 농무회·상무회와 접촉하여, 그 자치능력을 이용하여 경제활동을 복구시켰다. 이러한 경험을 근거로 야마구치는 더 광범한 민중에게 만주국을 지지시키고 싶다고 생각하여, 만주국 발족과 동시에 오자와 가이사쿠小澤開作40 등 청년연맹의 활동분자와 만주협화당 결성에 매달렸던 것이다.

그들의 계획에서는 협화당은 단지 민간단체나 정당이 아니고, 국가의 보호와 원조를 받은 국민조직이 될 예정이었다. 자각한 일본인 활동가를

---

40 역주_1898~1970. 야마나시현 출신의 치과의사로 宣撫활동(점령지에서 점령군의 방침을 알려 민심을 안정시키는 일)을 위해 만주에 부임했다. 1928년 만주청년연맹을, 1932년 만주국협화회를 결성하고, 1937년에는 중화민국신민회를 결성하여 활동했다.

중심으로 중국인 청년지식층이나 지방의 토착세력에 권유하여, 적극적으로 '민족협화'에 찬성하는 분자를 획득하고, 이것을 조직의 중핵으로 한다는 것이다. 관동군 참모 이시하라 간지 등이 이 안에 찬동하였고, 야마구치 등은 당의 법제화를 준비하는 한편, 동북 북부 등에서 계속되고 있던 군사행동에 동행하여, 당의 방침에 따르는 종군 선무를 행하는 등 조직화에 분주했다. 협화당의 활동은 국민당과 공산당을 염두에 두고, 이것에 대항하면서 동북의 민중을 만주국 측에 끌어당기려는, 특이한 식민지의 민간 파시즘운동이었다.[41]

그러나 관동군은 운동의 자유로운 발전을 허락하지 않고, 그 구상만을 흡수하여 독자적으로 재편성하여 만주국협화회[42]를 조직한다. 협화회는 "건국정신을 준수하여 왕도를 주의로 하고, 민족의 협화를 깊이 생각함으로써 우리 국가의 기초를 공고하게 하고, 왕도정치의 선화宣化를 도모할 것"을 목적으로 한다. 집정을 명예총재, 국무총리를 회장으로 하여, 정부 고급관리나 민간의 유력자를 이사로 하는 완전한 관제조직으로, 1932년 7월 말에 발족했다.

협화회 업무의 실행기관은 중앙사무국이다. 사무국장에는 외교부 총장 사개석謝介石이(1878~1946), 차장에는 민정부 총무사장 나카노 고이츠中野琥逸가 취임했다. 만주협화당의 설립위원이었던 야마구치, 오자와 등

---

41 앞의 논문, 「식민지 파시즘운동의 성립과 전개」

42 역주_만주국에 있는 관민일체의 국민교화조직. 만주국정부와 표리일체가 되어 건국이상 (왕도낙토의 건설)을 실현하기 위해, 국민에 대한 교화를 추진해갔다. 나중에 일본의 대정익찬회 등의 각 조직에 많은 영향을 미쳤다.

은 중앙사무국위원에 이름을 두었다. 협화당의 구상에 보이는 듯한 민중의 자발성을 불러일으키는 방향은 제도상 완전히 없어지고, 관의 선정을 일방적으로 강조하는 '왕도'가 그것을 대신한 것이다. 이후 협화회는 민중을 만주국의 통치에 복종시키기 위한 이데올로기 공작을 주요한 임무로 하고, 나중에 전시경제체제를 위한 민중 동원의 실행기관이 되어갔다.[43]

치안유지를 위해

만주국의 최대 문제는 치안 확보였다. 건국에 참가한 마점산馬占山이 얼마 안 있어 헤이룽장성에서 반기를 나부끼고, 중국민족의 영웅이 된 것을 시작으로, 각지에서 많은 무장집단이 활동하고 있었다. 이들의 반만 항일군은 지휘계통을 잃고 분산화된 구 군벌군, 국민당의 영향 하에 있는 부대, 공황이나 전쟁으로 인한 재난으로 유망화한 농민집단, 대도회大刀會[44]나 홍창회紅槍會[45]와 같은 전통적인 민중의 비밀결사가 있었다. 그리고 간도 지방을 중심으로 하는 조선인 집단 등, 성격도 소질도 가지각색이었다. 만주국 성립 직후의 총병력은 약 32만이라고 알려져, 경시

---

43 鈴木融史,「滿洲國協和會史試論」,『季刊現代史』2, 5호, 1973, 74.

44 역주_청나라 말기 이후 산둥성을 중심으로 결성된 민간 비밀결사단체. 화북 지방 농민의 자위조직으로 확산되어, 1900년 경 의화단운동의 중심세력으로 활동했다.

45 역주_청나라 말기 화북 지방의 농민들이 군벌의 착취에 대항하여 조직한 무장단체.

할 수 없는 힘을 가지고 있었다. 이 때문에 철도연선의 주요 도시를 제외하고 만주국의 통치력은 지방에는 거의 미치지 않았다.

만주국에서 치안 유지를 위탁받은 관동군은 이들 반만 항일군의 소토掃討 작전을 반복하는 한편, 1932년 10월, 중앙·지방에 청향淸鄕위원회를 만들고, 치안상의 연락·조정을 비밀리에 하는 동시에 만주국군이나 경찰기구의 정비를 서둘렀다.

만주국군은 건국에 참가한 구 군벌군인 산하의 제 부대를 개편한 것으로 군정부의 소관이었다. 군정부에는 많은 현역장교가 관동군에서 고문으로 파견되고 있었다. 그러나 구 군벌의 사병을 중심으로 하는 만주국군은 소질도 장비도 뒤떨어지고, 근대적 군대와는 좀 거리가 멀었다. 또 민족의식에서 가끔 반란을 일으켜, 반만 항일군으로 바뀌는 일이 있었다. 나중에는 하급 장교나 하사관 등 실전의 중핵이 되는 지위에 일본인이 늘어나게 된다. 만주국군의 이러한 본질은 용이하게 변하지 않고, 오랫동안 군정당국을 괴롭히게 된다.

경찰행정은 중앙에서는 민정부 경무사가, 성에서는 경무청이 담당했다. 어느 경우에도 일본인 퇴역군인, 특히 헌병 출신자가 지도적 지위를 맡고 있는 것이 특히 주목된다. 경찰관에도 많은 일본인이 채용되었다. 현의 경우에도 초기에는 일본인 참사관이 현縣경찰대를 지휘하여, 반만 항일군과 실제로 교전하는 것이 적지 않았다. 이 때문에 참사관이 순직한 예도 많았다.

치안법 제정

만주국의 사법제도는 처음은 구제를 그대로 이용했다. 사법부에는 일본의 사법 관료가 초빙되어 그 실권을 잡고, "건국의 기초를 동요시키는 결사단체의 존재를 탄압"하는(「대만몽방책(제4차안)」)것이 중시되었다. 기본적인 치안법으로 정치결사를 단속하는 치안경찰법, 반만 항일군에 대한 잠행징치반도법暫行懲治叛徒法·잠행징치도비법暫行懲治盜匪法(어느 쪽이나 1932년 9월 공포) 등이 있다.

잠행징치반도법은 "국헌을 문란하고 국가존립의 기초를 위태 혹은 쇠퇴시킬 목적을 가지고 결사를 조직한 자"에 대해, "(1) 수괴는 사형, (2) 역원 기타의 지도자는 사형 혹은 무기도형, (3) 모의에 참여하고 혹은 결사에 가입한 자는 무기도형 혹은 10년 이상의 유기도형"으로 정하고 있다. 이것은 행위를 벌하는 것이 아니고, 행위의 전제가 되는 사상을 벌하는 것으로, 일본의 치안유지법의 원용이었다. 사실 징치반도법은 징치도비법과 함께, 1941년에 만주국 치안유지법으로 개편된다. 반만 항일전쟁은 일본의 침략에 대한 중국민족의 군사적인 대항인데, 만주국은 이것을 '반도(반란을 꾀하거나 그에 가담한 무리―옮긴이)'라는 이름으로 왜소화한 것이다.

잠행징치도비법은 집단강도나 살인범 등 이른바 본래의 비적을 대상으로 하고, 역시 사형을 포함한 중형을 규정하고 있었다. 더구나 도비에 관한 안건에는 무죄 판결에 대해 검찰 측이 행하는 외, 상소가 인정되지 않았다. 나아가 군대나 경찰이 도비를 소토할 때는 '임진격살臨陣格殺'46

하는 외에, 지휘관의 '재량으로 이것을 조치'하는 것이 가능하다.

이를 위해 '반도'와 '도비'를 구별하는 일 없이, 실제로는 반만 항일군과의 교전 때에도 이 임진격살·조치권을 적용하여, 포로를 현장에서 살해하는 것이 오히려 보통이었다. 징치도비법위반으로 사법기관에 보내진 예는 매우 적었다.[47]

1932년 9월, 푸순(무순)에서 만주독립수비 제2대대 제2중대의 일부가 '통비通匪(비적과 내통함—옮긴이)'라는 구실로 수천 명의 민중을 학살하는 평정산平頂山사건이 일어났는데[48], 이것은 소토전의 실태를 잘 나타내고 있다. 이러한 무차별 학살은 가는 곳마다 행해진 것이다.

반만 항일군의 세력은 1933년, 처음에는 현저하게 쇠퇴했다. 그 중심이 구 군벌군의 흐름을 잇고, 장비나 연병이 뒤떨어진데다가, 근본적으로는 민중과의 연대가 부족했기 때문이었다. 따라서 일본군과 만주국군에 각각 격파되어 지휘관의 대부분은 투항하거나, 중국본토와 소련령으로 도망갔다. 그 후의 반만 항일전쟁은 사상적 기초를 가진 부정규 소부대의 유격전으로 계속된다.

---

46 역주_군의 사령관 또는 고급경찰관의 판단만으로 사법수속을 거치지 않고, 그 자리에서 최종적 처리, 즉 처형을 실행할 수 있는 제도를 말함.

47 『만주국군』, 『만주국사·각론』

48 本多勝一, 『중국여행(中國の旅)』, 朝日新聞社, 1972.

통화의 통일과 중앙은행

장쉐량의 정책으로 동북이 중앙화 되었다고 해도 그 반독립적인 성격이 한꺼번에 없어진 것은 아니었다. 특히 금융과 폐제幣制면에서는 동북은 전통적으로 강한 독립성을 가지고 있고, 그것이 군벌지배의 기초가 되었다. 동북의 금융, 폐제는 매우 복잡하여, 성마다 관립은행 외에 대부분의 금융기관이 따로 있고, 각각 독자적인 은행권을 발행하고 있었다. 더욱이 일본 측의 통화도 더하여, 동북에는 본위제도가 다른, 실로 다양한 화폐가 지방마다 유통되고 있었던 것이다. 그 대부분은 불환지폐(정화正貨와 바꿀 수 없는 지폐―옮긴이)이고, 계속되는 난발 때문에 화폐가치는 하락의 길을 가고 있었다.

동북군벌의 재정지출은 대부분이 군비로 돌리고 있었다. 관립은행에 불환권을 증발시켜, 이것으로 대량 사들인 대두를 수출해서, 외화를 벌어들인다는 구조가 군벌의 재정을 지탱하고 있었다. 대두의 수매는 리안찬糧棧이라고 불리는 곡물상이 행한다. 리안찬은 곡물 거래 외에 농민에의 고리대나 생활필수품의 판매 등 다면적인 사업을 영위하고, 그 경제력에서 동북의 농촌을 지배했다. 관립은행은 한편에서 이 리안찬에 출자하여, 중소의 리안찬을 계열 하에 두고 있었다. 따라서 여러 통화 가운데에서도 대차 리안찬에 직결하는 관립은행권이 더욱 유력하고, 관동주나 만철 부속지에 유통하는 일본계 화폐가 함께 동북경제의 혈액 역할을 하고 있었다.

관동군은 만주사변을 일으키는 동시에 주요 금융기관을 빠르게 접수했다. 상대에게 자산 도피의 틈을 주지 않기 위해서이다. 그리고 각 기관에 일본인 고문을 보내고, 자산상황을 조사하는 한편, 통치부는 신국가의 금융·폐제를 검토하기 시작했다. 그 결과, 관립은행의 자산은 예상 이상으로 양호하다는 것을 알고, 이것을 통합해 신국가의 중앙은행을 설립하는 것으로 정했다.

그때 최대의 문제는 새로운 본위화폐를 '금·은 어느 쪽으로 할까'라는 점에 있었다. 예를 들면, 일본의 식민지 중앙은행의 하나인 조선은행은 이제까지 관동주·부속지에 조선은행권을 유통시켜온 실적을 배경으로 금본위제로 통일할 것을 강하게 주장했다. 일본의 대 만주투자의 안정을 생각하여 여기에 동조하는 의견은 육군중앙부에도 적지 않았다. 한편, 관동군과 만철은 본위화폐의 급전환이 경제를 혼란시키고, 민심을 이반시키는 것을 두려워하여, 중국의 전통인 은본위제의 존속을 부르짖었다. 그러나 이것도 장래 금본위제의 채용을 부정하는 것은 아니고, 이른바 실시 시기의 차이에 지나지 않았다.

1932년 2월 통치부는 장래 금본위제로 이행한다는 양해로, 당면은 은본위제를 채용하는 것으로 결정했다. 6월에는 만주중앙은행이 설립되어 강한 통화관리에 따른 은위체본위제, 불환중앙은행권에 따른 통일폐제가 발족했다.

그런데 이 폐제개혁은 만주사변의 침략성과 반혁명성의 결과 중의 하나였다. 동북정무위원회는 1930년에 독자의 입장에서 폐제통일을 기획하고, 장식의臧式毅를 중심으로 동삼성금융정리위원회를 발족시키고 있었던 것이다. 위원회는 동북에서 처음 금융제도 문제를 전반적으로 조사·

64

검토하고, 같은 해 12월에는 보고서를 정리했다. 이 보고서는 복잡한 동북의 통화를 통일하도록 권고하고 있다. 이것과 관련해 외국통화의 유통은 중국의 주권 침해이므로, 거래에 통용시키지 않는 것이 바람직하고, 외국의 상점에서도 중국령에 있는 이상, 예외로 해서는 안 된다고 말하고 있다.[49]

외국통화의 배제로 더욱 타격을 받은 것은 실제로 금표거래의 금지로 한계점에 달하고 있는 일본의 경제활동이므로, 관동군은 이 보고서에 격렬하게 적의를 표했다. 그리고 중국 측이 이 개혁에 편승하려던 차에 만주사변이 일어난 것이다. 만주중앙은행의 폐제통일은 중국의 자주적인 폐제개혁을 압살하려는 것이었다고 할 수 있다.

만주국의 재정

국가가 존립하기 위한 경제적 기초는 말할 것도 없이 재정 확립에 있다. 만주국이 어찌되었든지 '독립국' 형태를 갖추기 위해서도 이것은 먼저 긴급한 문제였다.

그런데 재원이 되는 세수는 만주사변의 전란으로 끊어지기 쉽고, 이것을 조급하게 잡는 것은 불가능했다. 그 때문에 만주국정부는 비교적 쉽게 장악할 수 있는 관세·염세 등을 주요한 재원으로 하고, 부족분을 국

---

49 「東三省 金融整理委員報告書(譯文)」, 『滿鐵調査月報』12권 11호, 13권 1-2호, 1932-33.

채로 충당하는 방침을 취했다. 관동군은 전쟁 개시와 함께 세관이나 염무서塩務署에도 일본인 고문을 보내, 업무 감독과 조사에 임하게 했다. 중국의 관세나 염세는 차관의 담보로, 일본을 포함한 열강의 관리 하에 있고, 중국의 주권은 현저하게 제한되어 갔다. 따라서 만주국으로서는 관·염세의 장악에는 국제여론의 동향을 살필 필요가 있었다. 그러나 나중에 말하는 것처럼, 이 시기의 열강은 일본의 동북침략에 비교적 관대했기 때문에 만주국은 1932년 3월부터 6월에 걸쳐 염무기구나 주요한 세관을 실력으로 접수하는 것이 가능했다. 동북의 관·염세수입을 잃어버린 것은 국민정부에게도 큰 타격이었다. 본래 이들 세목에 대해서는 완전한 자주권을 가지지 않았기 때문에, 빤히 알고 있으면서도 일본 측의 수탈을 허용하게 되었다고 말할 수 있었다.

  이 외의 내국세에 대해서는 만주국은 먼저 각 성에 설치한 재정청을 폐지하고, 1932년 7월 재정부의 아래에 각 세무국을 두었다. 재정의 중앙집권화를 꾀하기 위해서였다. 이어서 본래 중앙정부 또는 성에 내고 있던 세목들을 모두 국세, 기타를 지방(縣旗市)세로 정했다. 그리고 성에는 징세권을 인정하지 않고, 성의 재정은 정부가 부담하게 되었다. 이 개혁에서 성은 독자의 재정기반을 잃고, 군벌시대 이래의 성장의 권력은 현저하게 약해졌다.

  만주국 성립 후 1933大同2년도, 즉 1934년 6월까지의 세출(결산)을 보면, 각 년도 모두 총무청과 군정부가 소관하는 지출이 압도적으로 많은 것이 특색이다. 1932년 3~6월의 이른바 '건국연도'에는 세출합계 약 1,820만 엔 가운데 843만 엔(46.3%)이 총무청 소관, 780만 엔(42.9%)이 군정부 소관이었다. 총무청 소관분의 대부분은 만주중앙은행에의 불입금이므로, 이 4개월간에 정부가 한 주요한 일은 재정면에서 보는 한, 중앙은행의 설립과 군사행동이었던 것을 알 수 있다. 본격적인 예산제도가 이루어지게 된 1932년 7월 이후, 1934년 6월까지 2년간 결산을 합계해도, 세출규모 2억 9,512만 엔의 31%, 9,154만 엔은 군정부비이다. 즉 만주국은 재정지출의 3분의 1에 가까운 금액을 군사비에 쏟아 부은 것이다. 이 군사비는 구 군벌계 제 군대의 정리개편과 반만 항일투쟁에 대한 치안작전에 사용되었다.

치안관계비는 군정부 소관 외에도 치안경찰비·일반행정경찰비 기타가 있다. 이들의 합계액은 반만 항일투쟁의 진전과 정부의 민중지배 강화에 응해, 이후도 매해 세출의 35% 전후를 차지하고 있었다.[50] 더구나 기타 행정비에도 치안대책의 성격을 띤 것이 적지 않다. 더욱이 만철이 만주국정부에 대신하여 후술하는 위탁철도의 이익금 가운데, 관동군의 주둔비로 일본정부에 내는 금액이 있었다. 그 액수는 예를 들면, 1933년도에는 700만 엔 가운데 국선분國線分이 400만 엔이었다.[51] 이것도 넓은 의미에서의 치안비이다. 이러한 몫도 넣으면, 만주국의 치안관계비 비중은 매우 높은 것이 된다. 군사적 침략으로

▌선양 병기창을 점령한 일본 관동군

50 『만주국사·각론』
51 「납부금에 관한 건(納付金=關スル件)」

파견군이 꾸며낸 만주국인 이상, 군사적 수단에 의한 민중의 지배와 억압이 그 사명이었기 때문이다.

여하튼 만주국의 초기 재정은 먼저 수지 균형을 주안으로 하고, 어느 정도 방만화를 막았다. 이것도 당시의 시정 목적이 먼저 치안확보에 있었기 때문에, 구 정권 하의 중세重稅와 인플레정책을 완화하여, 민심을 끌어당기려고 한 결과라고 할 수 있다.

영토와 철도

1933년 초 관동군은 리허(열하)성에 침입했다. 본래 동북정무위원회가 관할하고 있던 4개의 성 가운데, 이곳만이 만주국에 참가하지 않았기 때문이었다. 이 성에 있던 장쉐량군은 패퇴를 거듭하고, 성 주석 탕옥린湯玉麟52은 도망갔다. 리허성만이 아니라 허베이(하북)성의 일부도 점령한 일본군은 기세를 타고, 4월에는 만리장성(외장성선)을 넘어 화북본부에 까지 진출했다. 중국 측은 여전히 본격적인 저항을 하지 못하고, 5월 말 허베이성의 당고塘沽에서 중·일 양군은 정전협정을 맺었다.53 동시에 만주국은 리허성을 설치하여, 성공서省公署를 승덕承德에 두었다.

---

52 역주_1871~1937. 탕옥린은 1933년 열하작전을 개시한 일본군 제8사단에 대해 싸우지 않고 도망갔다. 이에 일본군은 겨우 128명의 기병으로 리허성을 점령하고 만주국에 합병했다.

53 역주_1933년 5월 31일에 당고에서 일본군과 국민정부 사이에 맺은 정전협정. 중일군사정전협정이라고도 한다. 국민정부는 일본의 만주지배를 사실상 묵인했다.

당고협정에 따라 만주사변은 군사적으로는 일단락을 고하여, 만주국은 그 '영토'를 확정한 것이 된다. 이러한 정세는 만주국이 국가로 형태를 갖추기 위해 매우 유리한 조건이 되었다. 이 해 만주국의 철도정책이 새로 발족한 것도 우연이 아니다.

만주국의 교통기관의 관리·운영은 관동군으로부터 만철에 위탁되고 있었다. 만철은 그 경영과 신선 건설에 임하기 위해, 1933년 3월 사내에 철로총국과 철도건설국을 설치했다. 이때 만철이 만주국에서 계승한 철도는 합계 19선, 연장은 만철사선의 4배를 넘는 2,969킬로였다. 이것은 모두 중국 측의 철도를 접수하여, 만주국이 국유화한 것이다.

동시에 관동군은 작전상의 필요에서, 만철에 사선·국철선의 수송력과 정비력 증강을 요구했다. 만철 자신의 경영상의 입장에서 보더라도 국철선에는 상당한 개량을 가할 필요가 있었다. 그 개량비는 국철선의 선로·교량만도 1936년까지 약 2,800만 엔이 예상되었다. 기타 만주국에서 청부받은 신선 건설비는 1933년 12월까지 맺어진 계약분이 12노선, 4억 5,500만 엔의 거액에 달했다.[54]

신설선 가운데 돈화敦化와 도문강을 연결하는 돈도선敦図線은 러일전쟁이래 일본이 자주 요구하면서도 중국의 자주적 철도정책으로 실현이 저지되어온 노선이었다. 간도 지방을 통과하여 동북과 조선북부를 연결하는 이 선은 일본 제국주의의 대륙정책에 큰 의미를 가지고 있었다. 이 때문에 만철은 일찍부터 1931년 12월 만주사변 중에 이 선의 측량을 시작

---

54 「철도에 관한 군작전상의 요망안에 관한 건(鐵道ニ關スル軍作戰上ノ要望案ニ關スル件)」, 『남만주철도주식회사 제3차 10년사』

하여, 이듬해 1월에는 일부 착공을 하고 있다. 따라서 공사현장은 몇 번이나 중국 게릴라 부대의 공격을 받고, 많은 사상자를 내고 있었던 것이다. 또 만철이 조선총독부에서 북조선 철도의 일부 경영을 수탁하고, 또 나진에 대규모 축항공사를 청부한 것도, 돈도선을 나진에 연결하여 동북의 중앙부에서 조선, 일본해를 거쳐 속일본裏日本55의 해항에 이르는 일·만日滿 연락의 최단루트를 독점으로 운영하기 위해서였다.

이렇게 만철은 만주사변으로 동북의 교통망을 독점하고, 1933년에는 4억 4,000만 엔의 자본금을 8억 엔으로 증자하는 외, 1932~1933년에만 약 2억 2,500만 엔의 사채를 모집하는 등 놀라운 급팽창을 이루고 있었다.

중국의 반일운동

여기서 논의를 바깥으로 돌려 만주사변에서 만주국의 성립에 이르는 시기의 국제정세를 돌아보자.

먼저 중국의 대응인데, 일본의 동북침략에 직면한 국민정부나 장쉐량은 군사력으로 인한 본격적인 저항을 방기하여, 국제연맹이나 영·미의 압력으로 문제를 해결하려고 했다. 당시 국민당은 분열하고, 또 장시성江西省(강서성)의 중국공산당과 그 소비에트 정권에 대한 공격을 계속하고

---

55 역주_혼슈本州 중에서 동해에 면한 지방을 말함.

있었기 때문에 침략에 주체적으로 대응하는 것이 불가능했다.

　그러나 민중은 일본의 침략에 분격하여, 자발적인 반일운동이 일어났다. 상하이를 비롯하여 주요 도시에서는 항일구국회와 의용군이 조직되어, 국민정부에 대일선전을 요구했다. 이러한 움직임은 일본의 자본진출에 위태로웠던 일부 민족 자본가를 끌어넣어, 반일보이콧운동이 되었다. 만주사변 때의 대일보이콧은, 당시까지만 해도 유례없이, 철저하게 일본인과의 모든 경제관계를 끊는 것을 목표로 했다. 일본 측에게 말하게 한다면 "포화를 사용하지 않은 전쟁으로 일본을 굴복시키려는 것"이었다.[56]

　그 결과, 일본기업은 큰 손해를 입었다. 상하이실업동맹회 가맹 117상사의 손해는 1932년 봄까지로 연간 이익의 1.5배에 달하여, 상하이공업동지회 54공장 가운데, 1932년 1월 34공장이 휴업하고, 14공장이 5할 이하의 조업률이었다.[57] 중일무역도 격감하여, 한신阪神~상하이 사이 등에 항로를 가진 닛신日淸기선의 1931년도 하반기 화물수입은 상반기의 5분의 1 이하가 되었다.[58]

　반일운동은 재일중국인 유학생과 동남아시아 각지의 화교 사이에도 급속하게 퍼졌다. 국민정부는 민중의 반일운동이 격화하는 것을 두려워하여 탄압했다. 그러나 노동자나 학생을 중심으로 하는 민중은 정부와의

56 上海日本商工會議所, 『만주사변 후의 대일경제 절교운동(滿洲事變後の對日經濟絶交運動)』, 1931.
57 横浜貿易協會, 『지나의 배일과 출선방상(支那の排日と出先邦商)』, 1937.
58 『日淸汽船株式會社三十年史及追補』, 1941.

팽팽한 대결을 벌여, 일시적이지만 실력자 장제스蔣介石을 하야시키게까지 만들었다. 이 사이 언론 기타에 의한 자유주의적 지식인의 활동도 왕성하여 국민당 좌파의 송경령宋慶齡(1893~1981, 쑹칭링)과 중앙연구원장 채원배蔡元培(1868~1940, 차이위안페이) 등은 장제스의 독재체제를 규탄하고, 민중운동을 지지하여 중국민권보장동맹을 결성한다. 우파의 반공주의자도 대일강경론을 부르짖어 정부를 비판했다. 그 대표주자 격인 대일선전론자 공덕백龔德栢의『정일론征日論』은 베스트셀러가 되었다.

한편, 중국공산당은 만주사변이 일어나자 재빨리 선언을 내어, 침략의 성격을 분석해서 민중운동에 영향을 끼쳤다. 그러나 그 받아들이는 방식은 아직 추상적, 극좌적인 경향이 강하고, 구체적인 일본의 침략에 대항하는 방법을 명확히 세우는 것이 불가능했다. 공산당이 항일민족통일전선의 방침을 확립하기에는 동북에서의 반만 항일전쟁의 전개나 일본의 화북 침략의 현실을 근거로 한, 또 하나의 상당한 곡절이 필요했던 것이다.

열강의 대응

일본정부나 지배층이 가장 걱정한 것은 중국의 저항이 아니라, 미·영·소련 등 열강들의 반응이었다. 그러나 이 시기의 국제정세는 예상한 바와 달리 일본에 매우 유리하게 움직이고 있었다. 제국주의국은 대공황 이래 내외에 많은 문제를 안고, 또 소련은 전력을 다해 5개년계획에 따른 국내 건설에 몰두하고 있었기 때문에, 일본의 침략에 적극적인 간섭을 할 여유가 없었던 것이었다.

미국국무장관 헨리 스팀슨Henry L. Stimson은 일본에 대해 강하게 나오는 것은 도리어 군부를 자극하는 결과가 된다고 생각하고 있었다. 영국은 중국에 동정적이었지만 반면, 일본의 행동이 중국의 반제국주의운동을 누르는 것이라고 기대했다. 일본의 침략이 동북에 머물고 있는 동안은 미·영의 권익을 그렇게 강하게 위협하는 것이 아니고, 소련에 대한 반혁명성에서 본다면 오히려 그것은 바람직한 것이다.

중국이 희망을 의탁한 국제연맹도 이러한 미·영의 태도를 반영하여, 처음은 일본에 불리하지 않았다. 그러나 관동군이 전선을 확대하는 가운데, 일본이 철병 조건에 과대한 요구를 제시했기 때문에 열강도 태도를 바꾸기 시작해, 일본은 점차 고립하기 시작했다. 그러나 연맹의 토의는 착착 진행되어 침략의 현실로부터 유리하기 쉬워, 사태를 해결하는 것은 불가능했다. 이렇게 연맹은 겨우 1931년 12월, 조사단의 현지파견을 결정하는데 그쳤다. 미국은 이 사이 약간 적극적이 되어, 1932년 1월 군사행동에 따른 현상의 변경을 인정하지 않는다는 스팀슨 선언59을 내놓았는데, 이 이상의 행동은 피하고 있었다.

연맹이 파견한 리튼조사단은 1932년 2월부터 7월까지 일본·중국의 각지를 방문했는데, 이 가운데 6주간을 동북에서 보냈다. 같은 해 9월

---

59 역주_'침략에 의한 영토는 승인할 수 없다'고 한 스팀슨 독트린은 말 그대로 영토문제를 폭력적인 방법으로 해결해서는 안 되며, 무력에 의한 영토의 점령과 획득의 효과를 승인하지 않겠다고 선언한 것으로 국제정치사에 중요한 의의를 부여했다.

▌만주사변의 현지시찰을 위해 파견된 리튼 조사단과 혼죠 시게루 군사령관

말, 조사단은 연맹이사회에 보고서를 제출했다.

　보고서는 사변 이전 상태로의 복귀는 현실을 무시하여 분규를 깊게 하는 것이라고 하여, 그 점에서는 일본에 호의적이었다. 그러나 만주국을 승인하는 것은 중국의 이익에 반하고, 동북 인민의 희망에 부합하지 않는다고 판단하여, 국제적 관리 아래 국민정부 하의 지방적 자치정권을 동북에 만드는 것이 현실적이라고 말하고 있다. 거기에는 중국의 자주성을 인정하지 않고, 동북을 열강의 공동 이익에 짜 넣는다는 영국의 의도가 강하게 반영되고 있었다.

3
성장하는 괴뢰제국

경제 통제를 목표로

중국의 동북 지방을 점령하고, 그것을 일본의 경제권에 거두어들이는 것은, 일본 군부가 목적으로 하는 근대적 총력전체제의 수립에 빼놓을 수 없는 요소였다. 만주국이 성립하여 치안체제를 비롯해, 금융·재정·교통 등의 제도가 일단 정비되자, 계속해서 동북에서의 군수산업 육성이 일정에 올라왔다.

관동군은 1931년 12월에 「만몽개발방책안」을 정리하여, 빠르게 다음과 같은 방침을 세우고 있었다. "만몽에서 제 시설을 직접 군사상의 견지에서는 물론, 평전平戰 양시에서 제국의 군수자원 독립정책에 적응"시켜, "바로 제국 국민경제발전에 기여"하도록 "기획경제 아래 통제"한다. 또 동북 개발의 최대 목표는 철·석탄·오일 쉘油母頁岩·마그네사이트라는 자원의 획득에 있고, 이것을 이용하여 전기·화학공업을 적극적으로 육성한다. 이를 위해서는 경제의 국가적 통제가 필요하고, "자본가가 이익을 농단하는 것을 허락하지 않는다"고 했다. 이어서 1932년 1월 「만몽문제 선후처리요강」에서는 동북의 산업개발은 "일본 및 일본인의 이익을 도모하는 것을 제일 중요한 원칙으로 한다"라고 정하여, 제3국을 배제하고 일본이 독점적으로 추진하는 방향을 내세우고 있다.

이러한 방침을 구체화하기 위해 관동군은 이제까지의 특무부에 대신하여 더욱 대규모의 조사·입안기관을 필요로 했다. 그리고 오랜 경험과 많은 인재를 가지는 만철의 조직에 착안했다. 1932년 1월 만철은 군의 요구로 총무부 조사과의 기구를 개조하여, 독립된 부국으로 경제조사회를 설치했다. 이후 경제조사회는 「만주국 경제건설강요」를 비롯하여, 초기의 만주국 경제정책의 전반적인 입안을 행한 것이다.

1933년 3월에 발표된 「만주국 경제건설강요」는 경제통제에 대한 만주국의 근본방침이고, '장기간에 걸치는 대강大綱', '관민협력 실행매진의 규준'이 되었다. 그것에 따르면, 만주국의 경제건설의 근본방침은 "무통제로 인한 자본주의 경제 폐해에 비추어, 이에 필요한 국가적 통제를 더하여 자본의 효과를 활용하고, 이로써 국민경제 전체의 건전하고 발랄한 발전을 도모하는 것"에 두어졌다. 이를 위해,

(1) "국민 전체의 이익을 기조로 하여－이익이 일부 계급에 농단되는 폐해를 제거"한다.

(2) 모든 "자원을 유효하게 개발하여 경제 각 부문의 종합적 발달을 계

획하기 위해 중요 경제 부문에는 국가적 통제를 더한다.”
(3) “문호개방 기회균등 정신에 근거하여 널리 세계에 자본을 구하여 특히 선진제국 기술경험 기타 모든 문명의 진수를 모은다.”
(4) “선린일본과 상호의존의 경제 관계에 비추어 동국과의 협조에 중심을 둔다”고 했다.

(2)에서 말하는 통제 범위는, “국방적 혹은 공공 공익적 성질을 갖는 중요사업”은 원칙으로 공영 혹은 특수회사의 경영, 기타 민간의 자유 경영으로 하지만, 후자도 생산·소비의 양면에서 필요한 조절을 받는다. 또 산업별로 금후 수년간의 목표를 내걸고, “현재 우리나라 총생산액 30억 엔은 10년을 지나지 않고 배가할 것은 틀림없다”고 말하고 있다.

(3)의 문호개방과 (4)의 일본과의 협조 관계는, “외국에 솔선해 불발不拔의 일본 경제세력을 만주에 부식”하는 것이 중요하고, 그것을 방해하지 않는 범위에서 외국자본을 도입한다는 것이다.60 또 이익의 농단을 막는다는 점은 당시 관동군이 재벌 진출에 반대하는 것이라고 하여 의론議論의 표적이 되었다. 군수산업의 급속한 건설을 도모하기 위한 경제계획의 입장에서, 이윤 배분에도 일정한 제한을 더하여, 보다 많은 것을 재투자하도록 한다는 것이 그 목적이었다. 거기에서 “국민 전체의 이익”이라는 추상적인 말도 생겨난 것이다. 확실히 재벌은 처음 동북에의 본격적인 직접투자를 망설였다. 동북의 치안 상황이 투자 안전을 위협하고

60 「만주 경제통제 근본방책(滿洲經濟統制根本方策)」

77

있던 것이 최대의 원인이었다. 위와 같은 강한 통제방침과 통제내용의 불명확함도 그 한 원인이 되고 있었다고 말할 수 있다.

「강요」에 말하는 중요산업에는 경제조사회의 입안에 근거하여 개발을 담당하는 특수회사가 속속 설립되었다. 1934년 일본정부가 「강요」에 대응하여 「일만경제 통제방책요강」을 각의에서 결정하고 나서 특수회사 설립은 특히 활발하게 되었다. 연도별 특수회사 설립 상황을 보면, 1932년에는 만주중앙은행, 만주항공 등 3사(자본금 합계 4,400만 엔), 1933년에는 만주전전 등 2사(5,167만 엔)였다. 1934년에는 만주석유·만주탄광·만주채금·만주전업 등 7사(1억 3,655만 엔)가 설립되었다. 그 후도 1935년에 4사(2,100만 엔), 1936년 11사(1억 2,060만 엔)로 계속된다.

특수회사란, 정책을 실현하기 위해 특별법에 따라 설립되어 정부의 감독을 받는 반면, 독점적인 특권을 가진 회사이다. 만철 등은 바로 그 전형인데, 만주국의 경제개발은 거의 모두 이 특수회사(전거법을 가지지 않

지만, 사실상 특수회사와 다르지 않는 준특수회사를 포함)에서 이루어진 것이 큰 특색이다. 이것은 군 주도의 강력한 경제계획을 위해서였다. 더구나 만주국의 특수회사는 원칙으로 일업 일사―業―社가 되어, 독점력이 매우 강하다. 따라서 형식은 어쨌든 "그 실체, 운영 내부는 완전히 공영과 하등 다르지 않다"[61]고 조차 말해진다.

▎다롄의 만철본사

만철개조의 움직임

업종마다 특수회사를 만들어가려는 군의 방침은 이제까지의 거대한 자본과 기구로 동북의 식민지 개발을 독점으로 추진해 온 만철도 개편하여, 군의 직접 통제 하에 두려는 움직임을 낳았다. 만철이 전통을 배경으로 독자적으로 종합적인 경영을 계속해 가는 것은 군에 의한 일원적 지배를 방해하기 때문이다.

이러한 움직임은 1932년 가을경부터 나타난다. 1933년 초부터는 관동군과 육군성에서 구체적으로 검토되었다. 육군성은 만철을 철도·항만과 그 부대사업만을 경영하는 회사로 변경했다. 그 외의 사업은 업종별회사로 분리하여 따로 일·만정부와 만철의 출자로 특수회사를 만들고, 이 업종별 회사를 통합한다는 안을 정리했다.

한편 관동군의 계획안은 한층 철저하게 '현 만철회사는 가능한 한 신속하게 해산'하여, 각 사업을 독립의 특수회사로 만든 다음, 생산 부문을 가지지 않는 순지주純持株회사를 설립하여 이것을 통제시킨다는 것이었다. 더구나 이 지주회사를 군사령관의 엄중한 감독 하에 두는 동시에, 만철사업 이외의 신설 특수회사에 자금을 제공하는 투자회사도 두게 하였다.

육군성도 이러한 관동군 계획안에 접근하여, 1933년 7월 관동군은 위의 방침을 만철에 보이고 그 개조를 요구했다. 이에 대해 만철 측은 만철

---

61 『만주 중요산업의 구성(滿洲重要産業の構成)』

▌만철의 상징 특급열차

을 업종별 회사로 분해하는 것은 채산이 맞지 않는 회사를 속출시켜, 이제까지 종합적 경영으로 길러온 만철의 신용을 현저하게 저하시킨다고 하여, 만철 자체의 국책성을 보다 높여, 종합성을 유지한다는 대안을 만들었다.

관동군의 개조안이 일반에 알려진 1933년 10월 이후, 만철은 개조에 반대했다고 하여, 사실 사원회는 모두 반대운동을 벌였다. 그러나 이 대안은 오히려 관동군의 성급한 방향을 수정하면서도 기본적으로는 군의 의도에 접근하고 있었다. 더구나 그것은 정식으로 받아들여지지 않았다. 10월 만철중역회의는 관동군안의 순지주회사화를 승인하여, 그것을 군에 회답한 것이다.

만철개조에 대한 반대는 오히려 외무성, 척무성, 그리고 다름 아닌 육군성에서도 일어나고, 금융시장도 재빨리 경계의 빛을 보였다. 이 문제에 관해 만철 이사 야마자키 모토키山崎元幹는 척상 나가이 류타로永井柳太郎에게 호통을 당했다. 또 육군성에서도 "만철은 너무나 군의 총에 위협당하고 있다"고 반성을 촉구 당했다고 한다.[62] 1933년 11월에 모집된 만철의 사채는 대부분 팔리지 않고 남아버렸다.

이 때문에 관동군은 당면 만철 개조를 단념하지만, 만철에 대한 군부

---

62 滿鐵會, 『만철 최후의 총재 야마자키 모토키(滿鐵最後の總裁山崎元幹)』, 1973.

80

의 발언권은 다른 면으로부터 강화된다. 1934년 12월 이른바 대만對滿기구의 통일이 그것이다.

관동군사령관은 먼저 만주국 주차특명전권대사와 관동장관을 겸하게 되어 있었다. 이것은 관제 개정을 동반하지 않고, 정부의 지휘 관계나 하부기구는 이전대로 분립한 채였다. 군부는 명실 공히 모두 이것을 일체화하기 위해 1934년 7월, 오카다岡田 내각(1934.7~36.2.)[63]의 성립 시, 육상(대장·하야시 센주로林銑十郞)을 유임시키는 조건으로 대만기구의 개혁을 요구했다. 그 결과 관동청은 폐지되어 전권대사의 통제 아래 관동국을 두고, 관동주와 만철 부속지의 행정을 관리하여, 만철 업무를 감독하게 된 것이다. 전권대사는 섭외사항을 제외하고, 내각총리대신의 명령감독을 받는다고 되었다. 그러나 이 명령감독권은 내각에 신설된 대만對滿사무국을 통해 이루어지는 것이고, 그 대만사무의 총재는 육상이 겸임했기 때문에 전권대사에의 감독권은 실질적으로는 군부가 잡게 된다.

제제帝制실시와 성의 분할

1934년 3월 만주국은 제제를 펴고, 푸이는 집정에서 황제로 승격했다. 제제 실시는 푸이와 측근의 강한 요망이었다. 군중앙부에도 아라키 사다오荒木貞夫(중장)의 육상취임(1931년 12월) 후에 이른바 황도파[64] 인사 가

---

63 역주_사이토 내각의 뒤를 이었다. 내각은 군축회의를 탈퇴하여, 군의 화북 진출 등 군부의 진출에 압도당하고, 2·26사건 후 총사직했다.

■ 황제 즉위식 후의 기념 촬영(1934. 3)

운데 만주국에 천황제의 작은 모형을 만들려는 공기가 일찍부터 있었다.
황제를 만주국 지배의 도구로 국가 형태를 강화하는 것이 일본의 의도였
다. 이와 함께 정부조직법에 대신하여 새로운 조직법이 제정되어, 행정
각부의 총장은 대신이라고 변경되었다. 원호는 강덕康德으로 개원되었
다. 물론 이 개혁으로 황제나 각부 대신에 실질적인 권력이 주어진 것은
아니었지만, 적어도 형식상 황제의 법적 지위는 천황의 그것과 비슷한
것이 되었다. 난화蘭花를 '어문장御紋章'으로 제정하고, 학교에 대한 '어영

---

64 역주_육군성·참모본부 등의 막료장교를 중심으로 군부 내의 통제강화를 주장하는 통제파
에 대한 육군의 파벌을 말함. 아라키 사다오와 교육총감 마사키 진자부로眞崎甚三郞를 수
령으로 하여, 천황친정의 국가혁신을 부르짖은 청년 장교의 일파. 기타 잇키北一輝 등의
국가주의자와 교류했다.

御影'의 하사 등으로, 천황제를 모방한 황제 이데올로기적 성격이 강해져 갔다.

제제의 실시에서 황제는 "모든 나라를 지키는(守國) 원도遠圖, 나라를 경영하는(經邦) 장책長策은 항상 일본제국과 협력 동심으로, 영고永固를 기해야 한다"라고 하는 조서를 발하고, 다음 1935년 4월, 일본을 방문하여 천황·황후·황태후 등과 만났다. 그리고 귀국 후의 「회란훈민조서回鑾訓民詔書」에서는 "짐은 일본 천황폐하와 정신이 일체이다"라고 말하고 있다. 제제의 실시는 만주국을 천황제 이데올로기로 통합하는 제일보였던 것이다.

그러나 제제 실시의 의미는 이데올로기적인 면만 있었던 것은 아니었다. 그것은 또한 만주국 통치의 중앙집권화가 완성된 것을 말해주는 것이었다. 1934년 12월에 새로운 성제省制가 펼쳐지는 것은 그 결과이다.

만주국을 구성하는 4성은 재정면에서는 자주성을 잃고 있었지만, 그래도 구 군벌의 지반으로서 전통적인 반독립성을 남기고 있었다. 또 각성이 광대하고, 치안정책이나 일반행정이 쉽게 침투해 갈 수 없다는 문제도 있었다. 이 성제개혁으로 구래의 4성은 분해 되어, 새로운 펑톈·안동·금주·리허·지린·간도·빈강濱江·용강·삼강·흑하黑河의 각성이 설치되었다. 또 내몽골 동부의 홍안興安 북·동·남의 각 분성(1932년 4월 설치)도 각각 성이 되어, 신설된 홍안 서성을 더하여 합계 14성이 생겼다.

이 때문에 성의 규모는 훨씬 작아지고, 중앙집권화와 치안유지가 용이하게 되었다. 성장도 모두 신임을 받게 되어, 희흡熙洽, 장식의臧式毅 등 구 군벌계 실력자들은 완전히 세력을 잃었다. 그들은 이듬해 5월에는 각부

대신에서도 해임되어 명예직으로 물러난다. 대신 등장한 것은 중앙·지방 모두 만주국 성립 후에 대두해 온, 구 군벌 내의 젊은 관료였다. 예를 들면, 재정부 대신 손기창孫其昌, 실업부 대신 정감수丁鑑修, 펑톈 성장 보강葆康 등의 인물로, 그들은 이 뒤에 중국인 측의 고급 관료그룹을 형성한다.

이러한 개혁으로 만주국에 대한 군부의 지배권은 대략 굳어졌다. 1934년 12월 신제도의 초대 관동군사령관 겸 전권대사가 된 미나미 지로南次郎(대장)는 만주국 내의 일본 치외법권 철폐, 금본위제의 채용에 따른 일·만통화의 등가유지 등을 제안했다. 만주국의 외견상의 독립성을 높여, 경제적으로는 일·만의 일체화를 강화하려는 것이었다.

■ 미나미 지로

만주국을 둘러싼 국제관계

1933년 2월, 일본의 리허(열하) 침략 준비 중에 열린 국제연맹총회는 일본을 제외한 43개국 중, 42개국의 찬성으로 리튼 보고[65]를 채택하여, 만주국의 부인否認을 결의했다. 이에 반발하여 일본은 바로 연맹을 탈퇴했다.

---

65 역주_만주사변은 일본의 정당한 방위행동이 아니고, 만주국도 만주인의 자발적 독립운동이 아니라고 하면서도, 일본의 특수권익을 인정하여, 중·일 간의 만주에 관한 신조약 체결을 제안했다.

일본의 국제연맹 탈퇴[66]는 평화유지에 관한 연맹의 무력함을 나타냄과 동시에 일본에게는 외교노력의 실패를 의미하여, 그 후의 국제적 고립화를 결정짓게 되었다. 그렇지만 일본 국내의 여론은 오히려 탈퇴를 환영했다. 1933년 4월 일본 대표 마쓰오카 요스케松岡洋右(중의원 의원, 전 만철 부총재)가 귀국했을 때에는 대신문은 경쟁적으로 그의 '공적'을 칭찬하여 요코하마항은 출영인파로 넘쳤다.[67] 총회의장에서 탈퇴연설을 한 마쓰오카는 국민적 영웅으로 환영받았던 것이다. 그것은 일본국민

▌마쓰오카 요스케

이 침략전쟁과 파시즘의 길로 크게 내딛은 것을 상징하고 있었다.

세계의 대세는 연맹의 만주국 부인 결의에 따라, 소수의 예외를 제외하고, 일본 이외에 당면 만주국을 승인하는 나라는 없었다. 물론 중국은 공식적으로는 일관해서 만주국을 계속 부인하고, 이것을 '괴뢰만주국'이라고 불렀다. 그러나 1933년 5월 중·일 간에 맺은 당고塘沽정전협정[68]은 일본의 리허침략(동성의 만주국 편입) 사실을 인정하는 것이다. 1934년 7

---

66 역주_국제연맹이사회는 1932년 10월, 13:1로 만주국으로부터 일본의 철병을 권고했다. 총회는 1933년 2월, 리튼 보고서에 기초하여 대일권고안을 42:1로 채택했다. 일본은 3월 연맹탈퇴를 통고했다.

67 松岡洋右傳記刊行會, 『松岡洋右』, 講談社, 1974.

68 역주_1933년 2월 일본군이 리허성에 침입하여 5월에는 베이징에 접근하자, 양국의 정면 충돌이 불가피한 형세에 이르러 톈진의 외항인 당고에서 일본군과 중국 국민정부군 사이에 정전협정 5개항을 체결했다. 그 주요 내용은 중국군의 허베이성 동북부로부터의 철수, 일본군의 창청선까지의 복귀, 양군 중간지대의 치안유지는 중국경찰이 담당한다는 것 등이었다. 이 협정은 사실상 중국으로 하여금 만주의 현실을 기정사실로 인정하게 하고, 일본군의 화북침략의 첫 단계를 열어주는 계기가 되었다.

월에는 북령철도(베이징-선양 간)의 직통운전에 합의하는 등 당사자 중국도 실질적으로는 만주국을 승인한 것과 비슷했다.

이때 중국공산당과 홍군紅軍(중국의 인민 해방군-옮긴이)은 국민당의 공격을 받아 곤경에 빠져있었다. 1934년 10월, 장시(강서)성의 근거지를 버리고 오지로 이동(이른바 장정)을 시작했다. 그리고 다음해 황하를 끼고 화북에 접하는 산시(섬서)성에 들어가 여기에 새로운 근거지를 건설하면서, 일본의 화북침략에 대항하여 항일민족통일전선을 조직해 간 것이다.

영국에서는 런던에서 대변인을 하는 만주국 정부고문 에드워즈의 획책으로 대장성과 재계가 만주국과의 경제관계에 강한 관심을 나타내고 있었다. 1934년 반비Barnby 사절단이 만주국을 방문한 것은 그 결과였다. 이 사절단은 만주국이 근대적 산업개발에 착수하는 것을 간파하고 나서, 거기에 영국의 참가가 가능한지 아닌지, 또 가능할 경우 경제상의 이익이 있는지의 여부를 확인한다는 매우 현실적인 목적을 가지고 있었다. 만주국 각지를 시찰한 사절단은 '현재 진행 중인 신속한 개발 사업과 관련한 자본재 공급'면에서 영국이 참가할 가망이 있다고 보고했다.[69] 영국은 공식의 외교관계와는 별도로, 만주국과의 경제관계에 추파를 던지고 있었다고 말할 수 있다.

소련의 태도도 또한 매우 현실적이었다. 1932년에 끝나는 소련의 제1차 5개년계획은 일본의 동북점령에 대응해, 일부에서 군수산업에의 전

---

[69] 반비 사절단,「滿洲國視察報告書」,『中央公論』1935년 2월호.

환이 이루어졌다. 그 때문에 목표를 약간 밑도는 부분이 나왔다고 말해진다. 본래 이 제1차 5개년계획은 극동 지방 건설에는 그 정도 힘을 쏟지 않고 있고, 대만국경 방면의 군비는 불충분했다. 소련은 1933년에 미국의 승인을 받아, 이듬해 국제연맹에 가맹하는 등 그 외교적 지위를 높여갔다. 한편 소련은 국내 건설이 선결문제이고, 독일에서의 파시즘 대두에 대처하기 위해서도 이 시기에는 대외분쟁을 극력 피할 필요가 있었다.

이렇기 때문에 1933년 5월, 소련은 만주국과의 사이에 분쟁이 끊이지 않는 중동철도의 매각을 일본에 제의했다. 그 배경에는 직통운전의 차단과 소련인 직원에의 압박 등 만주국 측의 정책 때문에 동 철도에 관한 소련의 이익을 실질적으로는 거의 잃어가고 있었다는 점이다.

1935년 3월 중동철도의 소련 측 소유권은 만주국에 매각되었다. 만철은 만주국정부로부터 동 철도의 경영을 위탁받게 되어 동북철도 전체의 독점이 완성된다. 동시에 소련이 중국의 주권을 침해해서까지 만주국에 이것을 매각했기 때문에, 소련도 또한 실질적으로 만주국을 승인한 형태가 되었다.

이와 같이 1934년경의 국제정세는 현저하게 일·만 측에 호전되어, 중국민중의 희생 위에 동아시아의 신체제가 안정된 것처럼 보였다. 그것을 무너뜨린 것은 후술처럼 화북에의 침략을 추진한 일본 자신이었다.

또 한편으로는 영국도 중국을 둘러싸고 일본과 대립을 깊게 하고 있었다. 만주사변을 지레 삼아 재빨리 공황에서 벗어나, 금 수출의 재 금지에 따른 엔의 하락으로 수출력을 강하게 한 일본상품과의 경쟁이 치열하게 되었기 때문이다. 나아가 1935년 2월 일만관세협정, 11월 일만통화의 등가실시 등 만주국 경제의 일본에의 블록화는 영국의 극동정책을 적극적으로 만드는 요인이 되었다. 같은 해 4월, 만주국이 석유류 전매제를 펼친 것도, 미·영의 석유자본에 타격을 주어 만주국의 문호개방정책이 외형에 지나지 않은 것을 증명했다.

이렇게 영국은 대일협조 자세를 전환하게 되는데 그것을 상징한 것이 1935년 중국의 폐제개혁이다. 이것은 국민정부가 영국에서 파견된 후레드릭 리스＝로즈의 지도 아래 행한 것이고, 같은 해 11월부터 실시되었다. 중국의 통화는 전통적인 은본위제를 떠나, 영국의 본드에 링크하는 위체爲替본위제가 된 것이다. 이것으로 국민정부의 재정적 기초와 중국 재계 지배층의 대변자인 장제스의 권력은 현저하게 강해졌다. 그러나 동시에 장정권은 영국은 물론, 다액의 발권준비금을 제공한 미국에도 종속을 깊게 하여 다른 한편으로는 일본과의 대립을 강하게 만들어갔다.

화북 침략

일본의 중국에 대한 관심은 단지 동북에만 머무는 것이 아니고, 화북·화중을 포함하는 전 중국을 향한 것이었다. 그러나 보다 직접적으로는 동북지배가 만들어 내는 현실과 그 모순이 일본을 화북 지배로 몰아내고 있었다. 화북이라는 것은 허베이(하북), 산둥(산동), 산시(산서), 차하르察哈爾, 수원綏遠의 5성에 대해 주로 일본 측이 쓰는 호칭이다.

만주국 내의 반만 항일투쟁은 서로 이웃이 되는 화북의 반일민족운동과 직접 관련이 되고, 서로 영향을 주고 발전해 왔다. 관동군은 화북 민중운동의 영향력을 특히 중시하여, 여기에 강한 적의를 품고 있었다. 더욱이 화북은 소련세력 하의 몽골인민공화국(외몽골)에 접하여 소련과 코민테른의 영향도 화북의 반일운동을 강하게 한다고 간주되었다. 따라서 대소전략체제를 굳힌다는 일본 제국주의 의도로 보면 동북을 제압한 것만으로는 아직 불충분하다는 것도 된다. 만주국의 성립으로 일본이 직면한 하나의 모순은 여기에 있었다.

두 번째 모순은 일·만경제블록의 결성이 일본경제에 활황을 가져오고, 이른바 만주 붐을 일으켰는데, 그것이 매우 치우친 것이었다는 것을 들 수 있다. 정말 동북 무역에 차지하는 일본의 지위는 현저하게 높고, 일본에서의 수입이 중국본토에서의 이입을 상회할 정도가 되었다. 그러나 그 중심은 일반 소비재의 증가를 훨씬 넘는 생산재, 그중에서도 건설자재였다. 즉 일본의 대만對滿투자에 근거한 수요였던 것이다.

공황으로 남고 있던 일본 국내의 과잉자본은 만철이나 만주국정부를 통해 집중적으로 동북에 투하되었다. 그것이 대만對滿수출을 일으켜 국내의 경기가 회복하기 시작하자, 이번에는 바로 자본 부족을 초래했다. 또 시멘트나 석탄 등은 일·만 쌍방에서 생산이 경합하게 되었다. 이렇게 동북 시장은 일본자본주의에서 일찍 한계를 나타내어, 일본은 가장 인구가 많은 화북시장으로 눈을 돌린 것이다.

세 번째, 일본의 총력전체제를 지탱하는 군수공업 개발에서 동북의 자원만으로는 부족했다는 것이다. 동북은 석탄과 철광석이 풍족했는데, 대규모적인 제철업을 일으킬 만큼의 강점결탄(유황, 인, 회분이 적은 매우 단단한 석탄─옮긴이)과 고품질 광鑛이 없었다. 화북에는 양질이면서도, 대량의 제철자원이 있었다. 더욱이 화북이 중국 제일의 면화 산지라는 것은 당시 면제품을 수출의 주축으로 하는 일본의 관심을 한층 높여주었다.

이렇게 일본 제국주의는 화북 침략의 충동을 강하게 느껴, 1935년 지나주둔군(사령관·중장 우메즈 요시지로梅津美治郎)이 화북 분리공작70에 나선 것이다. 같은 해 5월, 지나주둔군은 허베이성에서 국민당 조직과 함께 반일단체를 철퇴하고, 성 주석을 파면할 것을 요구했다. 이것은 국민정부의 지배권을 허베이성(하북성) 전체에서 배제하여, 구 군벌을 기용해 화북을 제2의 만주국으로 삼으려는 것이었다. 더구나 국민정부는 그 요구를 대략 전면적으로 받아들여, 다시 큰 굴복을 거듭했다.

관동군도 이것과 병행해서 내몽골의 차하르察哈爾성에의 침략을 추진하여, 1935년 6월 중국 측에 반일단체를 해산하고, 성경省境에서 중국군을 철퇴시키게 했다. 12월에는 허베이, 차하르의 양성을 관할하는 기찰冀察정무위원회71가 성립했다. 이것으로 일본이 노리는 화북의 특수화가 전진했다고 할 수 있다.

더욱이 관동군은 몽골에 대한 공작에도 손을 뻗쳤다. 중국 영내 몽골의 왕공王公(지방 봉건 귀족) 가운데에는 외몽골의 독립과 만주국의 성립

---

70 역주_화북5성(허베이·차하르·수원·산시·산둥성)을 국민정부의 지배로부터 분리하여 일본군의 지배 하에 두기 위해 일본이 행한 군사적 정치공작.

71 역주_기冀는 허베이성, 찰察은 차하르성의 약칭이다. 1935년 12월 18일에 국민정부에 의해 설치된 기관. 宋哲元을 위원장에 임명하여 허베이성, 차하르성을 통치시켰다.

에 자극받아, 국민정부에 대해 자치를 요구하는 기운이 있었다. 그들은 그 목적을 달성하기 위해 관동군에 접근했다. 군은 덕왕德王72, 이수신李守信73 등을 원조하기로 결정해, 1936년 2월 몽골군정부를 성립시켰다. 그러나 같은 해 11월, 이수신이 이끄는 몽골군은 수원성綏遠省에서 중국군에게 패배[綏遠사건]하여, 중국의 반일민족운동을 도리어 격려했다.

한편 일본의 화북 침략이 진행되는 가운데, 만철은 1935년 12월 화북 무역과 제 사업의 경영·투자를 목적으로 하는 자회사 흥중공사興中公司 (자본금 1,000만 엔, 사장·소고 신지十河信二)를 설립했다. 동사는 설립하자마자 1936년 2월, 용연龍烟철산의 경영권을 요구하는 등, 1938년 북지나 개발주식회사에 흡수되기까지 "만철 별동대로서 대지對호 진출의 기초공작에 노력했다".74

그러나 앞에 말한 리스=로즈의 폐제개혁은 국민정부의 실력을 늘렸을 뿐 아니라, 중국본토의 경제적인 일체성을 강하게 하여, 일본의 화북 분리공작을 점차 유명무실한 것으로 만들어갔다. 또 1935년 중국공산당의 8·1선언75과 12·9학생운동 등에 상징된 중국민중의 반일운동은 화북

---

72 역주_1902~1966. 남몽골에서의 몽골독립운동의 지도자. 1930년대부터 일본군에 협력하여 몽골인의 독립정권인 몽골연합자치 정부의 주석을 지냈다.

73 역주_1892~1970. 중화민국의 군인, 정치가. 몽골족 출신이다. 1936년 덕왕이 몽골군 총사령부를 창설하자 이수신도 여기에 참가하여 부총사령 겸 군무부장에 취임했다. 같은해 몽골군 정부가 성립하자 이수신은 참모부장에 임명되었다. 이수신은 일본의 원조를 받아 몽골군을 확충했다.

74 『남만주철도주식회사 제3차 10년사』

75 역주_정식 명칭은 「爲抗日救國告全體同胞書」. 1935년 8월 1일 모스크바에 있던 王明 등, 주코민테른 중국공산당 대표단이 중국공산당과 중화소비에트공화국 중앙정부 명의로 발

침략을 앞두고 점점 강력해져, 항일민족통일전선의 결성을 결정지어간 것이다.

동북항일연군

반만 항일군은 1933년 이후 양은 줄어들었지만 결코 쇠퇴한 것은 아니었다. 그 가운데 점차로 반만 항일전쟁의 주도권을 잡게 된 것은 중국인·조선인의 공산주의자였다.

동북의 공산주의운동은 먼저 동부의 조선인 사이에서 일어나, 1926년 5월에는 간도 지방에 조선공산당 만주총국이 설치되었다. 이어서 다롄(대련), 선양(심양), 푸순(무순) 등 광공업지대에서 중국공산당의 조직 활동이 시작되어, 1928년 11월 선양에 중국공산당 만주성위원회가 성립된다. 이들 조직은 반복하여 탄압받으면서도 점차적으로 성장해 갔다. 1930년 일국일당을 원칙으로 하는 코민테른과 중국공산당 중앙위원회의 호소로 조선공산당 만주총국은 해산하여, 조선인도 중국공산당의 조직에 참가하게 되었다. 만주사변이 일어나자, 중국공산당은 동북에서 항일유격전쟁의 전개, 일본 제국주의의 구축, 민중정권의 수립이라는 방침을 내걸었다.

만주사변 발발 직후, 하얼빈에 옮긴 만주성위원회는 이 방침에 근거하

표했다. 일본의 중국침략에 대항하도록 요구한 선언이다.

여 적색유격대의 조직과 농촌소비에트의 건설에 힘을 쏟았다. 예를 들면, 지린성 반석磐石현에서는 천여 명의 적위대를 중심으로, 23세 이하의 청년으로 한 선봉대, 17세 이하의 남녀로 한 동자단 등이 조직되었다. 적위대는 점차로 세력을 늘려, 1932년 10월 중국 홍군 제32군 남만유격대가 된다. 홍군으로는 쓰촨四川(사천)성의 제31군에 이은 것이다.

이것과 전후로 간도를 비롯하여, 주하珠河, 요하饒河, 영안寧安 등, 지린성 북동부 각 현에도 계속해서 항일유격대가 조직되었다. 간도에서 유격대의 중심은 조선인이었다. 간도의 연길延吉, 왕청汪淸, 훈춘琿春(혼춘) 3현에는 1932년 11월부터 이듬해 2월까지, 5개의 소비에트구가 만들어져, 4,500명의 민중을 조직하고 있었다. 또한 1933년 9월 당시, 간도 지방 4현에는 공산당원 607명(이 중 중국인 27명), 공산청년동맹원 849명(동 19명), 반일회원 1만 9,190명(동 390명), 유격대원 581명(동 16명)이 있었다고 한다.[76]

이들 적색유격대의 총병력은 1933년 중에 전 동북에 겨우 6,000여 명 정도라고 일컬어졌다[77]. 이제까지 주로 도시에서 활동하고 있던 만주성위원회의 힘은 오랜 조직경험이 있는 조선인에 비교하면 약했던 것이다. 그러나 이 약점이 거꾸로 유격대의 극좌화를 막고, 일찍부터 항일을 위한 광범한 통일전선을 만드는 기운을 촉구했다고 할 수 있다. 영안寧安현 위원회가 "민족주의파도 목적은 동일한 반일로써, 이때 가능한 한 사상

---

76 「간도에서 최근의 공비공작(間島に於ける最近の共匪工作)」,『東亞』7권 7호, 1934.

77 寺廣映雄,「만주에서의 항일통일 전선의 형성에 대하여(滿洲における抗日統一戰線の形成について)」,『歷史硏究』6호, 大阪敎育大学, 1968.

투쟁을 피하도록 유의할 것"이라고 당원에게 지시한[78] 것은 그 결과이다. 이러한 방침은 점차로 적극화하여, 적색유격대는 국민당계 기타의 항일부대에 접근하여 영향력을 넓혀갔던 것이다.

1933년 1월 중국공산당 중앙위원회도 만주성위원회에 서간을 보내, 일체 가능한 세력을 반제국주의 통일전선에 연합한다는 방침을 통고했다. 모색 중이었던 동북의 항일통일전선은 이 1월 서간으로 급속하게 발전했다. 예를 들면 1933년 9월, 반석磐石현의 홍군 제32군은 중앙위원회가 파견한 양정우楊靖宇를 사령으로 동북인민혁명군 제1군 제1독립사로 개편되어, "16개 부대 약 7백 20명을 옹위하여, 다른 비단匪団 약 1천 명을 영향 아래 두게 된 것"이다.[79]

다시 1934년 3월에는 간도에 제2군 제1독립사가, 이어서 하얼빈 동쪽 방면에 제3군이 성립하는 등, 적색유격대의 인민혁명군에의 개편은 잇달아 진행되었다. 당시 국민당계 기타의 소부대가 단독으로는 전선을 유지할 수 없는 상태가 되어 있었던 것도, 이 경향에 박차를 가했다. 후술처럼 관동군이 분산배치 태세를 취하고, 소토작전이 보다 딱 들어맞게 된 것이다.

이렇게 각종의 반만 항일부대는 인민혁명군을 축으로 연합조직에의 길을 걸어가기 시작했다. 1935년 초, 동북의 통일전선 정치조직인 항일

---

78 關東憲兵隊司令部,『만주 공산운동의 근정(滿洲共産運動ノ近情)』, 1932, 복각, 井光書店 (孔版).

79 軍政部顧問部,『만주 공산비의 연구(滿洲共産匪の研究)(1)』, 1937, 복각, 大安, 1964, 재복각, 極東硏究所 出版會, 1969.

구국총회는 상하이의 중화민족무장자위위원회와 공동으로 반만 항일전쟁 전선을 통일하기 위해, 동북항일연군을 조직할 것을 제창했다. 같은 해 8월 중국공산당의 유명한 8·1선언도, 항일민족 통일전선의 결성을 부르짖었다.

1936년 1월 동북인민혁명군의 각 군 대표와 항일구국회의 지도자는 삼강三江성 탕원湯原현에 모여, 동북항일연군의 결성을 선언했다. 항일연군은 처음 제1군에서 제6군까지 있었는데, 나중에는 제11 내지 12군까지 확대되었다. 이 가운데 동부 국경지대의 조선인 유격대는 항일연군의 일익을 담당하면서도, 점차로 조선 해방을 독자 임무로 활동하게 되고, 나중에 김일성의 조선인민혁명군으로 성장해 간다.

동북항일연군의 성립은 반만 항일전쟁에 질적인 전환을 가져왔다. 중국공산당의 지도와 교묘한 조직공작으로, 항일연군은 민중을 계몽하면서 이것과의 연결을 강하게 했다. 후방도, 보급로도 없는 적의 점령지에서 전선을 유지하기에는 민중과의 조직적인 연결이야말로 유일한 생존의 길이었기 때문이다. 1936년 11월 일독방공협정의 주안점이 "일·만 양국의 안전에 대한 직접의 위협"인 "소비에트연방의 극동방면에 대한 무력적 압력의 증대 및 코민테른의 적화공작"에 대항하는 것이라고 말해진(「방공협정 추밀원심사위원회에서 아리다有田외상 설명」) 배경에는 동북의 반만 항일운동의 이러한 전환이 있었던 것이다.

민중의 지지를 얻은 항일연군은 일·만 측의 거듭되는 소토전과 치안공작으로 큰 곤란에 직면하면서도, 1945년 8월 만주국이 붕괴하는 날까지, 끈질기고도 강한 유격전을 계속했던 것이다.

치안정책의 진전

관동군은 리허(열하)작전이 일단락 된 1933년 6월 이후, 고도의 분산 배치 태세를 취했다. 부대의 주둔지는 증가하고, 오지에 진출하여 경비력은 현저하게 강화되었다. 당시 만주국의 지방경찰과 치안기구는 아직 그다지 정비되지 않았기 때문이었다.

군대나 경찰에 의한 직접 소토전은 분산배치로 한층 치밀하게 되고, 반만 항일군에 적지 않은 타격을 주었다. 그러나 부정규화하여 민중과의 연결을 깊게 한 유격대는 외견에서는 일반민중과 구별할 수 없는 점이 많았고, 앞에서 말한 평정산平頂山사건80과 같은 무차별 학살도 끊이지 않았다. '통비通匪'의 가능성을 의심하면 모든 민중이 그랬기 때문이다. 특히 소비에트구 건설까지 이뤄지고 있던 간도 지방에서의 작전은 잔혹하고, "일반 군중이 가옥과 함께 불에 타죽는 예"가 많았다.81 이러한 잔학한 소토전이 항일세력으로부터 어느 정도 민중을 이반시킨 것은 확실하다. 이 때문에 인민혁명군 측에서도 종래와 같은 소비에트구 건설만 추진하던 방향을 반성하여, 보다 넓은 민중적 기반을 구하게 되고, 그것이 앞에 말한 항일연군 결성에로 연결되어 간 것이다.

정책면에서는 경찰과 지방의 치안유지회를 중심으로 민간에 산재하는

---

80 역주_1932년 9월, 일본의 남만주철도주식회사가 경영하던 푸순탄광이 항일 게릴라에게 습격 받은 일에 대한 보복으로, 일본군이 평정산의 마을 주민 3,000여 명을 학살한 사건.
81 嘉村龍太郎, 「간도에서 공산주의운동의 신동향(間島における共産主義運動の新動向)」, 『滿洲評論』8권 19-20호, 1935.

총기 회수가 이루어져, 1933년 4월에는 「철도 양측지구 고량(수수)재배 금지령」이 나오고 있었다. 이것은 반만 항일군이 철도·열차의 공격을 주요한 전법의 하나로 한 것에 대항하는 것이었다. 지정된 철도노선의 양측 각 500미터 이내에는 유격부대의 활동을 돕는 수수·옥수수 등 고간高稈작물의 재배가 금지되었다. 지정철도는 신문은 물론 정부공보에도 게재되지 않고, 굳게 비밀로 되었다. 1935년에는 국도와 경비도로의 양측 각 200미터 이내가 여기에 추가된다. 그 때문에 키가 크지 않은[矮性] 품종의 개발·보급도 일부에서 이루어진다. 금지 면적이 전국에 매우 커지게 되는 만큼 수수와 옥수수를 주식으로 하는 농민에의 압박은 예측할 수 없었다.

1934년 만주국의 중앙집권화 진전과 병행하여 치안정책의 방법과 그 운용도 급속하게 조직화된다. 먼저 2월에는 호구조사 규정이 제정되어, 경찰이 각호마다 주민 파악을 진행하게 된다. 10월에는 「대비對匪연락·도벌盜伐금지령」이 공포되었다. 후자는 반만 항일군과 접촉하기 쉬운 임업자 단속을 강화하여, '통비'를 없애는 것이 목적이었다.

보갑제도와 집단부락

이러한 제 정책보다 한층 더 치안상 현저한 효과를 올린 것은 보갑제도 실시와 집단부락의 건설이다.

보갑제는 중국의 봉건사회에 발달한 치안조직의 하나로, 일본은 이것을 식민지 대만과 관동주의 통치에 채용하고 있었다. 만주국에서는 그것이 매우 강력하게 추진되었다. 1933년 12월에 공포된 잠행보갑법에 따르면 대략 10호마다 패牌를 조직하여, 촌내의 갑甲을 만들어, 그 위에 경찰서 관내의 갑을 모아서 보保를 삼는다. 그리고 각각 패장·갑장·보장을 서로 뽑게 하여, 경찰서장─보장─갑장─패장─각호라는 지휘감독의 계통이 만들어진다. 형법의 내란·외환·공공위험죄나 징치반도법·동도비법 등을 위반하는 자가 패 가운데서 나올 때는, 각 가장에게 연좌제로 벌금이 부과된다. 보, 갑은 경찰서장의 지휘감독 아래 자위단을 조직한다는 것이다. 즉 보갑제는 민중을 경찰감독 하에 두고, 서로 감시시켜 반만 항일세력으로부터 떼어놓으려는 것이었다.

1934년 12월 당시 전국 983경찰서 아래 1,267보, 2만 2,403갑, 31만 4,306패가 있고, 약 565만 호가 조직되었다고 한다.[82] 이윽고 보갑은 치안조직만이 아니고, 현정의 하부기구 역할을 해내게 된다. 그것을 이어받아, 1937년 12월의 시·가街·촌제 공포 후는 치안이 확정된 지방부터 보갑제에서 가촌제로 개편이 이루어져 간다.

한편 집단부락은 1934년 12월 집단부락건설령으로 법제화되어, 1935년도부터 본격적으로 실시되었다. 작은 집락의 산재散在가 반만 항일군의 유격활동을 도와주는 것이 되기 때문에, 민중을 경비하기 쉬운 장소에 강제적으로 이주시켜, 100호부터 200호 정도의 무장집락을 만들려는 것이다. 간도에서는 이미 1933년부터 조선총독부의 손으로 시도되고 있

---

82 民政部警務司, 『滿洲國警察概要』, 1935.

었다. 만주국 측에서도 간도·지린성 등 주로 동부 산악지대에서 이루어 졌다. 집단부락의 건설 수는 1935년도 1,172개, 1936년도 3,361개, 1937 년도에 4,922개로 해마다 늘어나, 건설이 일단락되는 1939년도 말에는 합계 1만 3,451개소에 달했다.[83]

간도성의 표준 예는, 100호를 수용하는 집단부락의 경우, 부지는 가로, 세로 각 100간(약 182미터)이고, 1만 평(약 3만 3,058평방미터)의 면적으로, 이것을 높이 9.5척(약 2.9미터), 두께 3척(약 91센티)의 토벽으로 쌓고, 네 귀퉁이에 포탑을 쌓는다.[84] 포탑에는 양포(구식의 소형포) 등을 장비하고, 부락의 주변에는 해자나 철조망을 둘러 반만 항일군의 침입을 막는 것이다. 이제까지 집락이 있던 산간부에서의 거주나 경작은 금지되어, 무주지대로 하거나 일본인 이민을 거기에 입식시키는 방법이 취해졌다.[85]

집단부락에는 한곳에 많은 농가를 모으기 때문에 인구가 과밀하게 되어, 경지가 좁아지거나 멀어지는 일이 많았다. 경지의 확보에 대해서는 현이 그 지주와의 소작계약을 알선할 뿐이고, 자작농화의 길이 있는 것은 아니었으므로, 농민은 어쩔 수 없이 새로운 소작관계를 강제 당했다.[86] 더구나 건설자금의 자기부담분도 무시할 수 없고, 그 위에 건설의

---

83 『만주국경찰사』

84 穩田作兵衛, 「동만지구에서 농촌의 현상과 '집단부락' 건설의 중요성(東滿地區に於ける農村の現狀と '集團部落'建設の重要性)」, 『滿洲評論』9권3-12호, 1935.

85 山田豪一, 「만주에서의 반만 항일운동과 농업이민(滿洲における反滿抗日運動と農業移民)」, 『歷史評論』142-146호, 1962.

86 穩田作兵衛, 앞의 논문.

노동력 동원도 더하여 민중생활에의 압박은 매우 컸다.

그렇지만 이 정책은 민중과 유격대부대와의 연락을 끊는 데 현저한 효과가 있었다. 공산당연길延吉현위원회가 일찍부터 1934년 3월에 집단부락의 건설반대와 집단부락의 민중에 대한 공작 강화를 지시한 것은 반만 항일 진영이 이것을 얼마나 심각하게 받아들였는가를 나타내고 있다.[87] 집단부락 건설이 본격화한 1935년 이래, 반만 항일군의 보급과 작전은 매우 곤란하게 되었다. 항일군은 이제까지의 철도나 현성에의 공격에서 소토부대 기습, 전력이 약한 경찰서, 분주소分駐所, 자위단 공격, 만주국군 병사에 대한 무기휴대의 배반 권유라는 방향으로 전술을 전환시키게 된다.[88]

이러한 치안정책의 진전을 이어받아, 본래 대소전쟁 준비를 임무로 하는 관동군은 전비 증강과 연병의 필요에서, 1934년 3월 분산배치를 풀고, 원주지에 복귀했다. 그 이래 국내의 치안유지는 점차 만주국군과 경찰에 맡기게 된다. 그리고 1935년 9~11월의 동부 5성의 「추계秋季치안숙정공작」 이후, 지역과 기간을 정한 종합적, 집중적인 치안공작이 관동군의 지도 아래 반복하여 실시된다. 1936년 4월에는 3개년계획의 「만주국 치안숙정계획」이 발족하여, 반만 항일군의 전국戰局은 매우 엄격한 입장에 서게 된 것이다.

---

87 「공산당의 집단농장 반대(共産黨ノ集團農場反對)」, 『共産黨資料旬報』23호, 滿洲國協和會.

88 『만주국경찰사』

전쟁준비를 시작하다

앞의 미나미 지로가 관동군사령관에 취임할 때, 중요한 방침의 하나로 내건 것은 만주국에 대한 일본의 치외법권 철폐였다. 본래 치외법권은 제국주의의 중국지배 무기로, 일본도 만철 부속지의 행정권을 비롯하여, 일본인 거류민과 그 경제활동에 대해 중국 측의 주권을 배제하는 많은 특권을 동북에서 행사해 왔다. 그러나 만주국의 성립 후는 이 치외법권 이 일본의 이익에 오히려 방해가 되었다. 그 때문에 "전 영역에서 일본 국민의 거주왕래 영업 등을 한층 편하게 하고, 궁극에는 내국민 대우를 누리게 하는"[89] 목적에서, 1937년 말까지 치외법권은 순차 철폐된다. 이것에 동반하여 만철 부속지의 행정권도 만주국에 이양되었다.

예를 들면, 일본인 거류민은 이제까지 중국(또는 만주국)의 재판을 받지 않고, 일본영사의 재판권에 복종해 있었다. 그러나 치외법권 철폐 후는 모든 만주국의 법원에서 재판을 받게 된다. 이 때문에 일본의 제도에 준거한 법체계가 급속하게 갖추어지게 됨과 동시에, 일본인 사법관이 대량으로 만주국에 채용되었다. 일본인이 중국인 법관에게 재판받지 않기 위해서였다. 이러한 처치는 사법 이외에도 각 방면에서 보였다. 나아가 1936년도부터는 일본의 예산제도와 연동시키기 위해, 만주국의 회계연도에는 역년제曆年制(매년 1월 1일 시작하여 12월 31일에 끝남-옮긴이)가 채용된다. 치외법권 철폐로 외견상은 독립성이 높아진 것처럼 보이지만,

---

89 「치외법권철폐요강안」

일본에 대한 만주국의 정치적, 경제적인 종속은 도리어 더욱 깊어져, 실질적으로는 직할 식민지와 거의 다르지 않게 된 것이다.

1935년 8월에는 육군중앙부에서도 "만주 경제건설의 제1기적 사업, 즉 국방상 필요한 응급시설은 대략 완료한 것"을 인정하여, 금후 장기에 걸친 지배체제의 상태를 계획하도록 관동군에 지시했다.[90] 또한 이전 만주사변의 기획·실행의 입안자였던 이시하라 간지(대좌)는 같은 달 참모본부 작전과장에 취임했다. 그는 직무상 소련 극동 지방의 군비가 급속도로 증강되고 있는 것을 알고 큰 쇼크를 받았다. 특히 1933년부터 소련의 제2차 5개년계획은 동시베리아·극동의 개발을 중시하고 있으므로, 이시하라는 이대로라면 '일·소양국 병비의 차가 심대'하다는 위기감을 가지고 있었다. 이것을 타개하기 위해 그는 일본군의 기계화, 그중에서도 항공 병력의 충실을 중시하여 비공식으로 일만재정경제연구회를 조직하고, 생산력 확충계획을 비롯하여, 일본의 총력전체제를 갖추기 위한 구체안을 만들었다.

참모본부도 이시하라의 주장으로,

(1) 만주국을 강화하여 관동군의 지휘를 경감한다.
(2) 동북의 산업을 비약적으로 발전시킨다.
(3) 동북 북부에 일본인 이민을 대량으로 이주시킨다.

---

90 「군무국장으로부터 이다가키 참모부장에의 간담사항(軍務局長より板垣參謀副長への懇談事項)」

고 하는 방침을 정해[91], 이러한 기초에 서서 1941년을 목표로 대소전 준비를 완료하기로 했다.[92]

이 전쟁준비 움직임에 응해 관동군은 1936년 8월에 「만주국 제2기 경제건설요강」을 정리하여, "유사시 가능한 한 대륙에서 군수의 자급자족"을 목표로, 소련에 대항한 산업개발 5개년계획을 만주국에 입안시키도록 했다.

---

91 「만주국에 관한 요망(滿洲國に關する要望)」
92 「전쟁준비 계획방침」

전쟁준비와
산업개발
─5개년계획과
그 모순

대소전쟁 준비를 위해 지구전에 필요한 산업은 쇼와 16(1941)년까지를 기간으로
하여, 일·만·북지를 범위로 이것을 완성한다.
특히 만주국에서 급속한 개발을 단행할 것을 요망함.
─참모본부「전쟁준비를 위한 산업개발에 관한 요망」(1936년 7월)

1
산업개발 5개년계획

5개년계획이란

▌2·26사건 당시의 나카다쵸

1936년의 2·26사건[93]을 계기로 군부는 정치적 발언권을 현저하게 강화하여, 일본은 군부에 의한 파시즘체제 확립에 들어갔다. 경제면에서는 히로다廣田 내각(1936.3~1937.1) 아래에서 군비확장을 위해, 증세와

---

93 역주_육군 황도파 청년장교를 중심으로 일어난 쿠데타. 수상관저·경시청·아사히신문사 등을 습격했다. 사이토 마고토齋藤實 내대신·다카하시 고레기요高橋是清 장상·와타나베 요타로渡辺錠太郎 육군교육총감 등을 살해했다. 계엄령이 공포되고 계엄사령부를 설치했다. 황도파는 숙군의 명목으로 일소되어, 이후 군부의 발언권이 강화되었다.

공채 증발을 축으로 하는 바바 에이이치馬場鍈一(1879~1937) 재정이 등장하여, 일본경제 전반에 걸치는 급속한 군사화가 진행된다. 이것은 동북의 경제개발에 관한 육군중앙부나 관동군의 계획 배경이 되었다.

만주산업개발 5개년계획은 일만재정경제연구회와 만철경제조사회가 만든 안을 근거로 1936년 10월의 관동군, 만주국정부, 만철 관계자 협의를 거쳐 구체화되었다. 그리고 이듬해 1월 관동군사령부「만주산업개발 5년계획 강요」에서 대략 확정하여, 1937년 4월부터 실시되었다. 이「강요」에 따르면 5개년계획의 목적은 "유사시 필요한 자원의 현지개발에 중점을 두고, 동시에 할 수 있는 한 국내의 자급자족과 일본의 부족자원 공급을 도모"하는 것이었다. 단적으로 말하면 앞에 말한 것처럼 1941년을 목표로 대소전 준비의 경제적 기초를 만드는 것이라고 할 수 있다.

계획은 광공·농축산·교통통신·이민의 각 부문에 걸친다. 광공업에서는 "병기, 비행기, 자동차, 차량 등의 군수 관계 산업의 확립"과 철·액체연료·석탄·전력 등 기간산업의 개발, "특히 국방상 필요한 철, 액체연료 개발"이 목표가 되었다. 이 가운데 병기와 비행기는, 군부가 대소전략의 골자를 관동군의 병비 근대화와 항공 병력의 충실에 두었던 것을 반영하는 것이다.

농축산 부문에서도 "군수 관계 농산자원에 대한 모든 방법을 강구하여 극력 증산을 도모한다"고 되어, 5개년계획 전체가 군수성이 매우 강한 것을 말해주고 있다. 나아가 계획 완성 시(1941) 생산능력의 목표숫자를 구체적으로 나타내고 있다. 이것을 보면 철광석·석탄·제철·액체연료·병기 등에서 어느 것이나 2~5배의 생산력 확충이 계획되었다. 또 이제까지 동북에서는 생산이 전혀 없거나 매우 적었던 비철금속, 석탄액화, 자동차, 비행기 등의 신산업의 개발을 목표로 하는 것은 특히 주목된다.

농축산 부문에서는 수출작물인 대두나 동북민중이 주식으로 하는 고량(수수)·조·옥수수 등은 특히 증산의 대상이 되지 못하고, 지수는 어느 것이나 겨우 110대에 그치고 있었다. 이에 비해 연맥燕麥(귀리)·알팔파 Alfalfa94와 같은 사료작물과 양마·아마·면화 등의 섬유작물은 수배에서 수십 배의 대 증산이 기도되어, 계획의 군수성을 드러내고 있었다.

이 계획에 필요한 자금은 전체가 약 25억 8,000만 엔, 광공 부문만도 약 13억 9,000만 엔의 거액에 달했다.95 이러한 대규모 경제계획은 당시 동북의 산업수준과 일본경제의 자본축적에서 보면 너무나 방대했다. 따라서 처음 대장성 등 일본정부 당국은 이 계획에 부정적이었다. 더구나 군수생산, 특히 병기와 비행기의 양산을 정점으로, 거기에서부터 모든 기간산업의 생산능력을 산출한다는 이 경제계획은 보통 자본가적 경영에는 적합하지 않은 면이 있었다.

그래서 관동군은 계획 책정에 즈음하여, 아이가와 요시스케鮎川義介(닛산), 야스가와 유노스케安川雄之助(전 미쓰이 물산), 쓰다 신고津田信吾(가네보鐘紡) 등의 재계인을 고문으로 했다. 또 이시하라 간지 등 참모본부 측에서도 정·재계에 사전교섭을 하여, 일단 5개년계획의 양해를 성립시켰다. 만주국 성립 당시, 관동군이 재벌을 배제한다고 말한 것과 비교하여 보면 이것은 큰 변화였다. 만주국에 대한 지배권이 굳어져 군비확장을

---

94 역주_학명은 Medicago sativa. 콩과에 속하며 토끼풀처럼 생긴 다년생 식물.
95『만주5개년계획개요』

임무로 하는 바바馬場 재정이 등장한 이 시기에는, 오히려 재벌자본을 적극적으로 이용하는 것이 군부의 목적이었던 것이다. 이제까지 일업일사주의의 특수회사에 의한 경제개발이 자금과 기술면에서 침체상태에 빠져 있었던 것도, 군이 재계로 접근을 강화하는 요인이었다.

1937년 2월에 성립한 하야시 내각林銑十郞(2.2~5.31)의 유키結城豊太郞 재정은, 바바馬場 재정의 군확軍擴 방향을 한층 강하게 내세워, 금융·독점자본의 이익을 거기에 연결하는 것으로, 국가독점 자본주의체제의 성립을 의미한다. 이러한 일본경제의 군사적 전환이 5개년계획의 실시를 용이하게 했다.

만주산업개발 5개년계획은 그 배후에 일본경제 전체의 군수생산력 확충계획을 가지고 있었던 것도 놓쳐서는 안 된다. 그 구체화는 중일전쟁 개시 후의 생산력 확충 4개년계획(1939)까지 미루어진다. 육군중앙부의 의도는 동북의 5개년계획은 어디까지나 일본경제권의 종합적인 군수산업 개발의 일환으로 위치 지을 수 있었던 것이다.

5개년계획의 확대와 닛산日産의 역할

5개년계획 책정이 진행되는 것과 병행하여, 1936년 12월 만주흥업은행이 설립되었다. 이것은 치외법권 철폐에 응해 동북의 일본 측 금융기관을 정리하고, 5개년계획을 위해 장기산업자금을 공급하기 위해서였다. 이 은행은 조선은행의 만주 국내지점과 일본자본의 보통은행을 정리·통합한 것으로, 자본금 3,000만 엔, 만주국정부와 조선은행이 절반 출자했다.

이것을 이어받아 1937년 4월부터 만주산업개발 5개년계획이 실시된다. 5월에 만주국정부는 중요산업통제법을 공포하여, 통제를 받는 사업과 자유사업과의 구분을 분명하게 했다. 만주국의 경제통제 범위는 이제까지 비공식으로 나타내고 있던 만큼, 경제정책에 대한 관동군의 강한 발언권과 강력한 통제주의가 일본자본의 강한 경계를 끌고 있었기 때문이다.

이어서 1937년 7월에는 만주국 행정기구의 대개혁이 이루어졌다. 이 개혁은 치외법권의 철폐에 대응하여, 5개년계획의 강력한 추진을 도모하기 위한 것이었다. 행정기구의 간소화·중앙집권화, 총무청의 권한 확대, 국내 치안능력의 향상 등이 그 주안이었다.

예를 들면, 민정부 경무사는 군정부와 통합되어 신설 치안부로 옮기고, 이른바 군경통일을 실현했다. 이것은 경찰이 군사기구 가운데 들어가 군과 일체가 되어 치안행정에 임하는 것을 의미한다. 그 외 5개년계획에 대한 민중동원을 주요 목적으로, 새로이 민생부가 만들어진다. 경제정책과 재정정책을 통일해서 경제부를 두고, 나아가 5개년계획 추진의 중핵이 되는 실업부를 산업부로 개편·강화하는 등, 일련의 개혁이 이루어졌다. 개혁 후 정부의 주요 일본인 관리는 〈표2〉와 같고, 만주국 성립 직후와 비교하면, 일본의 중앙관청에서 떠나온 자가 현저하게 늘어나고 있는 것을 알 수 있다.

표2 · 만주국의 일본인 고급관리(2)

총 무 장 관	星野直樹 (대 장 성)
총 무 청 차 장	神吉正一 (외 무 성)
총무청 주계처장	古海忠之 (대 장 성)
총무청 인사처장	源田松三 (대 장 성)
총무청 법제처장	松木俠 (만 철)
총무청 홍보처장	堀內一雄 (퇴 역 군 인)
총무청 기획처장	松田令輔 (대 장 성)
내 무 국 장 관	大津敏男 (내 무 성)
외 무 국 장 관	大橋忠一 (외 무 성)
경 제 부 차 장	西村淳一郞 (대 장 성)
경제부 세무사장	靑木實 (대 장 성)
산 업 부 차 장	岸信介 (상 공 성)
산업부 농무사장	五十子卷三 (농 림 성)
산업부 광공사장	椎名悅三郞 (상 공 성)
산업부 척정사장	森重干夫 (척 무 성)
민 생 부 차 장	宮澤惟重 (만 철)
민생부 교육사장	皆川豊治 (사 법 성)
사 법 부 차 장	古田正武 (사 법 성)
사법부 형사사장	前野茂 (사 법 성)
치 안 부 차 장	薄田美朝 (내 무 성)
치안부 경무사장	澁谷三郞 (퇴 역 군 인)

*1937년 7월 현재 ( ) 안은 경력

5개년계획은 일본경제의 군사화와 생산력 확충계획의 검토가 진행되는 데 따라, 일찍부터 거기에 맞추어 확대를 생각하게 되었다. 1937년 7월 중일전쟁의 개시는 그것을 결정지었다. 전쟁은 일본경제 전반을 한꺼번에 전시체제로 전환시켜, 5개년계획도 광공 부문을 중심으로 대확장할 필요에 몰리게 되었다. 2년째인 1938년도부터 실시된 이 수정 5개년계획의 광공 부문 목표숫자는 당초 계획과 비교하면, 어느 것이나 대개 1.5배부터 2배로 확대되었다. 그중에서도 경금속, 특히 마그네슘과 자동차·비행기의 비약적인 확장이 주목된다. 소요자금도 25억 엔부터 49억 6,000만 엔으로 팽창했다.

이러한 대규모 경제계획에서는 거대한 자금을 어떻게 조달하고, 그 자금을 각 생산 사업에 어떻게 배분하는가 하는 전체의 종합적이고, 능률적인 경영이 어떻게든 필요하게 되었다. 관동군의 요구에 답하여, 이 사명을 담당하면서 등장한 것이 신흥재벌 닛산(일본산업)이었다.

닛산은 광공·수산업을 중심으로 다방면의 기업에 투자하는 지주회사로, 일본광업·히다치日立제작소·닛산자동차 등의 군수산업을 자회사로 가지고 있었다. 회사의 수뇌에도 기술자를 적극적으로 등용하여, 기계·자동차 등의 산하회사에 강력한 경영 지배를 행하게 하는 한편, 기성재벌과 다른 주식을 공개하여, 특히 소자본가의 투자를 모은 교묘한 경영으로, 만주사변 전후에 급속하게 콘체른Konzern(법률상으로는 독립되어 있으나 경제적으로는 통일된 지배를 받는 기업집단—옮긴이)을 형성해 온 것이다. 사장 아이가와 요시스케는 전부터 동북 개발에 관심을 나타냈다. 1936년 가을에는 만주국을 시찰하여 군부에 의견을 말하고, 특히 미국에서 자금과 기술을 도입할 필요와 그 가능성을 설득했다. 군부는 닛산의 종합경영 방향과 이른바 주식의 대중성에 호감을 갖고, 또 외자도입의 가능성에 강하게 끌렸다.

한편 닛산도 동북에의 진출은 매력이 있었다. 콘체른 내에 금융 부문을 갖지 않고, 소투자의 흡수로 자금을 모아온 닛산은 만주 붐 이후의 주식시장 진정으로 자사주를 매출하고, 프리미엄을 버는 것이 불가능하게 되어, 자금 부족에 고민하기 시작했던 것이다.

이렇게 군부와 닛산의 이해가 일치한 결과, 1937년 12월 일본산업주식회사는 만주국 특수회사인 만주중공업개발주식회사滿業로 개조되었다. 이후 만업은 이제까지의 자회사를 점차로 정리하여, 수정 5개년계획에 근거하여 동북의 광공업 개발을 행하는 특수회사로 탈피해 갔다. 동사는 자본금 4억 5,000만 엔으로 닛산과 만주국정부가 절반 출자하여, 총재에는 아이가와 요시스케가 취임했다.

만업은 만주국으로부터 다음과 같은 커다란 우대를 받고 있었다.

(1) 배당률이 연 7푼 5리에 달하기까지는 정부가 가진 주에 대한 배당은 민간주의 2분의 1로 한다.
(2) 만주국 내의 만업의 사업에 대해서는 정부가 연 6푼까지 수익을 보증한다.
(3) 국외사업(일본 국내의 자회사에의 투자)의 수익, 국외주주에 대한 배당에는 과세하지 않는다.

안산의 쇼와제강소

이것은 경영상의 어려움을 벗어나기 위해, 닛산 측이 강하게 요구한 결과였다.

그런데 만업의 사업투자는 이제까지 주로 만철이 행하고 있던 광공업에의 투자를 대신하여 떠맡는 형태로 진행되었다. 쇼와제강소(구 만철안산제철소) · 동화同和자동차공업 · 만주탄광 · 만주경금속 등이 1938년 3월까지 만철에서 만업의 자회사로 전업했다. 또 만주광산 · 만주비행기제조 · 동변도개발 · 만주자동차제조 등의 특수회사가 만업 산하로 설립되어 갔다. 나아가 오쿠라大倉재벌계의 본계호本溪湖 석탄제철회사本溪湖煤鐵公司에도 1939년부터 만업의 자본참가가 보였다.

만업의 설립에 즈음하여 군부 가운데는 만철을 교통 부문의 경영에 전념시키고, 광공업 개발은 전부 만업에 일원화시킨다는 안이 강해졌다. 그렇게 되면 만철은 달러 상자인 푸순탄광도 잃어버릴 터였다. 푸순은 철도용 석탄 확보 등의 이유로 결국은 만철의 손에 남지만, 여기에 보이듯이 만업의 설립은 1933년 이래 만철개조문제의 귀결이었다고 할 수 있다. 따라서 쇼와제강소 · 만철탄광 등 자회사를 만업에 이양하는 것이, 만철의 내외에서 강한 반대를 일으킨 것도 당연하다. 그러나 중일전쟁의 진전에 대응해 만철은 한편에서는 화북점령지의 철도경영에 나서려 하

114

고, 또 푸순(무순)의 존속을 인정받았기 때문에 만철도 자회사 매각에 동의한 것이다.

그렇지만 이러한 만업의 설립 경위는 이후 만업과 만철이나 만탄과의 사이에 대립을 가져오게 되었다. 아이가와鮎川가 강조한 미국자본의 도입도, 중일전쟁 확대에 따라 실현 방도를 잃어버렸다. 이렇게 만철에 의한 광공업의 개발·경영은 이윽고 막다른 상태에 달한다.

만주국의 총동원정책

중일전쟁이 본격화하기 시작하여, 5개년계획을 일본의 생산력 확충계획 가운데 이의 없이 추가하자, 동북의 군수공업개발 요구는 한층 강화되었다. 만주국에서는 5개년계획 수행이 지상명령이 되고, 그 실현을 위해 관동군의 지시에 근거하여 총동원체제를 정비하는 시책이 잇달아 실시되었다.

그 반면 5개년계획의 전제가 되는 자금과 자재 공급은 일본자체의 군수 확대로 어렵게 되었다. 이 때문에 일·만 쌍방을 통해 자금·자재의 계획적인 운용을 도모할 필요가 생겼다. 또 일·만을 하나로 해서 제3국과의 수지를 개선하고, 자원과 기계 등의 수입을 촉진해야 했다. 일본의 외국위체爲替관리법 개정에 따르는 만주국의 동법개정(1937~1938), 같은 수출입품 임시조치법의 제정에 대응하는 무역통제법의 제정(1937) 등은, 그 결과였다. 그것은 또한 만주국이 통제경제의 선진지에서 전시일본경

▌1937년 7월 7일 일본 관동군이 수비하고 있는 노구교에서 중·일전쟁이 시작되었다

제로의 완전한 종속으로 전환된 것을 의미했다.

이어서 1938년 2월, 일본과 병행하여 국가총동원법이 공포(5월 시행)되었다. 이것은 "전시 또는 사변에 즈음하여 국방상 나라의 전력을 가장 유효하게 발휘하도록 인적 및 물적 자원(자금을 포함)을 통제 운용"하기 위해, 정부에 매우 넓은 통제권한을 주는 것이다. 일본의 동법(1938년 4월 공포, 5월 시행)과 아울러, 일본 경제권 전체의 전시총동원을 가능하게 했다. 그리고 총동원법에 근거하여, 1938년부터 해마다 만들어진 일·만 일체의 물자동원계획에 따라 5개년계획이 실시되어 갔다.

총동원법과 대략 동시에 만주국에서는 국가방위법이 제정되었다. 정부가 전시의 방공·경비 등에 국민을 직접 동원하는 권한을 인정한 이 법률은, 대소전략기지로 전쟁 개시를 예정한 만주국의 전선(전투의 제일선)적 성격을 나타내고 있다. 그 외 1938년 중에 철강류통제법·폭리취체령·임시자금통제법·미곡관리법·노동통제법 등, 개개의 통제법규가 잇달아 제정된다.

이러한 가운데 만주국은 1938년 5월 독일과 정식으로 국교를 수립하고, 동시에 만독수호조약을 맺는다. 독일과의 무역은 1935년 독일경제 사절단의 파견과 이듬해의 만독무역협정 등으로, 그때까지만 해도 행해지고 있었다. 그러나 국교수립에 따르는 신 무역협정으로 무역액의 틀이 확대되었다. 이 이후 만주국은 독일에 대두를 수출하고, 독일에서 기계류를 수입한다는 형태가 본격화한다. 대독무역은 규모에서는 대일무역보다 훨씬 적었지만, 일본에서 개발자재가 생각대로 제공되지 않았기 때문에 5개년계획 수행에 하나의 열쇠가 된 것이다.

그러나 만주국이 대일무역을 주축으로, 대독무역에서 이것을 보충하는 형태를 취하지 않으면 안 되는 것 자체가 그 경제기반이 약함을 말하고 있다. 1939년 독일이 영·불과 전쟁 상태에 들어가 해로海路의 대독통상이 두절되자, 5개년계획의 기초는 바로 크게 흔들렸다. 또 이러한 무역구조는 수출품인 대두의 증산을 전제로 하므로, 5개년계획에 따른 군수작물의 작부作付(작물을 심는것-옮긴이) 강제와 함께, 동북의 농민에게 커다란 부담을 주었다.

5개년계획과 치안정책

반만 항일전쟁은 1936~1937년 이후, 치안정책의 진전으로 매우 곤란한 국면을 맞이했다. 그러나 거듭되는 소토작전에도 불구하고, 유격전은 계속되고 있었다. 5개년계획기의 만주국에서도 치안 확립은 여전히 제1의 과제였다. 앞에서 말한 군경의 통일은 이 과제에 답하는 하나의 수단이었다.

이 점이 가장 잘 나타난 것은 조선에 접하는 구 랴오닝성 동변도 개발의 경우일 것이다. 후술처럼 동지의 광산자원 개발은 5개년계획의 중요한 안목이 되어 있었다. 그것은 또한 반만 항일군의 세력이 매우 강한 지방이었다. 1937년 2월 총무청에 동변도부흥위원회가 설치되어, 펑톈, 안동성 아래 16현의 치안 확립, 자원 개발, 교통·통신기관의 정비 등이 강화되었다. 이 시기는 대규모 종합적 치안공작이 전국 각지에서 추진되고 있었다.

그러나 1938년 7월 광상鑛床을 조사 중이던 만주광산회사의 사원과 순사 등 18명이 동북항일연군96 제1군과의 교전에서 전사하는 등, 유격대의 활동은 끊이지 않았다. 동변도의 개발이 결국 실패한 것은, 하나는 나중에 언급하는 것처럼 자원이 예상보다 적었기 때문인데, 반만 항일전쟁의 전개로 인한 것도 컸다.

---

96 역주_1935년 중국공산당 중앙의 8·1선언에 따라 만주 지방의 동북인민혁명군과 그 밖의 반일무장대를 연합하여 만든 부대. 그동안 만주에서 활동하고 있던 조선인·중국인 빨치산부대를 공산당 지도 하에 정리하여 재편성했다. 제1로군에는 제1·2군이, 제2로군에는 제4·5·7·8·10군이, 제3로군에는 제3·6·9·11군이 각각 소속되었다. 제1로군 사령관은 양정우楊靖宇, 제2로군 사령관은 주보중周保中, 제3로군 사령관은 조상지趙尚志였다. 김일성 등 조선 독립운동의 요인들이 이 동북항일연군에서 활동했다. 동북항일연군은 1940년경 일제와 만주국의 탄압으로 거의 궤멸 상태에 빠지게 되었다.

이 때문에 1939년부터 1942년에 걸쳐, 펑톈·지린·통화 각 성에「동남부치안숙정공작」이 실시되었다. 관동군의 주도하에 만주국군, 경찰, 행정기관, 협화회 등이 총력을 들인 이 공작에는, 연 20만 병력과 약 3,000만 엔의 예산이 투자되었다. 전술 면에서는 유격대를 발견하면 철저하게 추격한다는 '진드기전법'을 취하고, 다른 한편으로 집단부락의 건설, 민중 선무宣撫, 경비시설 증강 등을 집중적으로 했다.

일·만 측의 대규모 포위망 가운데, 동지의 반만 항일전선은 괴멸적인 타격을 받았다. 항일연군을 키운 아버지라고 할 만한 양정우楊靖宇는 1940년 2월, 통화성 몽강濛江현의 산 중에서 전사했다. 이 이후 항일연군은 수명의 소부대로 분산되고, 소극적인 활동으로 총력을 다해간다. 그러나 동남부 공작의 최대 목표 중의 하나였던 김일성의 조선인민혁명군은 포위를 교묘하게 벗어났다. 이후도 가끔 공세로 나옴과 동시에 조선 국내에의 진출·공작을 강화하여, 나중에 조선 해방의 바탕을 만들어갔다.

5개년계획의 실패

중일전쟁이 중국의 본격적 항전으로 일본의 예상에 반해 장기전이 된 것은, 5개년계획을 중심으로 하는 만주국 지배에 다양한 모순을 가져왔다. 일본에서 계획 실시에 필요한 자금·자재의 공급이 점점 곤란하게 되고, 1939년 이후는 대독무역의 두절이 여기에 박차를 가했다. 더구나 장기소모전에 빠진 일본의 군수를 보충하기 위해, 만주국의 산업에 대한 대일공급 요구는 날로 더해질 뿐이었다. 이를 위해 5개년계획은 4년째인 1940년도부터 '철저 중점주의'의 방침 아래, 가장 기간이 되는 철광·석탄 부문에 전력을 쏟고, 기타 계획은 축소 혹은 중지되었다. 이것은 만주국 독자의 종합적인 산업개발로, 대륙에서 군수의 자급자족을 목표로 하는 처음 목적이 파탄된 것을 의미한다. 5개년계획은 생산력 확충이라는 본래의 성격을 잃고, 제한된 설비로 최대의 증산을 강행하는 것으로만 전락했다고 말할 수 있다. 그것은 필연적으로 노무동원의 강화, 노동조건의 저하를 가져오고, 민중에의 직접 착취를 증대시키지 않을 수 없게 되었다.

■ 왕조명

이 사이 일본은 국민당 내의 대일타협주의자 왕조명汪兆銘(왕자오밍, 1883~1944)을 기용하여, 점령 하의 화중華中에 괴뢰정권을 조직하고, 1940년 11월 이것을 승인한다. 동시에 「일만지 경제건설요강」이 발표된다. 거기에는 중국본토의 점령지도 포함하여, 일본의 경제권 전체를 하나로 하여, 금후 10년 사이에 자급체제를 확립한다고 부르짖고 있었다. 일본·독일·이탈리아 삼국동맹(1940년 9월)으로, 미·영에 의존하는 경제체제에서 결정적으로 떨어져 나간 일본에게는 '일·만·지 경제블록'에 기대는 외에 방법이 없었던 것이다. 「일만지 경제건설요강」에서 만주국의 역할은 광업, 전기사업의 획기적 진흥과, '일·만·지의 식료사료 보급기지'로서 농작물의 철저 증산에 두었다. 중화학공업의 진흥은 부수적인 위치에 머물고 있었다. 이 점에서도 5개년계획의 실패를 반영하고 있다고 볼 수 있다. 5개년계획의 자금은 이미 크게 축소되고 있었고, 그 수행을 맡아온 산업부는 1940년

120

6월에 해체되어, 광공업에 관한 행정은 경제부 소관이 되었다. 한편 산업부 농무사를 중심으로 농업증산을 임무로 하는 흥농부가 설치되어, 만주국은 명실 공히 모두, '식료사료 보급기지'로 발을 내딛었다.

1940~1941년 일본은 중일전쟁의 막다른 상태에서, 점차로 동남아시아에의 진출을 강화하여 1941년 12월 결국 미·영·네덜란드와 개전한다. 그러나 중일전쟁도 해결되지 않은 채 새로운 전쟁에 돌입하기에는 일본의 물적 국력은 너무나 낮았다. 동남아시아의 제 지역을 점령하여, 석유·주석·보크사이트·고무 등의 자원을 차지했다고는 해도, 그것들은 원거리 수송을 필요로 한다. 선박 부족과 나중에는 제해권의 상실로, 점령지의 자원은 군수생산의 확충으로 연결되지 않았다. 일본은 어쨌든 당시 가지고 있는 생산능력의 철저한 활용과, 인적자원의 극한적인 동원을 통해 절박한 상황을 벗어나는 수밖에 없었다. 이를 위해 식민지·점령지에의 요구는 이제까지 이상으로 가열되었다.

만주국정부는 1941년 12월 말 「전시 긴급경제 방책요강」을 정리하여, "일본에서 전시 긴급수요의 응급충족에 대처"하고, 다음의 방침을 내세웠다.

(1) 경제 통제를 고도화한다.
(2) 5개년계획 중 대일 기대자재의 자급화를 높여, 계획의 실시는 "전시 긴요하고 또 즉효적인 산업"만으로 한다.
(3) 농산물의 증산·집하를 강화하여, "대일수송력의 증대에 노력한다".
(4) "만·지·선의 대륙인접 3지역 간의 물자 상호교류 및 노무수급"을

강화한다.

(5) 군사자원은 국내의 소비 규제, 증산을 강화하여, 특히 철강·석탄·
    액체연료·경금속·농산물 등에 대해 "극력 대일 기여의 증대에 노
    력한다".

  그런데 5개년계획은 이미 '철저 중점주의'로 전환하여, 그 실적은 많
은 부문에서 목표를 훨씬 밑돌고 있었다. 따라서 1942년부터의 제2차 5
개년계획은 이제까지의 계획에서 달성할 수 없었던 부분의 완성을 목표
로 하여, 그중에서도 석탄과 농산물의 두 부문에 중점을 집중하게 되었
다. 그러나 태평양전쟁의 개시로 이 제2차 5개년계획은 "정식 국책으로
결정되지 못하고, 이후 전국의 추이에 따라 임기응변으로 일본의 요청에
응해" 대처하게 되었다.[97] 이렇게 제2차 5개년계획은 경제계획으로서의
성격을 완전히 잃어버린 것이다.

  5개년계획의 실패로, 태평양전쟁 하의 만주국은 불충분하게 치우친
산업구조를 책임진 채, 증산과 대일수송의 증대만이 냉엄하게 추구된 셈
이 된다. 그것은 경제통제와 민중동원의 끝없는 확대뿐이 없었다. 1942
년 임시자금통제법 개정, 중요산업통제법 폐지와 이것에 대신하는 산업
통제법 제정 등은 어느 것이나 통제 범위와 방법을 한꺼번에 강화하는
것이었다. 전쟁준비를 위해 시작한 만주산업개발 5개년계획은 오히려
전쟁 때문에 그 모순을 깊게 하여, 전쟁 가운데 붕괴해 갔던 것이다.

97『만주국사·총론』

2

5개년계획의 자금과 물자

초기 만주에 대한 투자

만주사변 직전까지 동북에는 약 24억 3,000만 엔의 외국자본이 투자되고 있었다. 이 가운데 일본의 투자액은 약 17억 6,000만 엔이었다. 이것은 러일전쟁 후 25년간 일본의 동북경영의 결과이다.

만주사변에 따른 전 동북의 점령, 동북의 일본 경제권에의 편입은 일본의 투자를 비약적으로 높였다. 1932~1936년의 5년간 약 11억 6,000만 엔이 투자되어, 그 급증을 말해주고 있다. 더구나 5개년계획이 시작된 1937년부터 패전 전년인 1944년까지 투하된 일본자본은 실로 79억 엔 남짓해 거액에 달한다. 당시 화폐가치를 현재의 1,000배로 하면 7조 9,000억 엔에 상당한다〈표3〉.

표3 · 일본의 대 만주 투자

연도	투자액	누계
1931년까지	—	1,756,636(천엔)
1932	97,203	97,203
1933	160,529	257,732
1934	252,185	509,917
1935	382,175	892,092
1936	263,677	1,155,769
1937	453,036	1,608,805
1938	525,405	2,134,210
1939	1,075,361	3,209,571
1940	1,225,489	4,435,060
1941	1,424,488	5,859,548
1942	1,299,266	7,158,814
1943	989,744	8,148,558
1944	920,554	9,069,112

* 飯田, 「만주국 자본문제의 전개」, 『만주국 경제의 연구』, 264면, 『동북경제소총서
(19) 금융』〈부표 2〉에서 작성

이 거액의 만주에 대한 투자는 어떠한 형태로 행해졌을까. 5개년계획
개시 이전에는 종래부터 계속해서 만철의 주금株金불입, 사채, 차입금이
라는 형태가 압도적으로 많고, 전체의 6~7할을 차지하고 있었다. 예를
들면 만철은 1934년도에는 1억 7,600만 엔, 1935년도에는 2억 4,600만
엔의 자금을 투하했다. 이것은 전체의 각각 69.8%, 64.4%에 해당하고

있다.[98] 만철 관계회사에 대한 일본에서의 직접투자도 만철의 신용에 근거한 것이므로, 그것을 더하면 만철 루트의 비율은 더욱 높아진다. 당시 동북 치안의 불안정과 관동군의 강한 경제통제, 그리고 통제 내용의 불명확 등이 개별 투자를 주저케 하였다. 일본의 만주에 대한 투자는 만철의 전통적인 신용에 의존하고 있었던 것이다. 이것에 잇는 투자 루트는 만주국의 외채로, 그 대부분은 특수회사에의 정부투자에 충당되었다.

만주에 대한 투자가 만철 루트에 집중한 것은 만철의 자금운용에 차지하는 사외투자(출자, 대부 등)의 비중을 높여주어, 1935년도 이후는 5할을 넘게 된다. 사외투자는 주로 특수회사를 중심으로 하는 경제개발사업에 충당되었다. 또 만주국에서 수탁한 신선 건설비(정확하게는 만주국에의 철도대부금)도 포함되어 있다. 그 비율은 해마다 증가하여, 1936년도에는 만철의 전 투자 중 25.9%, 약 4억 5,700만 엔에 달했다.[99]

만철이 운용자금의 반 이상이나 대외투자에 충당한 것은 순경영적으로는 마이너스였다. 특수회사는 정부의 강한 통제 하에 있고, 철도도 군사적 요청으로 변경邊境 노선이 많다. 즉 채산이 낮은 부문에 장기에 걸쳐 자본을 고정하는 결과가 되었기 때문이다. 만철의 거대한 초과이윤에의 신용이 역으로 그 경영기반을 약하게 하고 있다고 할 수 있다. 그 결과 일본정부나 주식시장에는 점차로 만철에 대한 경계를 강화하여, 만철의 자금융통은 어렵게 되어 갔다.

또 이 시기 만주에 대한 투자는 만주사변 이래 일본의 재정 인플레에

---

98 東北物資調節委員會硏究組, 『동북경제소총서(東北經濟小叢書)〈19〉金融』, 1948.
99 『남만주철도주식회사 제3차 10년사』

따라 유휴자본이 흐른 것이다. 1935년경부터 경기가 회복하자 유휴자본은 국내의 설비투자에 흡수되고, 대개 1936년에는 자본의 과잉이 진정되고 있었다. 만주산업개발 5개년계획이 발족한 것은 만철의 신용저하와 유휴자본의 고갈로부터, 일본의 만주에 대한 투자가 한계점에 당도한 때였던 것이다.

만업에의 기대

5개년계획에 필요한 자금은 전술한 것처럼 당초의 안에서 25억 8,000만 엔, 수정안에서는 49억 5,000만 엔(4개년), 나아가 자금계획의 개편으로 최종적으로는 60억 6,000만 엔(동)이라고 했다. 이 중에 일본에서 30억 4,000만 엔, 만주 국내에서 16억 9,000만 엔, 제3국에서 13억 3,000만 엔을 조달할 계획이었다. 1939년도부터는 후술의 북변진흥 3개년계획이 실시되어, 그 자금 10억 엔도 여기에 더해졌다.

동북에는 근대적 산업자본의 축적이 거의 없고, 또 외자도입도 실현성이 부족했기 때문에, 현실에는 대부분의 자금을 일본에서 충당할 수밖에 없었다. 그렇다고 해서 일본에서도 이미 본 것처럼 유휴자본은 이제 최저로 떨어지고 있었기 때문에, 닛산의 동북진출에 의한 만업의 설립이야말로, 이 문제를 해결하는 열쇠였던 것이다. 자사주의 매각으로 집자력集資力, 나아가 외자도 도입한다는 아이가와鮎川(아유가와 라고도 부름─옮긴이) 구상이 그것이었다. 또 관동군과 만주국정부에는 오랜 전통을 떠맡고 있는 만철의 존재가 만주국 경제 전체의 관료적 일원통제를 방해하고 있다는 의식이 있었다. 이 때문에 만철의 신용력 저하를 정책적으로 이용하면서, 만업에 의한 통제의 확립을 생각했다고 말할 수 있다.

관동군에게는 아이가와의 외자도입구상은 큰 매력이었다. 아이가와는 광산 개발에서 시작하여, 비행기의 양산까지를 한꺼번에 해치우려는 5개년계획으로 기술개발과 기계 설계·제작을 하고 있을 짬이 없었다. 적극적으로 외자를 넣어, 그것으로 이미 제작된 설비·기계를 수입해서 시간을 버는 외에 없다고 생각했다. 이것은 사업가로서는 지당한 생각일 것이다. 아이가와의 처음 계획은 외자 도입선은 미국이었지만, 중일전쟁에서 대일태도를 경화시킨 미국에서 자금을 공급받는 것은 불가능했다. 이 때문에 만업은 구 닛산주의 자금화에 몰려, 1941년 만주투자증권주식회사를 설립하여, 여기서 떠맡도록 한 것이다.

그렇지만 일본의 만주에 대한 투자 전체를 보았을 경우, 만업을 통하는 루트는 마지막까지 10%대에 그치고[100], 5개년계획에 자금공급이라는 중요한 역할을 해내지 못한 것은 분명하다. 만철도 1937년 이후는 투자 루트의 주축이 아니었다. 그래도 1937년부터 1944년까지, 평균 27.2%를 차지하여 만업을 누르고 있었고, 특히 1941년부터는 만업의 파탄으로 다시 그 지위를 상승시켰다. 그러나 5개년계획기에 대만투자의 중심루트가 된 것은 국채, 차관 등 만주국정부와 중앙은행·흥업은행을 통한 제3의 길이었다.

---

[100] 東北物資調節委員會研究組, 『동북경제소총서(東北經濟小叢書)〈19〉金融』, 1948.

만주국의 자금조달

만주국의 자금조달은 내채발행, 일본에서의 외채발행, 일본으로부터의 차관이라는 세 가지 방법이 있었다. 이 가운데 일화채日貨債와 대일차관, 즉 만주국정부를 루트로 하는 일본자본의 대만투자는 1937~1944년에 합계 19억 6,000만 엔이고, 만주국정부의 자금조달의 43.3%를 차지한다(상동). 만주국정부는 1937년 11월, 투자사업 공채법(1934년 7월 공포)을 개정하여, 공채·차입금의 한도를 2,500만 엔에서 한꺼번에 5억 엔으로, 나아가 1939년에는 10억 엔으로 올려, 이러한 일화채의 발행을 가능하게 했다. 일본 측에서도 대만투자의 여력이 적었기 때문에, 1938년 5월 「본국 내에서 모집한 외국채의 대우에 관한 법률」을 제정하여, 만주국 국채를 특히 우대하게 되었다. 그래도 일화채의 비율은 해마다 낮아져, 만주국 정부자금은 보다 정책적인 대일차관과 내채에 대한 의존을 강하게 했다.

내채 발행고는 액수에서도, 비율에서도 1940년 이후 급증하여, 1943년도에는 4억 6,000만 엔으로, 같은 해 정부조달자금의 80%를 차지했다. 국내의 자본시장이 거의 발달하지 않은 만주국에서는 이 국채는 평균 91.9%라는 고율로 만주중앙은행이 독점으로 인수하여, 중앙은행권의 증발增發로 바꿔놓았다. 이 때문에 만주국의 통화는 1936년도 말부터 5년간에 약 5배로 팽창하여, 1940년대에는 점점 남발되어 30배라는 놀랄만한 양에 도달했다. 이 사이 일본은행권의 팽창은 약 14.9배이므로, 만주국의 통화 팽창은 일본의 2배 이상이었던 것이다.

128

중앙은행(중은)은 이러한 국채의 독점인수를 통해 적극적인 대부를 시행했다. 대부처는 정부와 만주흥업은행(흥은)을 주로 하는 금융기관이 중심이고, 그 외에는 농촌부흥자금과 산업진흥자금을 중점으로 하고 있었다. 한편 흥은은 중은의 대부를 받으면서, 5개년계획 담당기업에 대한 투·융자를 주요 업무로 하여, 대부액은 1940년 이후 중은을 능가하게 된다. 한편 흥은의 대부처로는 만업이 첫째이고, 1944년 3월 말 당시 투·융자 잔고 약 30억 8,000만 엔 가운데, 11억 8,000만 엔은 만업용이었다.

이러한 흥은의 적극적인 활동을 지탱한 자금원은 예금, 정부·중은에서의 차입금 외에, 흥은 자체의 채권발행에서 마련한 것이다. 일화日貨 자금의 조달과 국내 자금의 흡수를 위해, 흥은에는 만주흥업채권, 동 저축채권 발행이 인정되고 있다. 그 액수는 1938년도 말에는 약 1,600만 엔이었던 것이, 5개년계획의 자금팽창과 함께 급증하여, 1945년 6월 말에는 2억 7,000만 엔에 달하고 있다.

5개년계획, 북변진흥계획101의 자금수요가 가장 본격화한 것은 1939년경이다. 이 시기에는 앞에서 말한 것처럼 만주국채의 우대에도 불구하고, 일본자본의 자발적인 대만투자는 완전히 한계점에 도달하고, 외자도입의 길도 완전히 막혀있으므로, 만주국의 국내자금을 어떻게 동원하는가가 초미의 과제가 되었다. 이를 위해 정부는 대대적인 국민저축운동을

---

101 역주_1939년부터 둥베이東北(랴오닝·지린·헤이룽장성)지방 국경지대의 국방강화를 위해 대규모 군사시설을 건설하는 계획. 시설 건설을 위한 노동력 부족을 채우기 위해 한 해에만 50만 명의 일꾼이 모집되어 고된 노역에 시달려야 했다.

시작했다. 근대적 금융제도에 익숙하지 않은 동북의 전통경제에서 자금을 끌어오는 데는, 먼저 저축의식을 선전하여 저축을 강제할 필요가 있었기 때문이다.

저축운동으로 매년 저축목표는 1939년도 5억 엔에서 1942년도에 15억 엔, 1944년도에 30억 엔, 1945년도에는 60억 엔으로 확대되었다. 1942년도부터 저축운동은 협화회의 주요한 활동의 하나로 강력하게 전개되고, 동시에 국민저축법(1942년 6월 공포)이 제정되어, 민중에게 저축의무가 강제되었다. 그 결과, 보통은행이나 우편국에의 예·저금은 급증했다. 그중에서도 민중의 영세자금을 흡수하는 우정저금은 1937년부터 1945년까지 약 64배로 늘어나, 1945년 6월 말에는 1,200만 구좌 11억 엔 남짓에 달하여, 운동의 철저함을 말해주고 있다.[102]

5개년계획의 방대한 자금은 이렇게 일본에서의 대만투자와 국내자금 동원으로 충당되었지만, 일본의 대만투자력은 해마다 저하하여 1942년도부터는 급감해갔다. 이에 대해서는 계획의 미완성분을 충족하기 위해, 자금수요는 오히려 1940년대가 되어 본격화하고, 국내자금 비중이 늘어간다. 중은권의 증발, 특히 1942년도부터의 난발은 저축의 추진으로 어느 정도는 흡수되었지만, 그래도 심각한 재정인플레를 일으켰다. 인플레에 의한 물가 등귀는 〈표4〉와 같다. 장춘의 도매물가(공정가격)는 1936년부터 1945년까지의 약 5.7배가 된다. 또 암물가의 경우는 1941년부터 5년 되지 않는 사이에 각 도시 모두 20~30배로 폭등했다. 이러한 물가의

102 이상, 자금의 통계숫자는 東北物資調節委員會研究組, 『동북경제소총서(東北經濟小叢書) 〈19〉 金融』, 1948에 의함.

고등이 민중생활을 파괴하는 동시에, 5개년계획의 수행을 곤란하게 한 것은 말할 필요도 없다.

표4 • 만주의 인플레(A) 공적물가 지수

연 도	중앙은행권 발행고 지 수	장춘 도매물가 지수
1936	100	100
1937	121	118
1938	168	142
1939	245	171
1940	373	213
1941	496	235
1942	657	253
1943	1,184	282
1944	2,281	338
1945(6월 말)	3,000	565

* 『동북경제소총서(19) 금융』〈부표〉3, 10에서 작성.

만주의 인플레(B) 암물가 지수

연 도	장 춘	선 양	하 얼 빈
1941	100	100	100
1942	142	155	164
1943	214	440	354
1944(1월)	638	791	703
1945(1월)	1,423	1,646	1,519
1945(6월)	2,627	3,054	2,136

*Kinney:Investment in Manchurian Manufacturing, Mining, Transportation and Communications. p. 139에 의함.

부족한 물자

자금과 아울러 오히려 이 이상으로 5개년계획의 애로가 된 것은 물자 부족과 불균형이었다. 물자 배급은 매년 일·만일체의 물자동원으로 이루어졌지만, 중일전쟁 개시 후 일본경제의 고립화와 만독무역의 두절로 그 부족은 해마다 현저하게 되고, 5개년계획의 수요를 채우는 것은 불가능했다.

이 점을 1939년도의 물동계획 실태에서 예를 들어 보면 다음과 같다. 같은 해 1월 일·만 사이의 협의에서, 일본은 보통강 강재鋼材 55만 톤, 전기동電氣銅, 연鉛, 각 8,000톤, 생고무 2,300톤 등을 만주국에 공급하고, 만주국은 선철銑鐵 76만 8,000톤, 석탄 375만 톤, 액체연료 26만 8,000킬로리터 등을 일본에 제공한다는 양해가 이루어졌다. 만주국 측은 이것에 근거하여 3월에 같은 연도의 물동계획을 작성했다. 그러나 이 사이 일본의 외자부족 등으로 1월 양해된 배급량은 약 50%가 삭감되었다. 이 때문에 5월의 물동결정안에서 5개년계획 담당기업의 수요 가운데, 보통강재는 69만 4,000톤에서 50만 3,000톤으로, 연은 6,900톤에서 5,500톤으로, 아연은 2,750톤에서 1,150톤으로 각각 큰 폭으로 억제된 것이다.

이러한 자재부족은 갈수록 심하게 되었다. 나중에 말하는 관특연(관동군 특수연습) 때에는 만철 역의 과선교跨線橋(구름다리)를 철거하는 등, 급하지 않은 강재를 전용하기 시작하여, 나중에는 만철본선의 일부를 단선화하는 조치가 행해졌다.[103]

또 물자 부족에서 생기는 배급품목의 불균형과 설비 유휴화도 빼놓을 수 없다. 예를 들면, 1942년도 쇼와제강소에의 자재배급 실적을 보면, 배급표에 대해 강재 61%, 선철 99%, 목재 77%, 동 48%이다. 또 만주탄광의 경우는 강재 30%, 선철 45%, 목재 70%, 동 87%라고 하듯이, 현저하게 평균치에서 벗어났다. 이 때문에 "심할 때는 시멘트, 목재는 왔지만, 강재가 오지 않기 때문에 수중에 있는 자재를 2년간이나 사용할 수 없어 노는 것이 반복되었다".104 정부의 한 관리도, "계획의 실제 배당이 늦어지거나, 수송 중에 짐이 없어져 감모되기도 한다. 내지는 중요산업에서조차 전혀 배당 없이 비는 것도 드물지 않다"고 인정하고 있다. 물동당국은 기업에 가라와쿠空枠를 강요하여, 암거래 되는 물자로 보충하는 것을 묵인한다고 비판할 정도였다.105

1944년도의 만주국은 252만 4,000톤의 선철생산능력이 있었음에도 불구하고, 그 해의 생산계획에서는 203만 5,000톤 뿐이 계상하지 못하고, 실적은 더욱 내려가 115만 9,000톤에 그쳤다. 주요한 원인은 원료 부족이었다. 이것을 보더라도 설비의 유휴화가 얼마나 심각했는지 납득할 수 있다.

5개년계획 발족에 즈음하여, 군부가 가장 중시한 기간산업은 제철과 액체연료의 두 부문이다. 이하 이 두 가지 생산에 대해 물자·기술면을

103 太平洋戰爭史硏究會, 『奧田直氏談話記錄』(太平洋戰爭史硏究資料(1), 一橋大學社會學部藤原硏究室, 1974.

104 高碕達之助, 『만주의 종언(滿洲の終焉)』, 實業之日本社, 1953.

105 飯塚浩二, 「만주국의 재래 경제사회와 전쟁 말기 통제방책(滿洲國の在來經濟社會と戰爭末期における統制方策)」, 『東洋文化硏究所紀要』40호, 1966(飯塚「北滿における白系露人の入植地ロマノフカについての所見」의 부록).

중심으로, 계획이 어떻게 실패했는가를 구체적으로 보고자 한다.

만주국의 제철업

동북의 제철업은 만주사변 이전부터, 만철의 안산鞍山제철소와 오쿠라계의 본계호本溪湖 석탄제철회사本溪湖煤鐵公司에서 시행했다. 안산에는 방대한 양의 철광석이 있었다. 대부분은 함철률 30~40%로, 부광富鑛(품질이 좋아서 이익이 많이 남는 광석－옮긴이)이 적은 것이 결점이라고 지적되었다. 만철은 광석처리의 연구에 힘써, 1922년 환원배소還元焙燒(금속 산화물이 들어 있는 광석을 환원제와 함께 구워 산소를 빼내는 일－옮긴이)에 따라 적철광의 자성화磁性化에 성공하여, 자력선광磁力選鑛으로 품질을 높이는 것이 가능하게 되었다. 그 결과 안산제철소는 1927년 선철 연산 20만 톤이라는 일단의 규모에 도달했다. 원료탄은 만철의 푸순탄에 본계호의 강점결탄强點結炭을 배합해 사용했다. 제철소는 1933년 6월 선강銑鋼 일관체제를 목표로 만철이 전액 출자하는 자회사 쇼와제강소로 개조되어, 1935년부터 제강·압연壓延을 개시한다. 그리고 만업의 설립으로 동사의 산하에 들어간 것은 앞에서 말한 대로이다.

한편 본계호는 제철원료의 철광석·석탄·석회석이 한 곳에서 나온다는 호조건에 풍족하여, 러일전쟁 당시부터 오쿠라구미大倉組가 눈독을 들여 채굴 이권을 획득하고, 1915년에 고로의 조업을 개시했다. 규모는 안산보다 작았지만 저린선低燐銑의 생산에 그 특색이 유감없이 발휘되었다.

134

저린선은 인성靭性에 뛰어나 고속도강106의 원료가 되기 때문에, 정밀 기계나 대구경포大口徑砲 등, 군수생산에 불가결한 것이다. 일본은 이것을 주로 스웨덴에서 수입하여 충당해 왔다. 그러나 제1차 대전으로 수입이 격감했기 때문에, 해군함정본부는 1915년 오쿠라구미와 계약을 맺고 저린선의 자급화를 도모했다. 오쿠라는 이에 답하여 본계호 산의 저린광을 자력磁力 선광選鑛(광석의 등분을 가림－옮긴이)으로 단광團鑛(광석의 가루 등을 뭉쳐 한 덩어리로 만든 것－옮긴이)을 만들었다. 그것을 목탄으로 녹여 저린선으로 만들고, 해군에 납품했다. 그 후 1921년에는 본계호의 저린 탄을 이용하여 세계에서도 귀한 코크스를 녹인 저린선 생산에 성공하고, 1927년부터 동지에서 본격적인 조업을 시작했다. 생산은 이후 순조로이 늘어나, 1930년대에는 영국의 헤머타이트선銑과 스웨덴선銑을 일본에서 대략 몰아 낸 것이다.[107]

1937년부터 동사는 5개년계획에 따라 선강銑鋼 일관체제로 전환하여, 설비의 대확장을 행함과 동시에, 1939년 만업과 만주국정부의 자본참가로 국책성을 현저하게 강화해갔다.

그런데 일본 제철업의 특색 하나는, 제선製銑 부문에 비해 제강 부문이 비대화하고 있는 것이었다. 제철자원이 부족하기 때문에 자국선自國銑 외에, 대량의 선철(주철)이나 설철屑鐵(파쇄. 쇠붙이 그릇의 깨어진 조각－옮긴

---

106 역주_보통 강철보다 단단하고, 열에 견디는 성질이 강하여 쇠를 빠른 속도로 자르거나 깎는 공구로 쓰이는 강철.

107 本溪湖煤鐵銑公司,『본계호 순선철의 발달과 장래(本溪湖純銑鐵の發達と是が將來)』, 1934.

이)을 수입해서 제강에 충당하고 있기 때문이다. 그중에서도 미국에서 수입하는 설철 의존이 커서, 1934년 이래 매년 100만 톤 이상을 수입하여, 1939년에는 200만 톤에 달하고 있다. 동북의 제선업도 이러한 일본의 제강업에 원료를 제공하는 위치에 있었다. 1940년 미국이 일본을 향한 설철수출을 제한하게 되었기 때문에, 점점 그 성격을 강하게 했다.

이 점을 구체적으로 보면, 예를 들어 1939년 만주국의 제선고는 102만 8,000톤이다. 이것은 본계호의 저린선 약 14만 3,000톤이 포함되어 있으므로, 보통선은 약 88만 5,000톤이 된다. 한편, 같은 연도의 만주국 물동계획(3월)은 보통선의 생산을 87만 톤으로 어림하고 있다. 그 중 만주국 내에서의 수요를 37만 5,000톤으로 하고 있으므로, 공제한 49만 5,000톤의 여유가 생긴다. 여기에 절약과 사업의 순연으로 인한 여분을 더하여, 60만 톤을 일본에 공급한다는 것이다.

그러나 강재에 관해서는 180만 5,000톤의 수요에 대해 43만 9,000톤 뿐이 자급되지 않아, 일본에서의 공급에 기대하는 동시에, 대략 절약, 순연을 예정하고 있다. 따라서 만주국은 확실히 일본에 제강원료를 공급하지만, 같은 정도로 일본산 강재를 소비하는 것이 된다. 동북자체의 생산력 확충과 전략성 강화를 지향하는 5개년계획이, 일본의 총력전체제 확립과 일면에서 모순된 것이 확실히 나타나고 있다.

동변도 개발

동북의 철강생산 증대로 특히 기대를 받고 있던 것은 랴오닝성 동부의 동변도 개발이었다. 압록강 오른쪽 언덕, 랴오둥 산지에 속하는 이 지방은 종래부터 교통이 불편하고, 앞에서도 말한 것처럼 반만 항일군 근거지의 하나였다. 그러나 통화, 임강臨江 양현을 중심으로 고품질 철광석과 점결탄粘結炭을 생산하여, 5개년계획은 그 개발을 전제로 책정된 것이다. 특히 임강현 대율자구大栗子溝의 적철광 품질은 평균 63%, 곳에 따라서는 65.35%에도 달한다고 한다.[108] 순수한 산화제2철도 철분은 69.94%이므로, 이것은 세계적 부광으로 큰 각광을 받았다.

1937년 7월 만주국은 동지의 개발을 위해, 안동성에서 동변도 9현을 나누어 통화성을 설치한다. 이듬해 9월 만업은 특수회사 동변도개발주식회사를 자회사로 설립했다. 동사는 이제까지 만주국의 기업원칙, 일업일사주의를 따르지 않고, 철광석·석탄의 채굴, 제철을 중심으로, 통화성의 각종 자원의 종합적인 개발을 임무로 하고 있었다. 제철로는 우선 선철 연산 50만 톤을 목표로, 통화현 이도강二道江에서 공장 건설이 시작되었다. 정부도 동지의 자원, 생산물의 대일수송을 생각하여, 안동의 남방 해안 일대에 8개년계획 1억 1,000만 엔의 예산으로, 대규모 축항과 공업지대의 건설을 계획해, 1939년 6월 대동항大東港 건설국을 발족시켰다.

그러나 동변도 개발은 반만 항일군의 활동, 자금·자재의 부족으로 늦

---

108 森崎實, 『동변도(東辺道)』, 春秋社, 1941.

어져 진척되지 않았다. 더욱이 치명적인 것은 자원이 처음 알려진 만큼 풍부하지 않고, 부존 상태도 적은 광상鑛床(유용한 광물이 땅속에 많이 묻혀 있는 곳-옮긴이)이 여기저기 분산되어 있기 때문에, 경제적인 채굴稼行에는 적합하지 않았다. 동변도 개발회사는 1942년 전기로에 의한 입철粒鐵(가루철-옮긴이) 생산을 시작하는 외에, 20톤 소형고로 2기를 건설하여, 1944년에 겨우 1,600톤을 출선한데 지나지 않았다.[109] 처음 계획은 완전히 실패로 끝난 것이다.

동변도 자원의 유망성은 닛산에게 동북으로의 이전을 결의시키는 하나의 요소였던 만큼, 개발 실패는 만업에 큰 타격이 되었고, 나아가 5개년계획의 발을 잡아당기는 게 되었다.

제철업과 원료 문제

동북은 제철원료탄, 특히 강점결탄이 부족한데, 이러한 점이 안산광의 품질이 낮음과 함께, 항상 제철업이 발전하는 데 원료상의 애로가 되었다. 동안東安성의 계령鷄寧현에서는 강점결탄을 꽤 생산하기 때문에, 1935년부터 만주탄광이 이것을 채굴하고 있었다. 여하튼 안산으로부터 1,000킬로 이상이나 떨어져 있어, 수송비용이 드는 것이 근본적인 결점이었다. 그래서 계령탄은 겨우 500킬로 정도의 조선 청진에 보내, 주로 일본제철

---

109 滿史會, 『만주개발40년사(滿洲開發四十年史)〈하〉』, 동 간행회, 1965.

청진제작소의 원료에 사용되었다.

따라서 쇼와제강소를 비롯하여 만주국의 제철업은 비교적 가까운 화북의 원료탄에 크게 의존하고 있었다. 화북탄의 수입량은 1941년에 142만 톤, 1942년에 195만 톤, 1943년에는 252만 톤으로 늘어났다. 1943년부터는 화북탄에 면세조치가 취해져, 의존율도 60%에 달했다.

또 5개년계획에 따른 설비의 급속 확장, 특히 고로의 증설로 쇼와제강소에서는 광석의 처리능력이 충분하지 않게 되어, 광석까지도 화북의 부광에 크게 의존하는 결과가 되었다. 나아가 빈광貧鑛(쓸모있는 성분이 적게 들어 있는 광석―옮긴이)을 그대로 고로에 장입裝入(용광로 등에 원료나 연료 따위를 넣음―옮긴이)하는 산성酸性 조업도 강행되어, 출선出銑의 감소와 품질 저하를 초래했다. 동사의 생산고는 선철 130만 6,000톤, 강괴鋼塊 84만 3,000톤을 기록한 1943년 이후 급속하게 떨어졌다.

한편 만철은 쇼와제강소의 양도로 일단 제철업으로부터 손을 뗐지만 적철광을 회전로에서 환원하여 해면철海綿鐵(순철)을 만들고, 그것을 전기로에서 제강하는 기술을 개발하여, 1939년 푸순에 제철공장을 설치했다. 이것은 설철의존이 끊어진 일본의 제강업, 특히 특수강의 신원료로 주목을 모았다. 그러나 1942년의 생산고는 해면철 6,600톤, 강괴 7,500톤, 강재 5,700톤[110]으로 규모가 작고, 아무리해도 원료의 애로를 해결할 수 있는 것이 아니었다.

이렇게 제철업이 가망이 없는 가운데 1944년 4월 만업은 쇼와, 본계

---

110 『제84회 제국의회 설명자료(帝國議會 說明資料)』

호, 동변도의 세 개 제철회사를 합병하여, 만주제철주식회사를 설립했다. 합병 목적은 동변도에 대한 비효율적인 투자를 막고, 원료 준비와 그 배분을 합리화해서 조금이라도 생산을 높이는 데 있었다. 그러나 그 효과는 없었다. 같은 해 7~9월의 미군의 안산폭격과 중·미군의 철도공격에 따른 화북탄의 수송량 감소 등으로 만주국의 철강생산은 하락할 뿐이었다.[111] 7월의 안산 공습에는 코크스로爐나 고로高爐[112] 관계설비 등, 공장의 주요 부분이 파괴되었다. 이후 9월까지 합계 천여 발의 폭탄 투하로 피해는 전 기능에 미쳤다. 또 폭격으로 중국인 노동자의 이산이 8만 명을 넘었다고 한다.[113]

이에 놀란 관동군은 소형고로의 건설 등을 중심으로, 제철설비를 동변도 오지로 소개할 것을 지시했다. 이것은 감산에 한층 박차를 가했다. 이 때문에 철강 수요는 만철본선 대석교大石橋 이남의 단선화 등, 오로지 기존설비의 철재 전용에 의지할 수밖에 없었다. 1945년도의 물동계획에서는 전용철轉用鐵이 상당한 비율을 차지하기에 이르렀다.[114]

---

111 アメリカ合衆国戦略爆撃調査團(正木 역), 『일본 전쟁경제의 붕괴(日本戰爭經濟の崩壞)』, 日本評論社, 1950.

112 역주_제철공장에서, 선철을 철광석에서 만들어 내는 로(용광로). 보통 높이가 10~25미터에 이르는 높은 원통형으로, 꼭대기에 광석과 코크스를 넣고 아래쪽에서 녹은 선철을 모은다.

113 防衛廳 防衛硏修所戰史室, 『戰史叢書·關東軍(2)』 朝雲新聞社, 『滿洲製鐵小史』

114 滿史會, 『만주개발40년사(滿洲開發四十年史)〈하〉』, 동 간행회, 1965.

액체연료를 만들다

석유를 산출하지 않았던 동북에 액체연료의 생산이 부과된 것은 만철이 혈암유shell oil를 생산하고, 또 석탄액화 연구를 추진하고 있었기 때문이다. 5개년계획(수정)에 따르면 1941년도까지 혈암유는 65만 톤, 석탄액화유는 177만 톤의 생산능력을 가질 예정이었다. 비행기나 함선의 동력원으로 액체연료는 근대전에 불가결한 것이었다. 석유자원의 혜택을 받지 못한 일본이 동북의 인조 액체연료에 거는 기대는 매우 컸다.

혈암유는 석유와 비슷한 성분을 포함하는 혈암(이판암. 얇은 판상에 층을 이루는 것이 많기 때문에 책의 면을 본떴다)에서 추출한 기름이다. 푸순에서는 석탄층 위에 이 유모혈암油母頁巖115이 두껍게 펴져있다. 만철은 이것을 건류해서 조유粗油를 얻고, 조유를 증류시켜 중유重油를 분리하는 기술을 개발하고 있었다.

푸순의 유모혈암은 평균 함유율이 5.5%로 매우 낮은 품질이지만, 석탄의 노천굴에는 어차피 이것을 떼지 않으면 안 되기 때문에 채굴비가 공짜로 끝난다는 큰 강점이 있다. 부산물로 유안硫安(유산암모니아)이 회수되기 때문에, 점점 공업화가 가능하게 되었다. 더욱이 함선 연료의 확보에 관심을 갖는 해군이 기술개발에 적극적으로 협력하고, 또 제품의 매상을 보증한 것도 이것을 돕고 있었다.

만철의 푸순탄광 제유공장은 1929년에 조업을 시작했다. 그러나 제품

---

115 역주_함유셰일이라고도 하는데, 탄소·수소·질소·황 등으로 구성된 고분자 유기 화합물을 함유하여 이것을 부숴 건류시키면 석유를 얻을 수 있다.

원가는 부산품 유안硫安의 시가에 좌우되었다. 유안이 싸지면 그만큼 중유는 올라간다는 상태로 경영적으로는 묘미가 적지 않았다. 그래서 고급유를 제조하여 채산성을 높이기 위해, 설비 확장을 행하고, 1936년부터 본격적인 가솔린 생산에 들어갔다. 그 후 5개년계획으로 더욱 확장이 계획되어, 1939년에는 신공장 건설이 시작되었다. 그러나 자재의 부족으로 계획대로 진척되지 않았고, 규모는 작았다.

혈암유의 생산고는 〈표5〉에 나타난 대로이다. 5개년계획 시기에는 중유는 1941년을 예외로, 해마다 감소하고 있다. 이것은 가솔린 수요의 급증 때문인데, 반면 원료의 혈암공급이 줄어든 것을 의미한다. 5개년계획에 따른 석탄의 증산 강행은, 자연히 채굴이 용이한 푸순 노천굴로 막일을 가는데[荒稼行] 집중하여, 새로이 혈암층을 떼는 것보다 기설 노천굴의 경사를 급하게 하는 형태가 취해진 것이다. 이 때문에 동 탄광의 출탄양 자체가 5개년계획기를 통해 해마다 저하되었다. 특히 1942년 이후 중유생산량의 격감을 보면 탄광의 박리혈암剝離頁巖에 의존해 겨우 이루어지고 있던 제유공업만으로, 탄광의 황폐와 함께, 그 존립기반을 잃어버리는 것을 알아차릴 수 있을 것이다.

표5 • 만철 제유공장 생산고

연 도	중 유 (톤)	가솔린(킬로리터)
1931	40,161	—
1932	43,275	942
1933	54,773	1,653
1934	37,402	1,363
1935	67,347	3,705
1936	66,060	9,513
1937	79,346	11,995
1938	76,481	14,733
1939	73,494	14,212
1940	70,068	11,990
1941	90,573	13,558
1942	38,993	15,161
1943 (상반기)	4,190	7,421

* 만철 『제84회 제국의회 설명자료』, 272면에서 작성

한편 석탄액화에 의한 액체연료 생산에는 혈암유 이상으로 큰 기대를 걸었다. 석탄과 석유는 화학조성에서 매우 비슷하고, 주요한 차이는 석유 쪽이 수소가 많다는 점이다. 즉 이론상은 석탄에 수소를 첨가하면, 석유를 얻을 수 있게 된다. 원료인 석탄만 있으면 특히 입지조건을 고르지 않으므로, 혈암유와 달리 복수의 기업이 가능하다. 만주유화공업·만주합성연료(미쓰이계)·지린吉林 인조석유(일본질소계) 등, 만철 외에도 계획되고 있었다.

그러나 석탄액화는 매우 많은 기술적 곤란이 있었다. 기체나 액체라면 모르나, 여하튼 상대는 고체의 석탄이므로, 화학반응을 일으키는 데는 일정시간 고온·고압 하에 두지 않으면 안 되고, 더구나 특수한 촉매를 필요로 한다. 이 때문에 반응탑 제작 하나를 보더라도 고도의 기술수준과, 특수강 등 그것에 맞는 재료가 있어야 한다. 이런 것 때문에 석탄액화는 결국 실험 단계를 넘는 것이 불가능하고, 양산은 미치지 못했다. 그리고 설비능력과 생산실적에는 큰 차이가 생겨, 최대의 생산고를 나타낸 1944년에도 4만 톤의 능력에 대해, 불과 3,000톤에 그쳤다. 이렇게 혈암유, 석탄액화와 함께 당초 계획의 연산 합계 160만 톤에 비교하면 참담한 결과로 끝났던 것이다.

3

관동군의 전쟁준비

일·소_{日蘇}의 전략적 대치

앞에 말한 것처럼 만주사변은 소련에 대한 반혁명적 대항이라는 성격을 가진다. 관동군에 의한 만주국 설립·육성은 단적으로 말해 대소전략체제를 확립하는 요구로 가고 있었다. 그것을 상징하는 것은 만주국의 철도건설이다.

〈표6〉과 〈그림1〉은 1933년부터 1937년까지 만철이 건설한 주요 신선을 나타낸다. 그 대부분은 소련, 몽골, 화북과의 국경을 향하고 있었다. 그중에서도 동부·북부의 만·소 국경방면에 집중하는 것을 알 수 있다. 이들 신선은 개전 초기 동부국경에의 병력 집중과, 그 후의 신속한 전용이라는 당시 관동군의 대소작전계획을 반영하고 있었다.116 그런 만큼 군의 요구를 받아들여, 그 건설의 속도도 빨랐다. 예를 들면, 경도_京

145

図선 19.9킬로(대략 동해도 본선의 동경－燒津 사이에 상당)는 실측 개시로 부터 1년 9개월, 또 납빈선拉浜線 271.7킬로(동 동경－新居町)는 2년 2개월 에 완성되었다.

표6 · 만주국의 철도건설

인계년도	킬로 ( )안은 누계	주요 선로(100킬로 이상)		
		선 명	구 간	킬 로
1933	423.7	京図 浜北	敦化－図們 海倫－北安	191.9 106.0
1934	644.0 (1,067.7)	拉浜 錦承 北黒	拉法－哈爾浜 金嶺寺－凌源 北安－辰淸	271.7 156.8 136.8
1935	2,845.0 (3,912.7)	図佳 北黒 白溫 京白 葉峰	図們－牧丹江 辰淸－黑河 寧家－索倫 長春－白城子 葉栢壽－赤峰	248.7 166.1 119.8 332.6 146.9
1936	591.6 (4,504.3)	図佳 白溫 虎林	牧丹江－林口 索倫－南興安 林口－密山	110.0 130.8 170.9
1937 말 (가영업)	481.1 (4,985.4)	図佳 虎林	林口－佳木斯 密山－虎林	224.5 160.9

* 선명은 1937년 3월 현재. 『남만주철도주식회사 제3차 10년사』에서 작성. 100킬로 이상의 주요 노선을 대상으로 했음.

116 『전사총서·관동군(1)』

그림1 · 만주국의 철도건설(1937년 3월 말 현재)

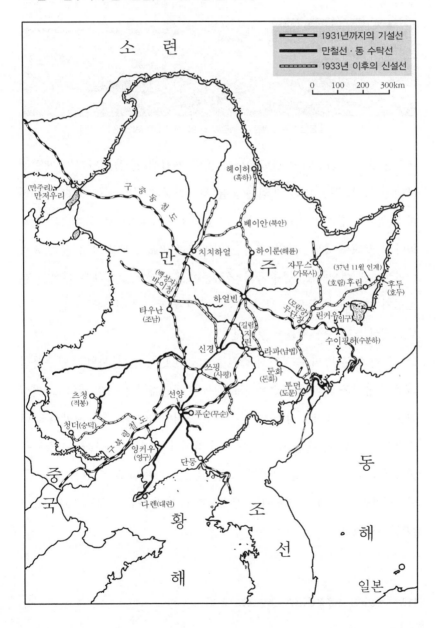

▌동만주 우수리강. 건너편에 소련도시 이만이 보인다.

그중에서도 전형적인 전략철도는 호림虎林선이다. 산탄지産炭地 계령현 방면은 어찌 됐든, 밀산密山의 동쪽은 우수리강을 따라 있는 저습지로 전혀 농경에 적합하지 않다. 인구도 희박한 공백지대이므로 경제성은 전혀 없다고 말해도 좋다. 다만 종점 호림(나중에 虎頭로 개칭)이 소련의 요충 이만iman에 대치하고, 만주국의 국경선이 우수리철도에 매우 가까운 장소였기 때문에, 관동군은 동부국경의 가장 뒤떨어진 이곳을 요새로 만들 필요에서 호림선을 부설한 것이다.

이러한 일본 측의 움직임에 소련은 민감한 반응을 나타냈다. 만주사변의 반혁명성을 간파한 소련은 외교에서는 대일자극을 애써 피하고, 현실적으로 유연한 자세를 취하면서도 바로 동시베리아 및 극동 지방의 군비증강을 시작했다. 예를 들면 관동군이 바이칼호 이동을 관할하는 소련특별극동군의 증강개시를 확인한 것은 1931년 11월의 일이었다. 또 1932년 4월에는 이제까지 극동에는 존재하지 않았던 해군이 블라디보스토크에 설치되었다.[117]

---

[117] 『관동군과 극동소련군(關東軍と極東ソ連軍)』

1933년부터의 소련의 제2차 5개년계획(1928년 스탈린이 5개년계획 착수—옮긴이) 이후 소련의 동시베리아·극동 지방의 군비 증강은 본격화되었다. 제2차 5개년계획은 극동 지방만으로 약 80억 루블의 투자를 예정하여, 동지의 경제적 자급력 향상, 방위력 강화를 하나의 중점으로 하고 있었다. 또 경제개발의 전제로 인구 증가가 불가결하기 때문에, 소련 정부는 동시베리아·극동 지방의 주민에게는 납세 기타의 의무를 감면하는 등, 많은 특전을 주어 강력하게 이민을 장려했다. 그 결과 1932년에 약 300만 명이었던 이 지방의 인구는 1939년에는 530만 명이 되고, 그중에서도 도시인구의 비율이 증가했다.

극동 지방의 근대적 대공업의 생산지수는 5개년계획기를 통해, 〈표7〉과 같은 성장을 나타냈다. 농업에서도 집단화·기계화가 본격적으로 추진되어, 동시베리아 지방에서는 1930년대 말에는 대략 식량자급이 가능하게 되었다. 시베리아철도는 중동철도의 분기점인 치타주Chita Oblast 카림스카야Karymskaya로부터 동쪽은 단선이었다. 1932~1937년에 하바로프스크까지, 1940년에는 하바로프스크에서 블라디보스토크까지(우수리철도)의 전선이 복선화되어, 수송력은 현저하게 향상되었다.

표7 · 소련극동 지방의 대공업 생산지수

	1932	1937	1940
극 동 지 방 전 체	223	685	1,385
아 무 르 주	163	295	526
하바로프스크주/하 아무르주	309	1,237	2,455
우 수 리 주 / 연 해 주	193	536	786
사 할 린 주	1,308	3,000	4,423
캄 차 카 주	500	2,300	4,450

* 1928년을 100으로 한다. Удовенко:Дадьнии восток.Габ.3에서 작성.

극동소련군은 제2차 5개년계획 시기 사단 수에서 2.5배, 비행기는 4.5배, 전차는 5배로 증강되었다. 비행기나 전차의 증가율이 높은 것은 소련군의 기계화가 진전된 것을 말해주고 있다. 1933년 8월에는 충분히 일본 본토까지 왕복할 수 있는 대형 폭격기가 우수리주에 배치되고 있었다. 신설의 극동해군에도 1934년경 300톤 급의 소형이지만, 14척 정도의 잠수함이 있었다.

서부국경에 관해서도 1934년 11월, 소련과 몽골인민공화국과의 사이에는 일본에 대항한 상호원조의 신사협정(1936년 3월, 의정서가 됨)이 맺어진다. 또 1935년에는 특별극동군과 병행하는 자바이칼군관구의 신설로 군비증강은 본격화되었다.

소련의 지상전비에 보인 현저한 특색은 토치카火點(콘크리트나 흙주머니 따위로 단단하게 쌓은 사격 진지-옮긴이)를 주축으로 하는 국경진지의 구축이다. 화점火點을 일본에서는 단지 토치카라고 부른다. 보통 직경 7~8 미터, 지상부의 높이 2미터 정도의 철근콘크리트제, 반지하식의 구조물로 기관총과 야포급의 화기를 갖추고 있었다. 또 보통은 지하에 감추어져 있고, 필요한 때에 모습을 나타내는 것인데, 목재로 만든 위장용 토치카 등도 있다. 이것이 국경선을 따라 400~500미터 간격, 2~4열의 종심縱深을 가지고, 진지를 구성한다. 그 주변에는 참호나 철조망을 배치한 야전진지가 있고, 전체로는 매우 견고한 방비시설이 되어 있다.

토치카군은 1932년 봄부터 치타주 보르샤 부근, 아무르주 블라고베시첸스크 부근, 우수리주 그로테코프(현 뽀그라니친느) 부근에서 일제히 착공되어, 1930년대 말에는 국경선의 전 요지에 첩첩이 배치되고 있었다.[118]

소련의 전략과 그 약점

소련의 군비증강은 고도의 기계화 부대로 속전속결의 섬멸전을 전개한다는 당시 소련 적군赤軍의 전략사상에 근거하고 있었다. 1936년 소련은 국방인민위원대리·참모총장 미하일·에누·도하체프스키의 제창으로, 일·독에 대항하는 동서 양 정면에서의 동시 국방충실이라는 방침을 채용한다. 이것은 같은 해 11월 일독방공협정(만주국은 1939년 2월 참가)

---

118 『전사총서·관동군(1)』, 『관동군과 극동소련군』

에의 대응이기도 했다. 그 결과 징병연한의 인하로 인한 상비 병력 대확장이 4개년계획으로 실시된 것이다.

이렇게 동시베리아·극동 지방의 병비는 현저하게 증대하여, 양에서는 관동군과 조선군을 합친 일본의 대륙병력을 항상 넘게 되었다. 또 태평양함대(1935년, 극동해군을 개편)의 잠수함도 1936년 말까지 69척이 되었다. 이것은 당시 소련 잠수함 수의 반 이상에 해당한다. 동 함대는 다른 순양함 8척, 구축함 18척, 소형수뢰정 220척 등의 함정을 가지고, 단기간에 강력한 전력으로 성장하고 있었다.[119]

앞에 말한 것처럼, 1935년 8월에 참모본부 작전과장에 취임한 이시하라 간지는 "일·소 양국의 병력차가 심대한 것을 알고" 위기감을 느낀다. 이것이 만주산업개발 5개년계획을 실시하는 하나의 계기가 되었지만, 이시하라가 말하는 것은 이러한 소련의 적극적인 군비증강이었다. 나아가 소련이 동서 양 정면에서 국방충실을 도모함과 동시에, 1936년 12월의 「임시적군 야외교령」에서 적극적인 섬멸전에 따른 적국의 완전 복멸이라는 전략사상을 강조한 것은, 일본 군부 가운데에서 소련이 공세로 나오지 않을까 하는 의심을 강하게 품게 했다.[120]

그러나 극동소련군의 증강과 기계화는 동서 양 정면이 너무나 떨어져 있고, 더구나 수송로로는 장대한 시베리아철도 하나뿐이라는 소련의 전략상 치명적 약점을 보충하기 위한 고육책이었다. 복선화가 추진되어 수송력이 늘어났다고는 하지만, 시베리아철도는 한편 경사나 선형線形, 레

---

119 『관동군과 극동소련군』, 『실지답사 소련극동국경선(實地踏査ソ連軍極東國境線)』
120 『관동군과 극동소련군』

일중량 등에서 간선철도로는 많은 난점을 가졌다. 더구나 긴 만·소 국경에 따라있기 때문에, 언제 차단될지 알 수 없는 약점이 있었다. 바닷길과 복수의 철도로 본국에서 단시간에 대군을 동원·집중할 수 있는 일본에 대항하기 위해 평상시부터 상당한 병력을 배치해두지 않으면 안 된다. – 소련이 전략상 그렇게 생각했던 것도 무리가 아닐 것이다. 일·소 양국의 군비를 단지 만·소滿蘇국경을 사이에 두는 쌍방이 당시 가진 병력량만으로 단순하게 비교하는 것은 불가능하다.

더구나 개발이 진행되고 있다고 해도 동시베리아·극동의 경제력은 결코 충분하지 않고, 특히 공업면에서의 자급률은 매우 낮았다. 동아시아의 국제정세에 밝은 특별극동군사령관 바실리 블류헤르의 총살에 상징되는 1937~1938년의 숙청도, 경제건설이나 군비 증강에는 큰 마이너스가 되었다. 이렇게 보면 당시의 소련에는 적극적 공세로 나올 객관적 정세는 없고, 그 전략도 거꾸로 방어를 주로 하는 것이었다고 말할 수 있다. 야전진지보다도 영구 축성의 토치카 진지가 주체였던 것에서도, 만·소간의 많은 국경분쟁 때의 태도에서도, 그것을 엿볼 수 있다. 이시하라 등 군부가 안고 있었던 것은 소련의 공세에 대한 위기감이라기보다, 일본의 공격이 곤란하게 되는 초조함이었다.

풍운급박을 고하는 국경선

일·소 양국의 전략적 대치는 만주국을 둘러싼 국경의 각 지역에 분쟁
을 가져왔다. 일본 측의 기록에는 만주국이 성립하고 나서 1934년까지
152건의 국경분쟁을 셀 수 있다. 1935년부터는 격증해서 해마다 100건을
넘어, 자주 충돌의 형태를 취하게 되었다.[121] 분쟁은 소련만이 아니라, 몽
골인민공화국과의 사이에도 속발하여, 1936년 3~4월에는 일·만군과 몽
골의 교전사건(타우란 사건)이 발생했다. 관동군은 1937년 6월 북부 만·
소 국경 건차자도乾岔子島사건[122]에서 소련의 포정砲艇 1척을 격침시키고

있다.

1938년 7~8월의 장고봉張鼓
峰사건(소련에서는 하산湖 會
戰)은 간도성 훈춘(혼춘)현과
소련 연해주와의 국경, 도문
강 왼쪽 언덕의 구릉지대를
둘러싼 일·소간의 본격적 전
투이다. 동지는 조선군의 관

▌장고봉 사건

---

121 『만소 국경분쟁사(滿ソ國境紛爭史)』

122 역주_건차도는 아이훈(瑗琿, 현재의 헤이룽장성 黑河市 愛輝区)의 동남 약 100km 부근에
있는 아무르강의 中州이다. 만주국은 국제법상의 원칙대로, 항로의 중앙선을 국경으로
하여 건차자도를 자국령으로 간주했다. 그러나 소련은 불평등조약인 아이훈조약을 근거
로, 아무르강에 대해서는 항로와 관계가 없고, 주요섬과 中州는 모두 자국령이라고 하
는 기왕의 러시아와 청국간의 조약을 주장해서 이 사건이 일어났다.

할이라고 되어 있고, 동군에 소속하는 제19사단이 여기에 있었다. 이 부근의 국경에 대해 소련 측은 러·청간에 맺어진 구약舊約의 선을, 일본은 그것보다 동측을 주장하고 있었다.

일본 측이 주장하는 국경선 안의 장고봉을 소련군이 점거했기 때문에, 현지의 군이나 참모본부의 강경파 가운데, 위력威力 정찰을 위해 전략단위의 부대를 보내서 소련군을 격퇴시켜야 한다는 생각이 생겼다. 그러나 당시 중국전선에서는 대군을 동원하는 한구漢口작전 준비가 추진되고 있었고, 군부 내에는 대소무력행사에 비판적인 공기가 강해, 천황도 동원을 재가하지 않았다. 그런데 강경론자인 제19사단장 스에다카 가메조尾高龜藏(중장)는 참모본부와 조선군사령부의 뜻을 거슬러, 독단으로 사단의 주력을 가지고 공격을 명했다. 소련군은 일단 후퇴했지만, 얼마 안 있어 3개 사단과 1기계화여단으로 강력한 반격을 반복하여, 화력·기동력을 구사해 제19사단에 결정적인 손해를 주었다. 일본 측의 사상자는 1,500명 이상에 달하고, 주력 보병 제75연대의 남은 장교는 여러 명, 마지막에는 "진퇴의 자유를 갖는 것은 하루 이틀"[123]이라는 상황에 빠진 것이다.

패배를 맞본 일본은 나중의 외교교섭에서 소련 측이 주장하는 국경선을 인정하지 않을 수 없었다. 그러나 소련은 이 이상 아무 것도 요구하지 않았다. 장고봉사건은 일본군이 소련적군과 본격적인 전투를 주고받은 최초 경험이다. 패배 사실을 감추려는 의식이 작용하여, 군부 내에서도 소련군의 실력과 전술을 바로 인식하지 않은 채 끝났다. 이 때문에 다음

---

[123] 「장고봉사건의 경위(張鼓峰事件の經緯)」

▌노몬한 사건

해 노몬한사건에서 관동군은 더욱 큰 패배를 입게 되었다.

노몬한사건은 1939년 5월, 몽골인민공화국에 접한 서부 국경의 호론바일 지방에서 관동군과 몽골·소련군이 충돌한 데서 시작된다. 몽골 측의 인식에서는 이 부근의 국경선은 할하강 동안東岸 약 20킬로 지류 호르스텐 강의 원류에 있는 노몬한·블드사祠를 지나고 있고, 할하강 서안의 국경초소에서 수시로 이 동안東岸의 국경으로 순찰 나오고 있었다.[124]

한편 관동군은 1939년 4월 「만·소 국경분쟁 처리요강」을 각 부대에 시달했다. 거기에는,

(1) 소련군과 몽골군이 월경했을 때, 이것을 급히 섬멸해야 한다. 이를 위해서는 일시적으로 국경 밖으로 나가거나, 상대를 국경 내에 유치·체류시켜도 좋다.

(2) "국경선이 명확하지 않은 지역에서는 방위사령관에게 자주적으로 국경을 인정하여,─만일 충돌하면 병력의 다과나 국경이 어떠함에도 불구하고 반드시 승리를 기약함"

124『초원과 혁명(草原と革命)』

이라고 되어 있다. 이 「요강」은 분쟁을 가능한 한 억제하도록 하려는 군 중앙부의 의도에 반하여, 매우 도발적인 수단을 현지부대에 요구하는 것이다.

서쪽 정면을 담당하는 제23사단(사단장·중장 고마츠바라 미치타로小松原道太郎)은, 「요강」에 따라 호론바일 초원을 "국경선이 명확하지 않은 지역"이라 하여, 할하강을 국경선으로 "자주적으로 인정"하고, 그 동안東岸부터 몽골군을 구축하는 작전을 개시했다. 만주사변과 관동군의 활발한 내몽골공작으로, 이전부터 일본의 침략을 두려워하고 있던 몽골 측은 상호원조협정에서 몽골에 주둔하고 있는 소련군과 공동으로, 노몬한·블드사의 국경선 방위를 결정했다.

관동군에는 전기의 「요강」을 기안한 참모 쓰지 마사노부辻政信(소좌) 등을 중심으로 강경론이 높아져, 중앙부에 의견 구신具申을 하지 않고 제23사단에 전차 2개 연대, 항공부대 등을 더하여, 몽골·소련군에 대한 공격을 명령했다. 6월에는 몽골 영내의 군사적 요지 탐스크를 폭격하여 사태를 확대시켰다.

7월까지 2회에 걸친 공격이 몽골·소련군의 강력한 반격으로 실패로 끝난 뒤, 관동군은 다시 제6군을 편제하여, 8월 보병 1개 사단 반半에 중포, 전차, 비행기를 동원하여 대규모 공격을 시도했다. 이 사이 할하강의 서안에 비밀 진지를 구축한 몽골·소련군 측은 8월 하순, 관동군의 예상보다 배가되는 3개 사단의 기계화 부대로 대반격에 나섰다. 우세한 화력과 전차로 제23사단을 포위하고, 거의 괴멸적인 타격을 주었다. 사단은 1만 5,140명의 병력 가운데 1만 1,958명, 실로 79%나 되는 높은 손모율

을 기록한 것이다.[125]

이 노몬한사건(몽골에서는 Battle Of The Khalhin Gol 할힌골 회전)의 패배로, 관동군 수뇌, 참모의 경질을 시작하여, 참모본부에서도 상당한 인사이동이 이루어진다. 또 제23사단의 제일선 부대장은 패전 책임을 문책당해 자결하는 자가 많았다. 그러나 장고봉사건 같이 일반에게는 진상이 숨겨져, 군부도 포함하여 일본이 소련군에 대한 인식을 새롭게 하는 기회는 되지 않았다.

북변진흥계획

이러한 국경분쟁의 다발은 관동군의 대소전략체제를 점점 강화시켰다. 장고봉사건을 계기로 군은 대소 국경지대의 군비와 전략성 증강을 계획하여, '국경지대의 준 전시태세화'를 꾀하게 된다. 이것을 이어받아 만주국정부는 1939년 5월 「국경건설시책기본요강」(북변진흥계획)을 정리하여, 같은 해 6월부터 실시했다.

북변진흥계획은 5개년계획의 최종연도인 1941년까지의 3개년계획이고, 총액 10억 엔을 투자하여 국경지대의 군사시설을 확충하는 동시에 산업개발, 민생진흥을 도모하여, 군의 종합적인 작전력을 높이도록 하는 것이다. 그리고 5개년계획, 일본인 농업이민정책과 병행하여 만주국의 3

---

125 『전사총서·관동군(1)』

대 국책의 하나가 되었다. 경비부담의 구분을 보면, 정부의 2억 엔에 대해 만철이 6억 엔, 만주전전 등의 특수회사가 2억 엔으로 되어 있고, 계획의 중심은 전략적 교통·통신기관 건설·강화에 있었던 것을 알 수 있다.

계획의 구체적인 내용은 다음과 같다. 철도는 기정방침으로 건설을 추진함과 동시에 특히 보수, 선로용량, 하역능력, 방공·수해대책 등의 향상을 도모한다. 만주국 남부, 관동주, 조선방면에서 동부 국경지대까지 화물열차의 직통운전을 행하여, 평시부터 군수물자를 저장해 둔다. 철도와 연락, 혹은 철도와 병행하는 자동차 도로를 증강하여, 차량대수의 증가, 종사원의 양성, 서비스시설(수리공장·급유소 등)의 정비에 힘쓴다. 특히 습지대에 4계절 통행 가능한 도로를 설치하고, 수백 대의 트럭이 줄지어 지나갈 수 있는 구조로 만든다. 군용을 비롯하여 각 기관의 통신시설을 통합·조정하여, 간선을 케이블화 한다. 이를 위해 민심 파악을 위한 민생 안전과 일본인 이민의 국경지대 정착, 물자·노동력의 확보, 주요 도시·시설의 방공 강화, 협화회의 활용, 경찰력의 확충이라는 광범한 시책을 베푼다. 지역적으로는 모란강 지방과 손오孫吳 지방을 가장 중요한 지역으로 한다. 이하 훈춘(혼춘) 지방·하이라얼海拉爾(해납이) 지방, 그리고 자무쓰佳木斯(가목사) 지방으로 3단계의 순위를 매기게 되었다.[126]

이 계획과 병행하여 1939년 10월, 육군성에서 조선총독부에 보내 조선을 경유하는 수송력을 확충하도록 하는 요청이 이루어졌다. 그 중심은

---

126 「국경건설기본요강 급 각분과회 소안(國境建設基本要綱及各分科會素案)」

철도 개량과 항만시설의 확장으로, 철도는 1942년도까지 조선 남안의 제항諸港에서 만주국을 향해, 매일 55편의 군용 화물열차가 운전되도록 한다. 항만도 대소개전 후에 예정된 하루의 하역량에 대응해, 양탑력揚搭力을 증강한다는 것이다.[127]

만주국정부는 북변진흥계획을 실시하기 위해, 1939년 6월 먼저 국경지대에 동안성과 북안성을 신설했다. 이 가운데 전술한 전략철도 호림선을 따라, 완달完達산맥의 주변 7현으로 이루어진 동안성은, 동부국경의 호두虎頭 정면에 해당하는 전략요지로서, 군은 이를 특히 중시했다. 이 때문에 성장에는 관동주 장관과 만주국 내무국장을 역임한 내무관료 베테랑 미노이케御影池辰雄가 임명되었다. 또 성차장, 경무청장은 물론, 호림 등 3현의 현장에도 이례적으로 일본인이 충당되고 있다.

그런데 관동군의 대소작전계획은, 개전 초의 움직임에 유력한 부대로 블라디보스토크, 니콜스크·우스리스크 방면에 진출하고, 동지의 소련군을 격멸한 뒤, 주력을 서부국경 방면에 집중하여 진공해오는 소련군을 맞아 친다는 것이다. 이것은 기본적으로 만주사변 이후, 쭉 변하지 않았다. 따라서 니콜스크까지 약 70킬로의 위치에 있는 모란강성(1937년 7월 설치) 동령東寧은 관동군에게 제일의 국경 전략지점이었다. 이 동령으로부터 구 중동철도가 국경을 넘어 수분하綏芬河의 북방에 이르는 약 70킬로에는, 관동군의 손으로 강고한 국경진지가 구축되어, 다수의 병력이 배치되고 있었다. 1939년 3월, 빈수선浜綏線(구 중동철도 동부선)에서 동령

---

127 「국방상 긴요한 조선철도 항만 능력에 관한 건(國防上緊要ナル朝鮮鐵道港灣能力ニ關スル件)」

까지 91킬로의 철도가 놓이고, 북변진흥계획기의 1940년 11월에는 조선으로부터의 수송로로 도문圖們과 동령을 연결하는 신선도 완성되었다.

이에 대해 소련 측에서도 니콜스크 정면의 국경 축성을 예의 엄중히 했기 때문에, 이 방면에의 진공작전은 해마다 곤란하게 되어 갔다. 그래서 관동군은 호두 정면에서 이만 부근에의 조공助攻작전으로 소련의 보급을 끊는 것을 중시하게 되었다.[128] 즉 동안성은 이 조공작전을 실현하기 위해 설치된 것이다.

북변진흥계획에 따라 급속도로 구축된 호두진지는 철도, 도로를 포격하기 위해 중포군重砲群을 중심으로 한 대요새로, 구릉지형을 이용하여 거의 지하에 건설되었다. 요소요소는 두꺼운 철근콘크리트에 덮여, 미로처럼 뚫린 터널의 길이는 연 수십 킬로에 달했다. 요새의 주포는 처음 30센티 유탄포榴弾砲이었다. 소련도 이에 대처해 우수리철도를 이만의 동측에 우회시켰기 때문에, 1941년에는 41센티 유탄포를 장비하여, 그 조준은 항상 이만천 철교에 맞추어져 있었다.[129]

이상에 상징되는 것처럼 북변진흥계획은 국경지대에 물자와 노동력을 집적하여, 군사시설을 확충해서 대소작전 능력을 높이는 것을 목적으로 하고, 1941년부터 관특연에 이어지고 있었다. 따라서 그렇지 않아도 실시가 곤란한 5개년계획과 함께 만주국의 경제적인 부담을 점점 크게 하고, 민중에의 억압을 한층 강하게 하는 원인이 된 것이다.

---

128 『전사총서・관동군(1)』, 『만주개발40년사(상)』

129 『전사총서・관동군(1)』, 岡崎哲夫, 『비록 북만영구요새(秘錄北滿永久要塞)』, サンデー新書, 秋田書店, 1964.

관특연의 대동원

1939년 9월 독일이 폴란드를 침략한 일로 영·불이 독일에 선전, 유럽에서 제2차 대전이 발발했다. 중일전쟁의 장기화에 고민하는 일본은 대전에서 네덜란드와 프랑스가 독일에 굴복한 것을 호기로, 이들 제국의 동남아시아 식민지로 진출할 것을 계획했다. 남방의 군수자원 획득과 중국에 대한 전략적 포위가 그 목적이었다. 1940년 9월 일본은 프랑스령 인도차이나(현 베트남 사회주의공화국)의 북부에 군대를 진주시키고, 동시에 일·독·이탈리아 삼국동맹을 맺었다. 일본의 태도는 이제까지 영국에 대한 원조에 전념하여, 일본에 대한 자극을 피하고 있었던 미국을 경화시켜, 미국은 대일 수출금지품 가운데 철강류를 추가했다. 경제적인 대미의존이 점점 불가능하게 된 일본은, 더욱 남방에 대한 진출을 강화한다. 1941년에는 네덜란드령 동인도(현 인도네시아공화국)와 자원 매입 교섭을 가속하는 한편, 프랑스령 인도차이나 남부에도 군대를 주둔시켰다.

이러한 남진정책 때문에 대소 관계의 개선을 필요로 한 일본은, 1941년 4월 일소중립조약을 맺었다. 일·소 양국은 서로 영토보전과 불가침을 존중하여, 한 쪽이 제3국으로부터 공격을 받았을 때는, 다른 편은 그 분쟁에서 중립을 지킨다는 것이 조약의 골자이다.

그런데 같은 해 6월, 독일이 대소전쟁을 개시하자, 군부는 완전히 바뀌어 이에 호응해서, 일본도 대소공격을 행해야 한다는 생각이 강해졌다. 독일도 일본에 대해 대소참전을 요구했다. 정부는 7월 2일, 어전회의에서 「정세의 추이에 따른 제국 국책요강」을 결정했다. 이것은 남방진출을 계속하고, 이를 위해 대영미 전쟁을 피하지 않는 한편, "은근히 대소 무력적 준비를 정비하여-독·소전쟁의 추이가 제국을 위해 유리하게 진전되면 무력을 행사"한다고 했다.

참모본부는 대소 적극론자인 제1부장 다나카 신이치田中新一(소장) 등을 중심으로 대규모 동원에 착수했다. 이 동원은 관동군에 2개 사단을 증강하는 외에, 군 직할부대, 특히 병참기구의 확충과 조선군을 포함한 각 부대를 전시편제로 바꾸기 위한 충원을 목적으로 한다. 증강된 인원은 약 50만, 마필은 15만에 달하는 것이다. 그 결과, 1941년의 겨울에 관동군은 약 65만, 조선군도 8~10만이라는 병력으로 팽창했다.

군부는 동원 목적을 숨기기 위해 「임시편제」라는 말을 쓰고, 소집된 병사를 위한 관례의 장행회壯行會도 일체 금지했다. 관동군에서는 이 동원을 「관동군특종연습」(관특연)이라고 칭하고, 동부·북부국경지대에 병력을 증치함과 동시에, 공격작전의 검토, 습지·하천 돌파 훈련, 부대 주둔시설 증강, 군수품 전송 등을 추진했다.130

이러한 공격준비를 하면서 독·소전을 위해 소련극동군의 병력이 반감했을 때 한꺼번에 개전한다는 것이 군부의 구상이었다. 그러나 소련군의 서송西送은 일본이 기대할 정도로 많지 않았고, 전용이 있어도 금방 보충되었다. 처음에는 훌륭하게 보였던 독일군의 진공도, 7월 말에는 그 속도가 둔해졌다. 또 일본도 이 사이 프랑스령 인도차이나 남부에 무력 진

130 『전사총서·관동군(2)』

주하는 등, 소련에 대한 개전 기회는 급속하게 멀어지기 시작했다. 그리고 8월 상순에는 당면의 대소공격을 단념한다. 관특연의 동원에 따른 관동군의 팽창은 그 후 1943년경까지 유지된 것이다.

소련병력의 반감半減을 기다린다는 남에게 맡긴 계획이라고는 해도, 관특연은 대소전을 위한 본격적인 동원이다. 체결된 지 얼마 안 된 일소중립조약을 명백하게 위반하는 것이다. 소련에서 보면 대병력을 동부국경으로 부득불 움직이지 못하게 되고, 일본의 중대한 배신행위 외에 다름 아니다. 더욱이 관특연으로 방대한 노동력의 공출을 요구받은 만주국정부는 이것이 관례가 되면 민생 압박이 너무나 심해진다고 하여, 민생부 노무사장 이와사와岩澤博가 사임할 정도로, 노동력 부족과 함께, 민중생활을 점점 심하게 압박한 것이다.

태평양전쟁기의 관동군

1941년 12월, 일본이 미·영에 대한 전쟁을 시작한 뒤 관동군의 역할은 지금까지의 소련에 대한 무력에서 완전히 바뀌어, 극력 소련을 자극하지 않는 '대소정밀對蘇靜謐'로 변했다. 1942년 9월에는 태평양전선의 전국이 악화됨에 따라, 관동군으로부터 부대의 추출·전용이 이루어지게 되고, 다음 1943년 후반부터는 그것이 본격화했다. 이 때문에 관동군의 전력은 1942~1943년을 피크로 이후 급속도로 떨어진다. 1944년 여름까지 기설 17개 사단 중에 10개가 모조리 전용되고, 남은 사단도 부대를 빼

164

내어 충원율은 현저하게 낮아져 갔다. 이에 대한 보충은 불충분하고, 1945년 8월 당시의 관동군은 1944년 이후에 만들어진 신설 사단, 특히 1945년 7월에 동북재류 일본인을 몽땅 동원한 급조 사단이 태반을 차지하는 형편이었다.

이 때문에 대본영은 1944년 9월, 대소전략을 지구持久 수세로 180도 전환하여, 관동군의 작전계획을 전면적으로 변경하도록 지시했다. 그러나 이제까지의 모든 시책을 대소공격 하나만으로 추진해 온 관동군으로서는 압도적인 열세를 전제로 하는 수세작전으로 바꾸는 것은 매우 곤란했다. 1945년 7월의 「대소작전계획」에서는 조선에 인접하는 동변도에서 철수하여, 산지에 숨어 지구전을 도모한다는 매우 소극적인 방침뿐이 세울 수 없었다. 그것도 만주사변 이래 관동군의 기본적 성격에 원인이 있었다고 말할 수 있다.

관동군의 약체화는 동군의 무력을 배경으로 이루어진 만주국의 지배체제를 근본으로부터 흔드는 것이었다. 더구나 과거에는 정예의식이 강했던 만큼, 이 현실은 또한 관동군의 내외에 걸쳐 비합리성과 비인간성을 증대시켜, 만주국 지배에 폭력적 성격을 강하게 했다. 군기 문란도 확대되었다. 예를 들면, 최전선의 동령東寧에 있는 부대에서는 초년병이 고참병을 습격하여 중상을 입히는 사례가 끊이지 않았다. 또 중국인 민중에게 비행을 가하려는 군대가 반대로 민중에게 살해당하는 사건도 있었다.131 오랫동안 가혹한 총동원체제로 이반된 민중은 물론, 만주국의 고

---

131 『관동군 군대일기』

급관리 가운데서도, 일본에 대한 반감이 점점 심해져 갔다.

일본 파시즘의 동북지배에 보인 가장 잔학한 제도는 관동군의 손으로 이루어진 세균병기의 시험과 인체실험일 것이다. 대소전에 사용한 세균 전술의 연구·개발을 임무로, 1935~1936년에 설치된 동군 제731부대·제100부대 등은 페스트균을 비롯하여, 급성전염병균을 대량으로 생산하여, 그 실험을 위해 많은 중국인과 러시아인을 살육한 것이다. 관특연 이후 세균병기의 개발은 한층 본격화하여, 관동군의 약체화를 보충하기 위해, 싼 값이면서도 효력이 높은 세균전술이 점점 중시되었다. 제731부대는 한 달에 페스트균 300킬로, 탄저균 60킬로, 콜레라균 1톤의 생산능력이 있었다. 세균병기는 중국전선에서 반복해 실험적으로 사용되는 외에, 만주국 내에서도 몰래 시험에 사용되어 1940년 지린성 눙안農安(농안)현에서 대유행한 페스트도 그 때문이었다고 한다.

관동헌병대와 각지의 특무기관은 반만 항일운동을 하거나, 그러한 감정을 가지고 있다고 의심되는 인물 가운데, 사법기관에 "사건을 송치하는 것도, 불기소 내지 단기형의 판결을 받는 것이 예상되는 자"나, "죄상이 가볍다고 해도, 석방이 불가한 자"(고문의 희생자인가?)를 법의 수속을 무시하고 제731부대에 보냈다. 부녀자를 포함한 이들 '특이급特移扱'의 사람들은 부대의 감옥에 수용되어, 필요에 응해 각종 생체실험에 이용되었고, 살아서 돌아가는 것은 불가능했다. 세균감염실험, 동상실험, 내압실험 등외에, 말의 혈청을 대량으로 주사하거나, 정맥에 공기를 주입하는 흥미본위의 실험까지 했다. 이들 생체실험의 희생자는 매년 500~600명을 내려가지 않았고, 1940~1945년에 제731부대 본부만으로 3,000명

이상에 달했다고 한다.[132]

　한편 이외에 만철이 선양에서 경영하는 만주의과대학에서도 중국인에게 생체해부나 각종의 생체실험을 하고 있었다. 1942년 세균전의 주창자 이시이 시로石井四郎(중장, 1892~1959)의 후임으로 제731부대장이 된 기타노 마사지北野政次(소장, 1894~1986)는 만주의대교수 시절에 발진티프스의 와친연구를 위해, 생체의 티프스 감염실험을 했다.[133] 제2차 세계대전 하에 이루어진 파시즘의 잔학행위로는 독일의 유태인 절멸정책이 특히 유명하지만, 일본 파시즘도 이에 뒤지지 않는 조직적인 비인간성을 발휘하고 있었던 것이다.

---

132 『전 일본군 군인의 사건에 관한 공판서류(元日本軍軍人ノ事件=關スル公判書類)』, 『特殊部隊 731』

133 本多勝一, 『중국여행(中國の旅)』, 朝日新聞社, 1972.

4
총동원과 민중에의 압박

협화회의 역할

5개년계획에 의한 만주국의 총동원체제 가운데, 특히 민중동원을 담당한 것은 협화회였다.

협화회는 만주국 성립과 동시에 민중을 만주국 지배에 통합하기 위해 만들어진다. 그 후 관동군과 정부 안에서 관료지배를 철저히 하는 데에 오히려 방해가 된다는 불요론이 높아졌다. 그러나 정부의 관료기구만으로 민중을 지배하는 것도 어렵기 때문에, 1934년부터 1936년에 걸쳐 협화회에서는 일련의 개혁으로 관리의 협화회 임원 겸임을 추진하고, 진용을 일신했다. 만주협화당 이래 민간의 사상운동단체라는 성격은 완전히 없어지고, 협화회는 행정을 침투시키기 위한 정부의 보조기관이 된 것이다.

1936년 9월 관동군사령관 우에다 겐키치植田謙吉(대장, 1875~1962)는 성명을 발표하여 협화회에 다음의 성격을 부여했다. 즉 협화회는 "건국정신을 무궁하게 호지護持하여 국민을 훈련하고, 그 이상을 실현해야 하는 유일한 사상적, 교화적, 정치적 실천단체"이다. 또한 "건국정신의 정치적 발동 현현顯現은 만주국정부에 의하고, 사상적, 교화적, 정치적 실천은 협화회에 의해야 하며—협화회는—정부의 정신적 모체가 되고—관리는 협화회 정신의 최고 열렬한 체득자가 되어야 한다"[134]고 말했다. 이 우에다 성명은 이후 협화회의 헌장적 존재가 된다.

❚ 우에다 겐키치植田謙吉
관동군 사령관

민중동원을 그 임무로 한 협화회는 먼저 회의 조직 확대에 손을 댔다. 협화회의 기구는 중앙본부의 아래에 성본부, 현旗市본부가 있고, 그 지도 하에 지역·직역마다 분회가 설치되어 있다. 1936년부터 그동안의 정예주의를 그만두고, 적극적으로 분회조직의 확장이 계획되었다. 이른바 전 국민을 망라하는 것을 목표하여, 일본 파시즘 특유의 국민조직으로 전환한 것이다. 그 결과 1936년 9월에는 1,987분회, 회원 수 약 44만 명이었던 것이 1938년 2월에는 2,917분회, 약 100만 명으로 증가하고, 나아가 1941년에는 200만 명을 넘게 되었다. 또 1937년에는 청년층의 조직화를 중시한 정부 방침을 이어받아 청년 훈련에 나서고, 이듬해 협화청·소년단과 협화의용봉공대를 결성했다.

---

[134] 植田謙吉, 「만주제국 협화회의 근본정신(滿洲帝國協和會の根本精神)」

협화회에서는 매년 정기적으로 전국·지방에서 각각 연합협의회를 열었다. 전국연합협의회는 각지의 분회 대표가 한 곳에 모여, 지방의 실정에 근거한 다양한 의안을 가지고 심의하고, 여기에는 각부 대신을 비롯하여 정부 관리도 출석했다. 따라서 전국연합의회는 의회를 대신하여 민의를 반영하는 만주국의 독특한 제도로 일컬어졌지만, 의안은 미리 본부에서 신중하게 선별되었고, 협의회에서의 결의도 정부에 대한 구속력은 없었다. 이것은 지방의 전통적인 소지배층을 분회대표로 하여 만주국 지배체제에 집어넣어, 식민지 지배에서 생기는 다양한 모순과 민중의 불만을 흡수하는 안전판에 지나지 않았다.

진행되는 민중통제

5개년계획기의 민중지배 강화는 먼저 경제통제에 의한 압박에서 시작되었다. 예를 들면, 1939년 암거래나 폭리 단속을 목적으로 경제경찰이 만들어져, 민중의 일상생활까지 경찰의 직접적인 간섭을 받게 되었다. 1940년부터는 협화회가 주요 도시에서 협화경제운동을 개시하여, 통제가격의 유지, 물자 배급 등에 나섰다. 민중은 협화회의 분회에 가입하지 않으면 생활필수품의 배급을 받지 못하게 되어, 이 일이 또한 협화회에 의한 민중의 조직화를 용이하게 했다. 회원 수는 1941년 6월에 200만 명을 넘고, 1943년 6월에는 약 428만 5,000명에 달했다.[135] 이 사이 경제통제는 점점 강화되었다. 1941년 8월부터 미곡, 사탕, 면제품, 성냥 등의

170

중요품목 15종의 배급에 표제가 실시되고, 9월에는 다른 모든 통제품도 표가 없으면 배급을 받지 못하게 되었다.

1940년 4월 만주국정부는 국병법國兵法을 공포하여 징병제를 실시했다. 같은 해 8월에는 징병제의 전제가 되는 민중의 호적 정비를 위해 잠행민적법이 제정되고, 더욱이 10월 만주국에 처음으로 국세조사가 실시되었다. 이렇게 민중 파악이 진행된 것을 이어받아, 1941년부터 국민인보조직의 제도화가 시작된다.

이 제도는 전 국민을 명실 공히 모두 행정기구의 말단에 넣도록 하는 것으로, 일본의 정내회町內會나 부락회에 상당한다. 만주국의 경우 이것도 협화회의 지도에 따라, 협화회 각 분회의 하부조직으로 만들어졌다. 도시만이 아니고, 농촌에도 협화회의 조직이 침투해 가고, 협화회에 의한 민중지배의 기초가 현저하게 퍼져 나갔다. 그리고 협화회는 증산을 위한 작부作付강제나 집하대책 방면까지 담당하게 된다. 더구나 1941년 협화회의 기구개혁으로 성장·현장 등 행정기관의 장이 협화회의 각급 본부장을 겸임하게 되어, 행정기구와 협화회는 점점 밀착했다. 즉 국민인보조직의 정비는 관료행정에 의한 민중의 직접지배를 의미했다. 이 제도가 나중에 말하는 민중의 강제적인 노동동원을 용이하게 한 것은 더 이상 말할 것도 없다.

다른 한편, 발족 이래 협화회가 행해온 사상공작이나 정신동원도 5개년계획 시기에 한층 활발해져 갔다. 치안작전에 따른 민중선무나 1936

---

135 鈴木小兵衛,『만주의 농업기구(滿洲の農業機構)』, 白揚社, 1935, 증보5판, 1937.

년부터의 공산당 배격운동은 그 전형이다. 배공운동은 반만 항일운동에 대한 중국공산당과 코민테른의 영향력 증대에 대항할 목적에서, 민중에 반공사상을 선전하는 것이다. 앞에서 말한 협화의용봉공대나 협화청·소년단은 민중에 대한 이데올로기공작의 중핵이 되었다.

1940년은 일본의 이른바 기원 2600년에 해당하여, 그 경축을 위해 만주국 황제는 같은 해 6~7월 다시 방일했다. 관동군은 이 기회를 잡고, 이전부터 생각해온 국가종교의 제도화를 추진했다. 만주국의 '국교'로 중국인에게 인연도 연고도 없는 일본의 국가신도가 선택되어, 황제의 귀국과 함께 아마데라스天照를 제신으로 하는 '건국신묘'를 설립했다. 황제의 법적 권능에는 "나라의 제사를 행한다"고 하는 1조가 들어가, 이를 위한 관청으로 제사부가 신설된다. 동시에 황제는 「국본전정조서國本奠定詔書」를 내고, 만주국은 "천조대신天照大神의 신큐神麻 천황폐하의 보우에 의지하여", 금후 만주국의 '國本'을 간나가라[惟神]의 道136로 정한다고 했다. 만주국을 천황제 이데올로기로 편입한다는 관동군의 방침은 형식상으로는 완성된다.

---

136 역주_(오직 신의 뜻 그대로의)일본 고래의 神道.

동북의 노동사정

협화의용봉공대, 협화청·소년단 등의 제도는 동북의 민중에 대한 파시즘적인 훈련·교화의 역할을 해내는 한편, 부족한 노동력에 대한 대책이기도 했다.

동북의 노동력 수요는 본래 화북에서 온 노동자로 대부분이 충당되어 왔다. 예를 들면, 1931년의 통계에 따르면, 관동주·만철부속지의 공장노동자 71.2%, 광산노동자 83.1%가 중국의 본토 출신이었다. 1936년에는 이 비율은 각각 54.2%, 62.8%로 저하하여, 동북의 출신자가 늘어난다. 그러나 탄광과 항만하역 등에서는 노동자 의존이 여전히 강했다. 화북노동자의 출신지는 산둥성이 가장 많고, 허베이성(하북성)이 뒤를 이었다. 동북이 본래 중국본토와 경제적인 일체성을 가지고, 중국의 유기적인 일환을 이루고 있었던 것을 엿볼 수 있다.

화북에서 동북으로 향하는 노동자 수는 1930년에는 약 67만 3,000명이었다. 1931년에는 41만 7,000명, 1932년에는 37만 3,000명으로 줄고 있다. 이것은 만주사변의 전란 때문이다.

노동자가 기업에 직접 고용되는 일은 적고, 보통은 파두제把頭制에 의한 간접고용이었다. 파두는 노동자의 모집, 수송, 작업, 관리 등의 일체를 기업으로부터 청부맡는 일종의 간사이다. 주로 지연·혈연을 통해 모은 노동자를 지휘·감독하고, 기업과 계약해서 일을 한다. 그리고 노동자의 임금을 공제하는 것이다. 화북의 노동자는 본래 농민이고, 농촌의 과잉인구나 봉건적 토지소유관계를 배경으로, 가계를 보충하기 위해 계절

173

적으로 돈 벌러 나가는 자가 많았다. 그래서 그들에게도 파두 아래 연고 집단을 만드는 쪽이 여러모로 안심이었다.

보통은 파두 아래 여러 명의 소 파두나 반장 등이 있어, 소속된 노동자 집단을 조직적으로 관리하고 있었다. 파두제도는 봉건적인 성격이 강하고, 노동자를 몇 번이라도 착취하는 구조이지만, 기업에서는 노동자의 모집과 노동관리가 생략된다는 큰 이점이 있다. 따라서 특히 비숙련공을 사용하여 초과이윤을 올리는 것이 가능한 광산·하역·토목건설 등의 업계는 파두제에 많이 의존했다.

일본의 동북경영은 이 풍부한 돈 벌기 노동력을 사용하여 큰 이윤을 올려왔는데, 만주국 성립 후, 관동군은 화북노동자의 입국을 제한하게 된다. 이것은 첫째로, "노동자에 섞여서 반만 항일 분자가 만주에 들어온다"고 하는 치안상에서였다. 또 만주국 자체의 장래 인구증가나, 일본인, 조선인 이민을 실행하는 데 장해가 된다. 나아가 노동자의 귀국이나 송금으로 통화가 유출되기 때문이기도 했다.[137] 동북을 중국에서 떼어내 다른 경제권으로 재편하기 위해서도, 돈 벌러 가는 노동자가 대량이고 유동적인 존재인 것은 바람직하지 않았다.

관동군은 특무부에 노동통제위원회를 두고, 만주국의 노동정책 입안을 행함과 동시에, 1934년 톈진에 대동공사大東公司를 설립하여, 화북노동자의 입국을 제한하기 시작했다. 동 공사는 노동자의 신변을 조사하여 치안상 문제가 없는 자에게 사증을 발급하고, 이것을 가지지 않으면 입

---

[137] 武居鄕一, 「만주의 노동정책과 노동조사(滿洲における勞働政策と勞働調査)」, 『調査』1권 3호, 滿洲調査機關聯合會, 1942.

국이 허가되지 않았다. 그러나 철도건설을 비롯하여 이른바 만주 붐으로 투자가 급증하여 동북의 노동력 수요는 급팽창하고 있어, 토건업계 등은 이 입국제한에 반대했다. 또 단속 그 자체도 철저하지 않았다. 이렇게 입국노동자의 수는 1933년에는 약 56만 9,000명으로 다시 오름세가 되고, 1934년에는 62만 7,000명을 헤아려 만주사변 이전의 수준으로 회복한다.

그래서 만주국정부는 1935년 3월 외국인 노동자취체규칙을 제정해서 입국제한을 강화하고, 매년 입국허가 수의 틀을 정하게 되었다. 그 때문에 같은 해의 입국 수는 44만 5,000명으로 억제되어, 1936년은 36만 4,000명으로 줄었다. 더욱이 1937년에는 중일전쟁의 영향도 있어 32만 4,000명까지 떨어진 것이다.

5개년계획과 노동정책

5개년계획이 발족한 것은 이상과 같은 정책에서, 돈 벌러 가는 노동력의 공급이 상당히 줄어든 시기였다. 더구나 5개년계획은 처음 노동력 대책을 거의 고려하고 있지 않았기 때문에, 그 실시에 따라 노동력의 부족은 한꺼번에 표면화되었다. 더욱이 북변진흥계획과 관특연의 노동력 수요도 중복되어, 이후 만주국은 만성적인 노동력 부족에 고민하게 된다. 이 점이 자금·물자·기술면에서의 곤란과 함께 5개년계획의 모순을 점점 확대시켜, 그것을 실패로 이끈 것이다.

1937년 이후 만주국은 화북노동자를 적극적으로 도입할 방침으로 바꿨었다. 노동행정도 관동군에서 정부의 손으로 옮겨져, 1938년 1월 국책 노동통제기관으로 만주노공협회가 설립되었다. 노공협회는 국내·국외의 노동자 모집·초치, 수송, 공급의 알선을 행하는 외에, 노동자의 등록·훈련, 노동시장의 경영 등과 같이, 그 사업은 폭넓게 만주국의 노동행정을 한 손으로 실시하는 것이었다.

이 가운데 노동자의 등록(노동표 발급)은 국가권력이 한 사람 한 사람의 노동자 신원을 파악한다는 점에서, 노동정책과 치안대책이 연결된 것이라고 말할 수 있다. 1939년부터는 경찰의 지문관리제도가 정비된 것과 병행하여, 노동자가 등록할 때 열 손가락 지문을 찍게 되었다. 호적제도가 없고, 노동자의 이동이 많은 동북에서는 강제적인 지문등록은 치안정책에 큰 공헌을 했다.

1938년 12월에는 국가총동원법의 일환으로 노동통제법이 공포되었다. 이 법률은 노동통제에 대하여 정부에게 대폭적인 권한을 주었다. 노동자의 고용이나 노동조건에 관한 규정은 기업 간의 협정에 위임하고 있는 것이 특징이다. 또 긴급을 요하는 공공사업에는 노공협회에서 성장에게 노동자의 모집알선을 신청할 수 있다. 그 경우 성장은 필요한 수의 노동자 모집을 관내의 각현(기시)에 할당한다. 따라서 모집이라고는 해도, 행정기관이 민중을 강제적으로 징발하는 길을 연 것이다.

1939년 4월, 노동통제법에 의한 「노동자 고입雇入 및 사용에 관한 전국협정」을 일정 수 이상의 노동자를 사용하고 있는 240여 기업이 맺었다. 협정의 주안은 노동력을 둘러싼 기업 간의 경쟁을 없애고, 노동자의 이동을 막는 것이다. 바꾸어 말하면 임금의 상승을 억제하고, 5개년계획을 위한 장기 고용안정을 실현하는 데 있었다. 이를 위해서는 유동적인 비숙련노동자의 공급을 본분으로 하는 파두제는 도리어 능률이 나빴다. 그래서 전국협정은 파두에 대한 감독책임을 기업이 지게하고, 또 임금도 원칙적으로 직접 노동자에게 지불하는 등, 파두제를 무너뜨리는 규정을 담고 있었다.

그러나 오랜 전통을 가진 파두제를 배제하는 것은 그리 간단한 일이 아니었다. 기업은 다수의 이민족 노동자를 관리할 능력이 없었고, 5개년계획 자체가 비숙련노동자에 대한 수요를 급증시키고 있었다. 기계화 등의 설비투자보다 싼 인력을 사용하는 것이 이익이 되는 광산이나 토건업을 중심으로 파두제의 필요는 오히려 늘어나고 있었다.

심각한 노동력 부족

5개년계획 시기에 화북노동자의 입국허가 수(계획)는 1938년 44만에서 1939년에 91만, 1940년에는 140만으로 해마다 급증했다. 이것이 곧 만주국 측에서 필요로 한 노동력 수요이다. 실제 입국자 수는 1938 ~ 1939년에는 허가 수를 상회했지만, 1940년의 경우 약 132만이라는 전에 없는 수이면서도, 허가 수 140만에 도달하지 못했다. 그리고 이 해를 피크로 입국자 수는 이후 줄어들기 시작한다. 이것은 이제 화북이 동북의 노동력 수요 증가에 응할 수 없게 된 것을 나타내고 있다.

화북에서 돈 벌러 나온 노동자 수가 이 시기에 한계에 달한 원인은, 화북 자체의 경제개발이 진행되자 노동력을 흡수하게 된 것이었다. 또 화북의 일본측 점령지 사이를 벗어나, 중국공산당 지도 하의 항일근거지나 변구迦區138가 넓어져, 만주국으로 이동하는 것을 막는 정책이 취해지기 시작한 것 등에 있었다. 그리고 변구가 타향에 돈 벌러 가는 노동을 낳는 종래의 사회관계를 개혁하는 한편, 일본 측의 경제봉쇄로 변구와 점령지와의 경제적 교류가 끊어진 것도 돈 벌러 나가는 노동자 수를 감소시키는 데 박차를 가했다. 더구나 5개년계획의 본격화에 북변진흥계획이나 관특연이 참가하여, 만주국 측에서는 점점 노동력 수요가 높았다.

만주국에서는 이 문제를 타개하기 위해 화북 측과 노동력의 배분을 조정하는 등 대책을 취하지만, 근본적인 해결은 되지 않았다. 그 결과 파두나 기업의 모집기관은 노동조건을 속이거나 민중을 무리하게 납치하여, 수단을 가리지 않고 노동력을 끌어 모으게 되었다.

더욱이 만주국의 노동력 문제로 곤란한 것은 노동력 공급의 불안정, 특히 기업 간의 노동력 이동률이 높은 것이었다. 이것은 반농적半農的 비숙련공을 간접 고용한다는 동북의 전통적인 노동사정에 기인하고 있고, 따라서 노동력 이동은 광산에서 특히 현저했다.

만철 푸순탄광에서는 1938년 4월부터 9월까지 1만 9,804명의 노동자를 고용했는데, 같은 기간에 1만 8,919명이 이직하고 있고, 이동률은 95.5%에 달한다.139 기업 간의 협정에도 불구하고, 각 기업의 노동력 쟁

---

138 역주_중국혁명의 제2차 국공합작기(1937~1945) 해방구의 정식명칭.

139 Meyers, Ramon H.;The Japanese Economic Development of Manchuria, 1932 to

탈이 심했던 것도 이러한 고율이동의 한 원인이었다. 더구나 파두제의 존재가 노동자를 빼돌리는 것을 용이하게 했다. 조금이라도 좋은 조건을 보여 파두마저 승낙시키면, 소속된 노동자를 그대로 손에 넣는 것이 가능하기 때문이다. 메이어스도 지적하고 있지만, 일찍이 베스트셀러가 된 고미가와 준뻬이五味川純平의 소설『인간의 조건』에는, 노동자를 다른 기업에 팔아 사복을 채우는 일본인 파두의 모습이 구체적으로 그려지고 있다.

노동자의 절대적 부족은 기업 간의 임금협정을 유명무실하게 하고, 명목임금의 상승을 가져왔다. 만철 푸순탄광의 경우, 상용부의 평균임금은 1937년의 1일 73전에서 1939년에는 1엔 2전이 되고 있다. 이 사이의 물가 상승률은 더욱 크기 때문에 실질임금은 내려가고 있지만, 여하튼 임금의 고등은 기업에게는 뼈아프고, 노동자의 귀향이나 송금에 의해 국외로 유출하는 통화도 무시할 수 없었다.

노동력의 화북 의존에 의한 통화유출은 이전부터 만주국에 큰 문제였다. 1940년에는 화북 측의 이 수취초과는 8,000만 엔을 넘었다(만주 중공업조사부). 이 때문에 만주국은 같은 해 6월 통화의 국외반출 한도액을 줄이고, 또 사업자가 모집비를 송금하는 것도 금했다. 7월에는 위체為替 관리법을 개정하여, 노동자가 고향에 보내는 송금도 현저하게 제한되었다. 그것이 또 화북농민에게 돈 벌러 가는 매력을 잃게 했다. 나아가 만주국을 훨씬 능가하는 화북의 악성 인플레이션, 특히 1939년 이후 물가

1945.(unpublished doctoral dissertation, Univ. of Washington, 1959:Xerox Univ. Micro. 60-867)

의 놀랄만한 등귀로 인해 돈을 벌어와 얼마간 현금을 얻어 보아도, 농민에게는 전혀 물거품이 되어 버린 것이다.

'노무신체제' 아래에서

5개년계획에 따른 노동정책은 각 방면에서 파탄하여, 특히 1940년에는 그것이 집중적으로 나타났다. 그래서 정부는 관특연 실시 중인 1941년 9월, 「노무신체제 확립요강」을 결정한다. 이제까지의 화북노동자에 대한 의존을 전면적으로 전환하고, 국내의 노동력 동원을 정책의 중점으로 하게 되었다. 노동통제와 노동력 징발의 강화, 협화의용봉공대를 발전시킨 '국민개노제(皆勞制)'의 추진, 근로의식의 고양을 노린 '노무흥국운동' 등이 그 골자이다. 기업의 자주적 통제를 주로 하고 있던 노공협회는 해산하고, 같은 해 11월 정부의 강력한 감독 아래 알선업무와 노무흥국운동을 행하는 만주노무흥국회가 설립되었다. 그 외의 노동행정 사무는 모두 정부의 손으로 옮겨졌다. 동시에 노동통제법도 근본적으로 개정되어, 정부권한의 확대, 노무흥국회의 역할, 파두제의 활용 등이 정해졌다.

이 '노무신체제' 아래에서 국내 노동력의 동원은 노동긴급취로규칙(1942년 2월 공포), 임금통제규칙(동 4월), 국민근로봉공법(동 10월), 학생근로봉공령(동 12월) 등으로 계속해서 구체화 되어 갔다. 노동자긴급취로규칙은 신노동통제법이 민생부 대신大臣에게 준 징용권한에 근거하여, 구 통제법의 긴급공공사업에 대한 할당 모집을 발전시킨 것이다. 대신의 인가를 받은 경우 기업은 성이나 현(기시)으로부터, 그 사업에 대해 노동자의 할당을 얻는 것이 가능하다. 성·현은 대신의 명령으로 이 공출에 응하지 않으면 안 되었던 것이다.

또 국민근로봉공법은 20~22세의 중국인 청년 중에 신체에 이상이 없고, 병역에 복무하지 않은 전원을 1년 이내의 기간 동안 징용하여, 국민근로봉공대로 편성해서 노동시킨다는 것이었다. 이 제도는 독일의 국민근로조직에서 힌트를 얻었고, '국가에 대해 명예봉공'(동법 제2조)한다는 점이 강조되었다. 국병법에 의한 징병제와 병행하여, 근로봉공제도는 만주국의 민중 총동원체제의 완성을 의미하고 있었다.

한편, 산업개발이 진행됨에 따라 기술공과 숙련공의 부족도 눈에 띠게 늘게 되고, 특히 공업 부문에서는 그 점이 노동력 문제의 중심이었다. 이에 대해서는 이미 1938년 12월, 학교 졸업자 사용제한령의 공포와 만주광공기술원협회의 설립이 있었고, 다음해 9월에는 직능등록령이 공포되어 점차로 통제가 진행되었다. 각 기업을 회원으로 하는 광공기술원협회는 일본의 여러 곳에 설립된 일만기술공양성소(나중 일만광공기술원양성소)의 수업자修業者를 공급함과 동시에, 1939년부터 만주 국내에서도 양성을 시작했다. 1941년 4월에는 기술공에 관한 통제법규로 광공기능자양성령이 나왔다.

기술공의 양성은 그동안 각 학교나 대기업에서 행하고 있었는데, 5개년계획에서 급증하는 수요를 도저히 따라잡기 어려웠다. 더구나 중국인 기술공·숙련공 수는 미미한 것으로, 거의 일본에서의 공급에 의지하고 있는 실정이었다. 기술공 대책이 어느 정도 이루어지게 되어도 그 부족

181

은 해소되지 못했다. 예를 들면 1939~1943년의 기술공 평균 공급률은 수요에 대해 25.8%에 지나지 않았다.[140]

그 근본 원인은 동북에서 중국인 기술공의 양성이 본격적으로 이루어지지 않은 것, 또 중일전쟁을 계기로 일본 국내에서도 기술공·숙련공이 부족했던 것이다. 즉 일본의 동북경영은 기술공을 오로지 일본인으로 충당하고, 중국인 비숙련공은 그 아래에서 단순노동에 종사한다는 취업구조를 오랫동안 취해왔다. 그것은 풍부하고 저렴한 식민지 비숙련공에 기생하여, 이것을 착취하면서 초과이윤을 얻는 구조였다. 중국인 노동자는 근대적 산업노동자로 전화하는 길이 막혀, 그것이 5개년계획기에 심각한 기술공 부족으로 되돌아온 것이다.

열악한 노동조건

동북의 근대산업이 노동력 면에서, 화북에서 돈 벌러 나온 자에게 의존해온 것은, 동북사회 전체의 노동력 형성을 늦어지게 한 것이다. 5개년계획기가 되어도 해마다 대량의 노동력을 화북에서 찾지 않으면 안 되었던 것은 이 때문이다. 따라서 노무신체제 하의 노동정책도 만주국 내에서 노동력을 만들어내는 것이 아니고, 단지 얼마나 민중을 동원하는가라는 문제로 좁혀져 온다. 이 시기 만주국의 노동력은 종래부터의 화북노동

---

140 滿洲鑛工技術員協會, 『만주광공연감(滿洲鑛工年鑑. 쇼와19년판(昭和19年版))』, 東亞文化圖書, 1944.

자와 국내에서 강제 동원된 민중을 기초로 하고 있었다. 그리고 해마다 후자의 비중이 높아지고 있었다. 예를 들면, 1945년도 노무동원계획에서는 합계 220만명 중, 긴급취로자 150만 명, 근로봉공대 35만 명, 기타 국내모집 25만 명에 대해, 화북노동자는 불과 10만 명이라고 되어 있다.

민중을 강제 동원할 뿐 아니라 여자나 청소년 동원, 노동시간의 연장, 노동조건의 인하 등, 노동력을 확대시키는 모든 수단이 취해졌다. 죄수, 부랑자, 중국전선의 포로 등도 적극적으로 노동력에 투입되었다. 예를 들면, 1941년 8월 허베이성(하북성) 석가장石家莊에 석문부로훈련소石門俘虜訓練所가 설치되어, 팔로군 병사나 항일유격대원 등 상시 2,000여 명 정도를 수용하고 있었다. 1942년 말까지 훈련을 마치고 강제노동에 보내진 포로 수는 9,300명에 달한다. 그 중 89% 이상이 푸순탄광을 비롯한 동북의 5개년계획 담당기업에 배속되고 있다.141 앞에서 말한 호두虎頭 요새의 건설에도 주로 중국군 포로가 사용되었고, 더구나 완성 후는 전원 살해당했다고 한다.142 『인간의 조건』이 생생하게 그리고 있듯이 기업은 포로를 무급의 노동력으로 함부로 부린 것이다.

노동자의 혹사, 학대는 포로에 한정된 것은 아니다. 취업구조나 노동조건 면에서 중국인에 대한 민족적 차별은 현저했다. 숙련 작업을 일본인 노동자가, 단순 작업을 중국인 노동자가 담당하여, 그것이 그대로 직계제職階制143가 되어 있었던 것은 민족차별을 고정화하려는 정책의 결과

---

141 前田一, 「특수노무자의 노무관리(特殊勞務者の勞務管理)」, 山海堂, 1943. 『十五年戰爭 重要文獻シリーズ12』, 不二出版, 1993.

142 岡崎哲夫, 『비록 북만영구요새(秘錄北滿永久要塞)』, サンデ-新書, 秋田書店, 1964.

였다. 탄광의 쇼벨 운전수나 제철소의 동력공·코크스공·고로공 등에 일본인의 비율이 높은 것은 특징적이다. 기계화된 공정이나 생산의 기간基幹부분은 일본인에게 맡기고 있었다고 할 수 있다.[144]

임금격차는 한층 확실하게 되어갔다. 공장노동자는 일본인의 임금을 100으로 할 때, 중국인은 29에 지나지 않는다.(1939년) 임금 상승률도 1936년을 100으로 하면, 일본인은 1939년에 162가 되었는데, 중국인은 156으로 격차는 벌어질 뿐이었다. 또 광산의 남자노동자도 일본인 100에 대해 조선인 39, 중국인 29(1939년)였다. 조선인은 그 임금상의 위치에서 일본인 기술공과 중국인 비숙련공의 중간으로 준準일본인 역할을 하고, 일본인을 정점으로 하는 직계제를 보강하고 있었던 것을 알 수 있다.

다음에는 노동력 부족이 초래한 청소년과 여자에의 의존 상황을 보자. 1941년에 푸순탄광에서 19세 이하의 청소년노동자는 전체의 9.3%인데, 보다 새로운 동변도 개발의 탄광은 12.7%로, 상당히 비율이 높다. 나아가 만주탄광계의 경우는 20세 이하가 17.9%에 이른다. 푸순(무순)의 경우에도 25~39세의 중견연령층 비율은 해마다 저하하는 한편, 24세 이하층이 증대하고 있다. 예를 들면 상용부常傭夫(파두제에서 간접 고용되고 있는 자) 중, 16~19세는 1935년에 전체의 1%였지만, 1939년에는 11.1%가 되었던 것이다.(만주중공업 조사부 제2과)

공장노동자의 경우도, 1940년 통계에서는 15세 이하가 9%, 16~20세

---

143 역주_직무의 내용과 책임의 정도에 따라 서열을 설정하는 제도를 말함.

144 吉植悟, 「만주노동문제의 기본적 특질(滿洲勞働問題の基本的特質)」, 『東辺道』2호, 東辺道開發會社, 1939.

가 28%이고, 20세 이하 청소년이 전체의 3분의 1 이상을 차지하고 있다. 이 중에 여자만으로는 15세 이하가 36%, 16~20세가 44%, 계 80%에 달한다.[145] 보통 여자노동자는 요업窯業·섬유·식품 등 경공업에 많았다고 이야기한다. 그러나 혼다 가츠이치本多勝一의 『중국여행』에는 1938년 1월 당시, 15세의 소녀 진·스윤이 이미 2년 경력을 가진 쇄석공砕石工으로 남만광업회사에 고용된 것을 나타내는 노동표勞働票 사진이 실려 있다. 더구나 이상의 연령은 모두 난 해를 한 살로 쳐서 세는 나이이므로, 얼마나 어린 노동력이 혹사당했는가를 알 수 있다.

현장에서의 호소

노동조건은 일반적으로 열악하고, 증산 강행에 따른 안전성 무시, 비인간적인 취급, 파두제의 중간착취 등은 가는 곳마다 보인다. 그 실태를 몇 가지 들어보자.

1939년 금주錦州성 부신阜新현 팔가자八家子 외 4촌에서, 비도조飛島組가 맡은 '북만중요공사'에 강제 징모된 노동자 212명 중, 3명은 사망(병사 2, 사고사 1), 16명은 도망하여, 귀향된 자는 193명이었다. 참가자의 한 사람은 소맥분과 백미가 배급되는 것은 좋은데 기숙사가 형편없어 추위 때문에 잠을 잘 수 없다. 또 작업 중, "무엇 때문에 욕을 먹고, 무엇 때문에

---

145 Meyers 앞의 논문

매를 맞는지 알 수 없는 것이 있습니다만, 거기에는 난처해졌습니다. - 일의 성질을 잘 이해하지 못하는 것을 생각해 분개한 적도 있습니다"라고 말하고 있다.146

또 동성 창무彰武현 상둔賞屯촌의 예에서는 1941년에 강제 동원된 135명 중, 병 28명, 도망 9명, 사고 3명, 부상 2명, 사망 1명, 계 43명(31.9%)의 낙오자를 냈다.147

지린성 장춘현 1943년도의 근로봉공대의 경우는, 716명 중 반수를 넘는 383명이 무슨 병에 걸려서 51명이 제대한 외에, 10명이 병 때문에 도망했다.148

북변진흥계획의 거점, 동안성의 어느 파두 이야기(1940년 6월)에는, 특히 현장에서 의류가 부족하여, "지하에 버선은 전혀 들어오지 않으므로 대개 맨발이다. 이것 때문에 최근 발 부상자가 매우 많은 모양입니다"라고 한다.149

리허성(열하성) 풍영豐寧현에서 모 탄광의 간사(파두제의 폐해를 막기 위해, 노동자 가운데에서 고른 대표)는 향리로부터 4회에 걸쳐 148명을 데리고 왔지만, 50명 이상이 도망했다(1940년 1월 이야기). 남은 자에게 도망

---

146 「북만 출가공인 좌담회(北滿出稼工人座談會)」,『勞工協會報』3권 3호, 1940.

147 日戸春木,「금주성 창무현 상둔촌에서 노무공출의 실상(錦州省彰武縣賞屯村に於ける勞務供出の實狀)」,『滿洲評論』22권, 14호, 1942.

148 寺田隆良,「근봉제도의 전시적 의의와 대운영에 대하여(勤奉制度の戰時的意義と隊運營について)」,『滿洲評論』26권 11-14호, 1944.

149 「동안성에서 당면의 노공문제에 대하여(東安省における當面の勞工問題について)」,『勞工協會報』3권 7호, 1940.

가고 싶은 생각이 있는가라고 질문하면, 대우가 좋으면 도망가지 않는다고 답하여 몰래 학대를 호소하고 있다. 또 하루의 임금은 74전, 그 20일분이 14엔 86전이 되는데 밥값, 사택비, 미수금 등 합계 8엔 51전이 공제된다. 더욱이 파두에게 가불금분으로 6엔을 공제 당해, 실지 수령액은 35전에 지나지 않았다. 다음의 20일분도, 16엔 44전에서 8엔 51전이 공제되고, 파두도 가불금 2엔 외에 5엔 90전이라는 의미 불명의 공제를 하여, 실수령액은 불과 3전이었다고 한다.

파두 중에는 들어가게 할(광산 등에서 노동자를 갱내로 출근시키는 것) 때 미경험자를 끼워 넣고, 전표에는 경험자를 넣은 것으로 하여 임금의 차액을 착복하는 자도 있었다. 미경험자가 갱내에 들어가는 것을 주저하면, "바로 '만주야로滿洲野郎'라고 욕을 먹고 샤벨의 몽둥이로 맞습니다." 미경험자가 숙련을 요하는 광차鑛車작업을 명받았기 때문에, "내가 데리고 온 고력(중국인 비숙련노동자의 일) 중 완츠지안과 호·윤우엔이 다리의 모지 하나를 다치고, 쳰·구완다이의 손이 광차에 들어갔습니다. —완·후라이는 팔을, 류·유민은 신체가 광차에 들어갔습니다. 이것은 전부 가고 싶지 않은 것을 무리하게 했기 때문에 일어난 재해입니다", 더구나 이러한 파두제의 부당함을 기업의 노무담당자에게 호소하면, 파두에게 "얼마를 공제당하고 또 얼마나 학대를 받았는지" 알 수 없고, "정말로 지옥 생활로 먹는데도 입는데도 부족하고, 또 1전도 남는 것이 없었습니다"라고 한다.[150] 일본 제국주의는 이렇게 같은 민족을 착취·학대하는

---

150 「탄광노무자 도망원인에 대한 좌담회(炭礦勞務者逃亡原因に就いての座談會)」, 『勞工協會報』3권 5호, 1940.

파두에 의존하여, 파두제를 확대하면서 동북 개발을 추진한 것이다.

이상의 예에서도 알 수 있는 것처럼 강제노동은 매우 많은 사상자를 냈다. 앞에 말한 『중국여행』은 민중의 생생한 체험담을 풍부하게 소개하고 있다. 그것에 따르면 노동자가 사망하는 경우, 대부분은 사업소에 가까운 특정 장소에 유체가 버려졌지만, 그중에는 중병·중상자조차, 이 만인갱萬人坑151에 방치되었다. 대석교大石橋의 3가지 만인갱 중, 하나는 현재 백골을 그대로 공개하고 있는데, 그곳에만도 1만 7,000구의 유체가 있다고 추정된다고 한다.

일본 측의 문헌에도 다음과 같은 호소가 보이는 것은 유체 투기가 보통으로 이루어지고 있던 것을 뒷받침하는 것이라고 할 수 있다. "사망자의 처치에 대해서는, 종래의 관례에 따르면 특별히 고려하는 바가 적었던 것이다. —그러나 노동자의 인격을 인정하는 이상, 비록 그것이 업무상의 사망이라도, 그렇지 않은 경우라도, 정중하게 그것을 매장하고 묘표를 건립하여, 유족의 요구에 따라 유골, 유발의 송부 정도는 고용자가 부담해야 한다. —설령 정부가 목이 쉬도록 왕도정치를 부르짖고 협화회가 전력을 다해 낙토 건설에 노력해도, 비록 하나라도 사체를 들판에 버리고 조수鳥獸의 밥에 맡겨서 왕도낙토가 어디에 있을 것인가. 도의 국가가 어디에 있는가. 간절히 고용자의 선처를 희망하는 바이다."152

---

151 역주_많은 유체가 묻힌 구덩이를 말하는데, 중일전쟁 후기 중국 동북 지방에서 일본의 탄광 등에 징용된 중국인이 혹사당해 사망자가 속출하자 그 유체를 묻었다.

152 保坂英雄, 「만주에서 토건노동자의 감리에 대하여(滿洲に於ける土建勞動者の監理について)」, 『勞工協會報』3권3호, 1940.

III

배달되지 않는
편지
─만주국의 농업정책

종래의 증산 기술대책으로 여러 가지 내걸어 온 이런 방법, 저런 방법이 의외로 농민
사이에 보급 침투되고 있지 않는 것이 심각하게 비판되기 시작했다. 어떤 사람은
이러한 일종의 정책 공전空轉을 배달부가 없는 우편이라고도 했다. 중앙의 시책,
계획은 성을 통해서 현까지는 도달하지만, 현성縣城과 농민을 연결하는 배달부가 없기
때문에 우편은 현성에 머물러버린다는 것이다.
─요코야마 도시오橫山敏男, 『만주국 농업정책』(1943)

1

동북의 농업과 농민

농촌의 사회구성

1930년의 동북인구는 약 2,957만 5,000명이었고, 그 중 2,654만 4,000명(89.8%)은 농촌인구였다.[153] 같은 해 일본의 농가호수는 약 46%이므로, 동북이 틀림없이 농업국이었음을 알 수 있다. 농촌인구의 비율은 해마다 줄어가지만, 1938년에는 유직인구의 76.5%, 1940년에도 73.6%가여전히 농림업에 속하고 있었다.[154] 농가는 보통 가족 수가 많으므로 인구로는 역시 80%를 넘을 것이다. 즉 동북의 민중은 거의 농민이었다고

---

153 天野元之助,『만주경제의 발달(滿洲經濟の發達)』, 1932.

154 Meyers, Ramon H.;The Japanese Economic Development of Manchuria, 1932 to 1945.(unpublished doctoral dissertation, Univ. of Washington, 1959:Xerox Univ. Micro. 60-867)

생각해도 좋다.

경지면적에서 농가의 계층을 보면 동북 남부, 대개 철령 이남 지방에서는 일본식으로 말해 1~3정보(1정보는 대략 1헥타르)의 농가가 많고, 다음 1정보 이하가 그것을 잇고, 6정보 이상은 매우 적다. 북부, 즉 중동철도에서 북쪽의 지방에는 1~3정보 정도의 농가도 적지 않지만, 그 이상으로 7단反155 이하부터 경지가 없는 계층의 비율이 높다.

여기서 주의할 것은 당시 1~3정보라고 하면, 일본에서는 중견 이상의 자작농이지만, 단위면적당의 생산량이 낮은 동북의 경우, 이 정도로는 영세농이라는 점이다. 동북에서는 영세농이 많고, 북부일수록 그것이 심한 것을 알 수 있다.

또 북부에서는 경지의 배분에 큰 불균형이 보여, 영세농의 대극에 수백정보를 경영하는 농가가 존재한다. 이러한 대경영에는 지주도 포함되어 있지만, 어느 조사에서는 북부의 50~100상(晌. 지방에 따라 달라, 약 60~70아르) 농가의 경지 중 소작을 하고 있는 것은 43.3%라고 한다.156 그러면 남는 50% 이상은 대규모 자작경영이다. 이 자작 대농경영이 동북의 북부농업의 현저한 특색이었던 것이다.

수십~수백정보의 대농경영은 당연히 자가 노동력만으로 부족하다. 그 때문에 대농가는 1상 이하와 같은 극영세농과, 전혀 경지를 가지지 않은 농민을 고용했다. 북부의 농촌에는 소작농과 병행하여 널리 고용농雇農층이 존재하고, 대농경영의 기반이 되었다. 또 대농가와 고용농은 북부

---

155 역주_단은 논밭이나 산림의 면적 단위. 1反은 300步, 1町의 10분의 1(약 10아르)이다.
156 『만주경제연보·쇼와14년판』

만큼 전형적은 아니라도, 남부의 농촌에서도 보인다. 그리고 중부(철령 이북, 중동철도 이남)는 북부와 남부의 중간적인 형태를 나타내고, 대농경 영도 상당히 발달하고 있다. 고용농을 사용한 자작 대농경영은, 동북의 농업경제 전체의 특색이라고 생각해도 좋다.

동북의 농업은 청조의 중기 이후, 한민족의 이주와 함께 급속하게 추진되었다. 그중에서도 북부가 개척된 것은 비교적 새로운 시기였다. 개척 초기에는 대면적을 점유하는 것이 비교적 용이하고, 또 자연조건에서도 상당히 넓은 경지가 없으면 경영은 곤란했다. 그 때문에 소작농조차, 전업농가에서는 상당한 대경영이 보인 것이다.

이러한 대경영을 충당하기 위해, 특히 북부의 농가에는 대가족제도가 발달했다. 그 후도 화북과 동북 남부에서의 인구 유입은 계속되어, 이제는 경지를 가지지 않은 유민층이 형성되고 있었다. 이것이 노동력의 공급원이 되어, 대농경영은 점점 발달했다. 따라서 대농경영의 사회적인 중심에는 대가족제도를 유지하는 봉건적인 가부장제가 존재하고 있다. 노동력을 고용하기 때문이라고 말해도, 바로 자본주의적 농업경영이라고는 말할 수 없었다. 야마다 모리타로山田盛太郎는 이 점에 대해, 특히 여러 세대를 포함하는 대가족제도가 강하게 존재하여, 호戶로 분해가 진행되지 않은 것을 지적하고 있다.[157]

북부의 경우 경지를 가지지 않은 농민은 23.9%에 이르고 있는데, 소작농을 포함하는 극영세농 가운데도 고용농을 겸하는 자가 적지 않으므로,

---

157 「북만의 대농경영에 대하여(北滿の大農經營に就て)」

농촌인구의 30~40%가 고용농이었다고 생각해도 좋다. 고용농의 고용기간에는 주로 연 단위年工와 일 단위日工가 있었다. 대농가는 항상 여러 명의 연공을 고용해두고, 농번기에 일공을 넣어 보충하는 것이 보통이다. 임금은 현금 지불이 많지만, 곡물과 토지의 경작권으로 지불하는 것도 있다. 연공은 계약기간 중 고용주의 집에서 살고, 식사를 제공받아 농경 이외의 잡용에도 종사하고 있었다.

고용농은 직능에서 기술적으로 뛰어나, 지휘능력이 있는 타두적打頭的, 가축을 제어하는 노판자老板子, 일반의 고용농 근주적跟做的 등으로 나뉘고, 이것이 작업내용에 따라 편성되었다. 이 외에 취사부, 야경, 가축 사육 등의 직능도 있었다. 어느 것이나 계약기간 동안은 건강이 유지되는 한 최대한으로 일할 것을 요구했다. 또 식료나 현금의 가불이 고용주에 대한 부채가 되어, 어쩔 수 없이 고용관계를 계속하는 일이 많았다. 따라서 고용농은 신분적인 예속에 강하게 묶여있고, 근대적인 농업노동자와 본질적으로 다른 것이었다.

한편 지주적인 경영도 적지 않았고, 일반적으로 남부에서는 그러한 경향이 강했다. 지주는 대농을 겸하는 자도 있지만 순지주도 있어, 후자는 부재지주로서 현성縣城 등에 살고 있는 경우가 많았다. 소작료는 거의 물건으로 받고, 수확의 65%나 된다. 그 외에 가례苛例로 불리는 많은 부담이 부과되고 있었다. 소작농의 경우도 지주에 대한 신분적 예속은 매우 강한 것이다.

리안찬糧棧의 농민지배

동북의 농업은 전통적으로 자급자족성이 강했는데, 그 반면에는 특산물의 대두大豆가 세계상품이 되는 것과 병행하여, 상품경제가 어느 정도 발전하고 있었다. 고용농의 임금이 현금으로 지불되는 것이 많았던 것은 그 결과이다. 개척이 진행됨에 따라 상인도 오지에 들어가, 지방적인 유통이나 금융, 그리고 농촌공업 등도 영위하게 되었다. 대두의 상품화는 중국본토의 상업자본도 동북에 불러들이고, 영구營口를 중심으로 동북의 특산물시장이 발전했다. 러일전쟁 후 일본을 선두로 하는 외국자본이 진출하여 특산물의 수출을 잡으면, 동북의 민족자본은 이에 종속되어 매판화해갔다. 제1차 대전 후 동북군벌이 대두하여, 관립은행과 그것이 경영하는 대 리안찬大糧棧이 동북 내부에서 특산물의 수매나 거래를 독점하게 된 것은 앞에서 말한 대로이다.

리안찬은 농촌을 기반으로 발전한 동북의 대표적인 상업자본이었다. 농민에게 곡물을 사들여 생활필수품을 판매하는 외, 고리대, 유방油房(대두착유搾油), 마방磨坊(제분) 등의 농촌공업에도 투자하는 것이 많았다. 곡물매입 시의 저울 사기, 선불에 의한 입도선매 등으로 농민에게 불리한 거래를 밀어붙여 일용잡화의 외상매출이나 고리대로 농민을 금융적으로 묶으면서, 리안찬은 강인한 자본축적을 이루어갔다. 지방의 중소 리안찬 위에는 본토자본과 군벌자본의 대 리안찬이 있어, 특산물·잡화의 유통기구를 잡고 지방의 리안찬을 지배했다.

군벌지배 하의 동북의 농촌사회에서는 촌락의 지주·대농층과 현성 등 지방도시의 상인층이 봉건적 중간층으로, 직접 생산자인 중농 이하의 농민 위에 군림하고 있었다. 더구나 부재지주가 많게 되는 데 따라, 지주가 상인과 지방 관리를 겸하게 되고, 그들의 농촌지배와 농민 착취는 강하게 되어 갔다. 이른바 토호열신土豪劣紳158이 그것이다. 군벌지배의 계급적 기반은 농촌의 이러한 사회구성에 있었다고 말할 수 있다.

작물과 농법

동북의 농촌에는 어떤 농업이 이루어지고 있었을까. 먼저 작물의 종류인데, 주요한 것을 들면 다음과 같다.

(1) 대두 : 식료보다도 유료油料작물로, 상품화율이 높은 동북의 대표적인 수출품. 대두유는 식용유와 유지공업의 원료로서 용도가 넓다. 기름을 짜고 난 뒤의 콩깻묵豆粕은 뛰어난 사료·비료가 된다. 중국본토, 일본, 유럽(특히 영·독)에 수출되었다. 중부에서 북부에 걸쳐, 특히 지린·빈강浜江·용강성龍江省을 중심으로 널리 만들어지고 있었다.

(2) 곡물 : 대표적인 주식으로 수수와 조가 있다. 거의 동북 내에서 소비되는데, 일부는 수출도 했다. 중일전쟁기에는 일본의 식량이 부족해서 조선미가 대량으로 일본에 이입되어, 그 때문에 동북에서 조선으

---

158 역주_중국에서 관료나 군벌과 결탁해서 농민을 착취한 대지주·자산가의 멸칭.

로 조 수출도 늘었다. 본래 미식민족米食民族인 조선의 농민은 조를 대용식으로 하여, 일본을 위해 쌀을 지은 것이 된다. 수수의 재배는 동북의 남부에 많고, 이것보다 추위에 강한 조는 북부에 많았다. 또 남부, 특히 안동성에서는 옥수수를 주식으로 하는 것이 보통이었다. 이것에 비교하면 소맥이나 쌀은 고급식품으로 작부도 많아졌지만, 북부에는 소맥을 상당히 짓고 있었다.

(3) 특용작물 : 지역적으로 한정되어 생산량도 적지만, 들깨·아주까리·면화·해바라기·아마·대마·양마·사탕무·양귀비 등이 있다.

전체적으로 자급작물이 많은 가운데, 상품화율이 높은 대두와 소맥이 중부 이북, 특히 북부에 치우쳐 있는 것은 동북농업에서 차지하는 북부의 중요성을 말해준다. 그래서 북부의 고용농을 사용한 대농가를 중심으로 그 농업경영의 일단을 보기로 하자.

대농경영에는 많은 노동력을 필요로 하는데, 단위면적당 노동집약성은 일본보다 낮고, 시비施肥, 농구農具, 가축 등의 자본투하에서 보더라도 상당히 조방粗放159적이다. 비료는 흙과 가축의 분뇨를 섞어서 퇴적한 토분이 주로 사용되는데, 비효肥效(비료가 작물에 미치는 효과―옮긴이)가 부족했다. 그 결점을 대두의 질소고정窒素固定160 움직임을 이용한 돌려짓기輪作와 제초를 정점으로 하는 집약노동으로 보충하면서, 기본적으로는 비료를 적게 쓰는 약탈농법161이 추진되어 온 것이다. 따라서 단위면적

---

159 역주_일정한 경지에 노력이나 자본을 그다지 들이지 않고 작물을 만드는 방법을 말함.
160 역주_공기 속의 질소를 원료로 하여 질소화합물을 만드는 일.

당의 수량은 해마다 감소하고, 특히 1930년대에는 그 감소가 확실해진다.

그것은 오랜 약탈농법으로 지력이 감퇴한 것에 더하여, 나중에 말하는 것처럼 농업공황과 수해·흉작으로 농촌이 피폐했기 때문이기도 했다. 또 대농경영 가운데 잠재하는 매우 가혹한 노동조건이 생산력의 발전을 전반적으로 막고 있었던 것도 놓칠 수 없다. 북부의 전형적인 대농가를 시찰한 야마다山田盛太郎는 "연공年工도 과로에 지쳐, 여가가 있으면 죽은 것처럼 자기만하는 상태입니다. 가족 중의 노동원조차도 노동의 가혹함이 매우 질곡이 되어 있어, 이러한 대가족제도의 가혹함은 우리들이 상상도 할 수 없는 질식성을 가지고 있습니다"라고 말하고 있다.[162]

농사작업의 순서

이러한 조건 가운데 북부의 농사작업은 보통 다음과 같은 순서로 이루어진다.

(1) 시비 : 전년에 쌓아 두었던 토분을, 양력 2~3월경 하차로 밭에 날라 뿌린다. 1상晌당의 노동력은 연 6명, 말 6두를 필요로 한다.

---

161 역주_땅에 거름을 주거나 하지 않고 地力에만 의존하여 농작물을 경작하는 원시적인 농업방법.

162 「북만의 대농경영에 대하여(北滿の大農經營に就て)」

(2) 정지整地 : 전년의 작물 그루터기를 제거한다. 수수나 옥수수의 그루터기는 이미 연료로 사용하고 있는 것도 많지만, 이것들은 그루가 특히 견고하므로, 1상에 2명과 말 3두를 요한다.

(3) 경기耕起와 파종 : 여러 마리의 말이 끄는 쟁기로 묵은 밭이랑을 일구어, 바로 뒤부터 종자를 뿌리고, 계속해서 땅을 덮는 식으로 일련의 작업을 마친다. 쟁기 대신에 썰매 같은 나무의 틀에 칼을 붙인 작조구作条具163를 사용하는 것도 있다. 품은 토양이나 작물에 따라 다르지만, 두필이 끄는 작조구를 사용하여 뿌리자마자 흙을 덮으면, 1상당 4명으로 반나절 걸린다고 한다. 가축을 가지고 있지 않은 소농은 대농에게 빌려 밭만 갈아두고, 파종은 나중에 인력으로 하는 것이 보통이다.

(4) 제초 : 중요한 작업이지만 축력을 이용하지 않고, 오로지 인력으로 행한다. 그 때문에 매우 많은 노동력을 필요로 하고, 생산성 향상의 애로가 되고 있다. 긴 자루를 가진 서두鋤頭라는 고무래로 잡초를 뽑아간다. 하루 일하면 길이 3킬로 정도가 되는 밭이랑의 풀을 뽑는다고 한다. 1상으로 하면, 소맥에 3~4명, 대두에 5~6명, 수수면 7~8명이나 필요하다. 이것을 연 3회, 적어도 2회는 반복한다.

(5) 중경中耕 : 제초 때마다 그 2~3일 후에 행한다. 2인 3두, 작은 쟁기 1대로 반나절 품이다.

(6) 수확과 수납 : 수확은 제초와 같다. 낫을 가지고 인력으로만 행한다.

---

163 역주_씨를 뿌리기 위해서 평행으로 판 얕은 고랑에 사용하는 도구.

각 작물 모두 1상당 3~4명. 밭에서 건조하고 나서 하차로 집의 안과 밖에 있는 탈곡장에 운반한다. 여기에는 2인 6두, 하차 1대로 약 반나절이 걸린다.

(7) 탈곡 · 조정 : 곡물을 땅 위에 펼치고, 가축이 그 위에서 돌 롤러를 끌게 한다. 단지 가축이 밟게 하거나, 인력으로 두드리는 일도 있다. 그 후 바람으로 곡식알을 골라낸다. 6인 6두, 롤러 6대로 4분의 1~6분의 1일.[164]

노동시간은 매우 길다. 어느 마을의 고용농 생활을 조사한 예로는 보통이라도 하루 10~15시간, 제초나 수확의 농번기에는 16~18시간 일한다. 이 때문에 과로로 병이 나는 농민이 많고, 또 "과격한 노동은 영양분의 섭취부족과 함께 농민의 노쇠를 빠르게 하여 수명을 단축시키고,－50세가 되면 야외의 경작노동이 불가능하게 된다."[165]

과격한 노동과 낮은 생활수준은 고용농만이 아니라 중농 이하에도 많든 적든 같았다. 대농의 생활수준조차 정도의 차이는 있어, 결코 높다고만 말할 수 없다. 일상의 "메뉴가 단조로운 것은 놀라울 뿐"[166]이고, "일반 둔민은 영양상태가 매우 빈약하여, 언뜻 보기에 영양불량의 남녀노약자가 매우 많다. 즉 남녀 모두 허약체질이 대다수를 차지하고, 근육이 울퉁불퉁하게 정말이지 건강하게 보이는 자가 거의 없다"[167]는 것이었다.

---

164 石田精一, 『북만에서의 고농 연구(北滿に於ける雇農の硏究)』, 博文館, 1942.
165 『만주농업경제론』
166 『만주국농업정책』

공황 · 전쟁 · 재해

1929년에 시작된 세계공황은 동북의 농촌사회에 매우 큰 타격을 주었
다. 대두의 수출을 통해 세계시장에 직결되는 한편, 이제까지 말해온 것
같은 봉건적인 사회구조나 약탈농법을 특색으로 하는 동북의 농촌은 공
황에 대한 저항력이 특히 약했던 것이다.

대두의 주요 수출지인 독일, 일본, 중국본토에는 공황의 영향으로 대
두의 수요가 모두 떨어지고 있었다. 대독수출의 경우 1930년에 감퇴한
뒤, 다음해에는 수출량이 회복되고 있지만, 가격은 도리어 급락했다. 독
일의 식품 · 화학공업계는 당시는 격렬한 경쟁을 맞이하고 있었고, 공황
을 벗어나기 위해서는 원료대를 조금이라도 낮추어, 제품가격의 상승을
억제하는 것이 지상명령이 되어 있었다. 본래 대두는 경유鯨油 · 낙화생유
등 다른 유지원료와 겨루면서 시장을 열어온 만큼, 값을 깎아 살 여지가
있었다. 이 때문에 대두가격은 세계적인 유지油脂의 수급에 좌우되어, 항
상 불안정했던 것이다. 생산지에서의 가격은 세계시장의 움직임으로 결
정된 액수에서 유통경비를 뺀 것이다. 경비의 대부분을 차지하는 운임은
만철을 비롯하여 외국자본으로 비교적 높게 정해져 있었고, 그만큼 농민
의 수입을 압박하고 있었다.

한편, 일본시장에서는 농촌공황과 화학비료의 보급으로, 비료로서의
콩깻묵豆粕의 수요가 감퇴하고 있었다. 1931년에 121만 8,000톤이었던

167 『만주농촌잡화』

콩깻묵의 대일수출고는, 다음 1932년에 97만 1,000톤이 되고, 1933년에는 72만 1,000톤까지 떨어지고 있다. 또 중국본토에의 이출도 공황으로 인한 농촌구매력의 감소에 더하여, 특히 1933년 이후는 만주국에 대한 중국 측의 보이콧 운동과 고율관세의 영향으로 격감했다. 예를 들면, 상하이 방면의 대두 이출고를 보면, 1929년의 16만 1,000톤이 1930년에는 14만 톤으로 줄고 있다. 그 후 1931년에 33만 8,000톤으로 급증했지만, 1933년은 보이콧으로 불과 3만 3,000톤으로 뚝 떨어지고 있다.[168] 1931~1933년의 동북의 수이輸移출고의 전체적인 저락 가운데, 이 중국 본토시장의 상실분은, 대략 60%에 해당한다고 말해지고 있다.[169]

이러한 것에서 대두와 거기에 연동하는 수수·조 가격은, 해마다 저하했다. 이 시기에는 은가銀價도 동시에 저락하고 있으므로, 실질적인 하락률은 1929년을 100으로 한 경우, 1933년에는 대두 40, 수수 32, 조 31이라는 논자도 있어[170], 그 심각함을 추정할 수 있다. 이것을 반영하여 1930년 3월 이래, 선양(심양)에는 도산하여 문을 닫는 상점이 840여 채가 된다. 1931년 5월 당시 다롄(대련)의 유방油房 70채 가운데, 조업하고 있는 것은 불과 7~8채에 지나지 않았다.[171]

거기에 만주사변의 전란과 수해·흉작이 추격했다. 직접적인 전재戰災나 중·일 양군의 징발 실태는 알 수 없지만, 전장이 된 지대는 농촌에 큰

168 『만주개발40년사(상)』
169 Dockson, Robert R.:A Study of Japanese Economic Influence in Manchuria, 1931-1941.(unpublished doctoral dissertation, Univ. of Southern california, 1946)
170 鈴木小兵衛, 『만주의 농업기구(滿洲の農業機構)』, 白揚社, 1935, 증보5판, 1937.
171 「동삼성의 농업공황과 농민(東三省の農業恐慌と農民)」, 『滿鐵調査月報』12권 4호, 1932.

피해를 미쳤음에 틀림없다. 유통기구의 혼란, 농민의 난민화 등 간접적 피해도 포함하면, 그 타격은 한층 커진다.

1932년은 북부 일대에 기록적인 호우가 계속되었다. 하얼빈의 7월 우량은, 과거 10년간의 평균 4배 정도에 달하고, 8월에는 송화강의 제방이 붕괴되었다. 이 때문에 이 강의 하류 지방은 지린, 헤이룽장 양성의 13현 합계 670만 정보에 걸쳐 농작물의 피해가 나왔다.

더욱이 1934년에도 수해와 흉작이 습격했는데, 특히 동부에서는 흉작의 타격이 컸다. 같은 해의 작황 예상은 평년의 약 5할에 그치고, 그해 겨울, 동부 농촌지대는 심한 곤궁을 당했다. 신문은 안동성의 어느 마을에 대하여, "이미 초근, 목피 등을 먹어치우고, 지금은 기르던 개를 죽여서 먹고, 혹은 자녀를 팔아 기아에서 도망하려는 자가 속출하는 형편이다. 15, 6세의 자녀 1명에 25엔, 적령기의 딸은 7, 80엔부터 백 엔으로 연달아 팔려간다"고 보도하고 있다.

또 이 시기에는 전술한 집가集家공작이 강력하게 추진되었고, 이것이 경지의 상실과 축소를 가져와 농민의 빈궁을 배가시켰다.[172] 1935년 당시 생활 곤란자, 결식자 등의 궁민 수는 〈표8〉처럼, 펑톈성(봉천성)을 필두로 6성에만 약 377만 명이라고 말해졌다. 즉 전 인구의 1할 이상이 찢어지게 가난한 생활에 빠져있었던 것이다.

---

[172] 『만주경제연보·1935년 판』

표8 · 각성의 곤궁자 수   (인)

	곤궁자 수	대 인구비
펑톈성(봉천성)	1,177,482	13%
안동성	599,922	21
간도성	230,257	41
지린성	900,000	20
빈강성	500,000	12
리허성(열하성)	361,148	14
합계	3,768,809	

* 大村, 「만주농촌의 '궁민' 수에 대하여(2)」, 『국제평론』5-3, 1936년 2월, 174면에
서 작성.

2
만주국의 농업정책

초기의 농정

만주국이 성립한 것은 동북의 농촌이 공황과 전란으로 그 피폐를 깊게 하고 있는 때였다. 그러나 당면은 치안의 확립이 무엇보다도 우선되어, 만주국 재정지출의 대부분은 그것에 사용되고, 농촌 구제는 거의 돌아볼 수 없게 되었다.

확실히 1932년의 북부 수해에는 일단 구제의 손길이 미치고, 또 1933~1934년도에는 춘경자금의 긴급대부도 이루어지고 있었다. 1934년의 흉작에는 정부가 곡물을 사서 극빈자에게 대부하는 한편, 곡물이 부족한 현에 곡물가격 조절제도도 만들었다.

춘경대부는 두 해 모두 1,300만~1,400만 엔에 달했다. 막대한 곤궁자의 수에 비하면 달군 돌에 물과 같으며, 정부의 곡물 매입자금도 불충분했다. 더구나 대부금과 곡물 배분은 지방의 유력자를 통해 이루어졌기 때문에 실제의 곤궁자에게는 건네지지 않았다. 도리어 지주·상인층의 고리대 자금이 되어, 하층농민을 고통스럽게 하는 것이 드문 일이 아니었다.[173]

1933년 3월의 「만주국경제건설강요」는, "우리 국민경제는 농업을 그 근간으로 한다"고 말하고 있다. 그러나 5개년계획에서 농업면의 구체적인 증산이 계획되기까지 만주국에는 본격적인 농업정책은 없었다고 해도 좋다. 그 가운데 재정부 금융사가 행한 금융합작사의 설립은 유일한 조직적인 정책이었다.

금융합작사는 앞에서 말한 춘경자금의 대부를 계승하는 것으로, 조선의 금융조합을 본떠 1934년 9월에 법제화되었다. 합작사는 현·기·시를 단위로 설치되어, 출자자인 사원(촌락에서는 농민, 도시에서는 상공업자)에 대해 융자를 행한다. 그 점에서는 사적인 협동조합이지만, 중앙기관의 금융합작사연합회가 강한 지도성을 가진다. 연합회의 이사장은 감독관청인 재정부 금융사장이 겸임한다는 방식으로 관제조합의 색채가 짙었다. 합작사의 조직은 급속하게 발전하여, 1939년 8월에는 134사(사원 145만여 명), 대부고 약 12억 2,000만 엔에 달하는 대 금융기관으로 성장했다.[174]

그러나 출자력이 있는 자만을 사원으로 하고, 또 담보를 설정해서 거액대부를 행하는 방침을 취한 것은 합작사가 지주·대농·상인층 등 지

173 『만주경제연보·1935년 판』
174 『금융합작사7년사』

방 유력자를 위한 금융기관이라는 것을 나타내고 있었다. 따라서 합작사의 대부금은 산업자금으로 투자되기보다는 오히려 고리대자금으로 바뀌는 것이 많고, 하층농민의 부담을 강하게 하는 결과가 되었다. 이 점은 합작사 당국도 어느 정도 반성하여, 1936년부터 연대보증으로 무담보의 소액대부가 시작되었다. 다만 그것도 신용이 있는 보증인, 즉 지주나 대농의 동의가 없으면 빌릴 수 없는 것이므로, 하층농민의 신분적 예속을 전제로 한 것이다. 또 회수 제일주의 방침으로 대부조건도 매우 엄격하여, 결국 하층농민의 이해와는 동떨어진 것이다. 이 때문에 "명칭은 합작사임에도 불구하고, 그 본질에서 은행이라 부르는 것이 가장 적당하다"는 것이다.[175]

5개년계획과 농업

만주산업개발 5개년계획의 초안은 군수특용작물의 증산에 주안을 두었고, 식료작물에서 다소 증산이 계획된 것은 일본인의 주식인 쌀과, 중국인에게는 고급식품인 소맥뿐이었다. 더구나 증산의 수단은 농사개량으로 단보 당 수확량의 증가가 주된 것이고, 특용작물을 늘리기 위해 식료작물의 작부면적은 도리어 줄어들게 되었다. 이렇게 농민에게 특용작물의 작부가 강제되었지만 대부분의 자본과 노동력을 필요로 했다. 매상

---

175 佐藤大四郎, 『만주의 농촌협동조합운동의 건설(滿洲における農村協同組合運動の建設)』, 滿洲評論社, 1938, 복각, 龍溪書舍, 1980.

가격이 싼 특용작물로 전환하는 것은 이제까지의 전통적인 돌려짓기輪作 체계를 허무는 등, 영농을 크게 혼란시켰다.

이 실패와 중일전쟁 개시에 따른 정세의 변화로 5개년계획의 농업 부문은 수정계획으로 크게 변경되었다. 즉 수출품인 대두와 민생안정을 위한 주식 곡물류의 증산에 주안이 두어져, 특용작물의 비중은 지금까지보다 낮아졌다고 할 수 있다. 이것은 중일전쟁이 동북을, 새롭게 확대한 엔블록 내의 식료공급지로 위치 지웠기 때문이기도 하다. 특히 화북 점령지는 식료의 자급이 곤란한 한편, 오히려 면화 등의 특용작물에 적합하다고 지적되었다. 그렇지만 수정계획의 농축산 부문 자금은 계획전체의 대팽창과 비교하여, 불과 8%의 증가에 그치고, 대폭적인 증산은 처음부터 기대하지 않았다.

그렇다고 해도 수정계획은 농업증산을 위해 적극적으로 경지의 확장을 목표로 하고 있었다. 이제까지 주로 일본인 농업이민의 용지를 조성해 온 만주토지개발회사(1939년 설립)가, 일반농지의 조성도 손수 다루게 되었다. 또 전년 12월에는 「미이용지 개발요강」이 나와,

(1) 경작 가능한 미이용지를 일본인 이민만이 아니고, 중국인에게도 경작시킨다.
(2) 사유의 기간지는 원칙으로 일본인 이민용지로 매수하지 않는다.

등의 방침이 세워졌다. 나중에 말하는 것처럼, 이제까지 일본인 농업이민의 입식지를 확보하기 위해, 기간지를 대량으로 강제 매수하여, 본래

207

그곳을 경작하고 있던 중국인 농민을 고용이나 유민으로 쫓아낸 정책이, 증산의 필요와 모순되는 것이 되었기 때문이다.

경지확장에 따라 5개년계획기의 동북의 작부면적은 해마다 증대했다. 그러나 1940년대가 되면, 농촌인구의 도시로의 유입, 노동력의 강제동원 등의 영향으로 확대는 딱 멈춘다.[176] 이 모순은 작물의 수확고에도 나타나, 해에 따라 풍흉의 차가 있지만, 1940년대에는 대개 부진하게 되었다. 군수 광공업의 개발과 농업의 증산을 양립시키는 것은 불가능했다고 말할 수 있다. 따라서 농업정책은 세 번 방향을 바꾸어, 후술하는 것처럼 농산물의 집하대책 하나만으로 밀고 나간 것이다.

농민의 조직화

만주국정부는 5개년계획의 발족에 따라 농업정책심의위원회를 조직했다. 위원회는 1937년 5월, 「만주국농업정책대강」을 정부에 답신하여, 그것이 그 후 농정의 기본방침이 되었다. 그 가운데 특히 주목되는 것은

(1) 농지문제에 대하여, "봉건적인 획일적 지대地代 착취에서 농민을 방위하고, 토지는 실제 사용자의 권리를 확보하기 위해 사용수익권을 확립하고─그 위에 나아가 알맞은 혁신적인 토지제도를 확립한다"

---

176 大上末廣, 「만주국 농업생산정책의 음미(滿洲國農業生産政策の吟味)」, 『東亞人文學報』 1권 1호, 1941 ; Meyers. 앞의 논문.

고 한 것.

(2) 농민을 농촌협동조합에 조직화하는 것.

의 두 가지 점일 것이다. 실업부 임시산업조사국이 1934~1936년에 실증적인 농촌실태조사를 행하여, 동북 농촌의 사회구성이 상당히 분명하게 된 것에서, 처음으로 이러한 구체적인 정책이 생겨난 것이다.

그런데 이 가운데 (1)의 소작료의 개정, 경작권의 확립이라는 토지개혁적인 방침은, 농촌의 전통적인 계급질서를 기초로 하는 만주국의 지배체제를 근본적으로 무너뜨리는 것이므로, 도저히 실행할 수 있는 정책이 아니었다. 그런 까닭에 1937년 7월 농사합작사의 발족, 같은 해 12월의 가촌街村제 실시 등에 따른 위로부터의 농민조직화, 즉 (2)의 방향이 5개년계획기 농정에서 하나의 기둥이 되었다.

농사합작사는 갑자기 농업증산의 필요에 직면한 만주국이 정책의 철저를 도모하고, 또 리안찬의 농민착취를 경감하여, 농산물의 유통을 직접통제하기 위해 고안해 낸 것이다. 따라서 형식상 사적인 조합인 금융합작사와 달리, 처음부터 농정을 실현하기 위한 공적기관이라는 성격이 강했다.

농사합작사는 현·기·시의 범위를 단위로 설치되어, 신용·구매·판매·이용·복지·농사지도의 제 사업을 행한다. 그 하부에는 촌락의 실행합작사를 두고, 성마다 합작사연합회를 둔다. 이러한 제도는 일본의 산업조합(농업협동조합의 전신)을 모범으로 하고 있다. 이것은 산업조합의 조직화를 추진한 농림성 경제갱생부와 만주국의 농정과의 강한 연결에서도 납득이 간다. 경제갱생부장 고다이라 곤이치小平權一는 관동군의 고문이다. 「만주국농업정책대강」의 책정과 농사합작사정책을 추진한 만주국 실업부 농무사장에는 경제갱생부 총무과장이었던 이라고 겐조五十子卷三가 임명되었다(1937년.2월).

합작사에의 가입·탈퇴는 자유인데 출자는 필요하지 않고, 독립의 생계를 영위하는 농민이라면 누구라도 가입할 수 있다. 이 점은 금융합작사와 다르다. 중농 이하의 직접 생산자층의 조직화를 가능하게 하는 것이다. 그러나 자금 면에서는 합작사 자신의 사업수입을 기초로 하지 않고, 거의 정부 조성금으로 충당했다. 집행기관인 이사장은 현旗市장의 겸임이며, 실행합작사의 조직도 보갑제保甲制 등의 행정기관에 합쳐지기 쉬워, 본질적으로는 위로부터의 관제조직이고, 농촌사회의 전통적인 지배질서에 의존하고 있었다.

이러한 가운데 빈강성 수화현綏化縣 농사합작사는 빈농과 고용농을 조직의 중심으로 하여, 그 자치성을 발휘하려는 매우 유니크한 시도였다. 이 지역에서 협동조합운동을 추진해 온 사토 다이시로佐藤大四郎는 재야의 중국연구가인 다치바나 시라키橘樸의 영향 아래, 농촌의 사회관계를 근대화하여 빈농의 지위를 향상시키려고 했다.

사토 등은 하부조직의 실행합작사를 행정구획이 아니라, 자연촌인 둔(집락)에 연결하지 않으면, 농민의 자치조직이 되지 않는다고 생각했다. 그리고 전 둔민이 반드시 가입할 것, 빈농층에 적극적으로 신용을 공여하여 용도를 감시하면서 이것을 갱생시킬 것, 합작사가 교역장을 경영해서 리안찬 이외의 유통경로를 만들고, 그 수수료를 합작사의 운영자금에 충당할 것 등을 강하게 주장했다.177 수화현綏化縣을 비롯해 빈강성에서는 이러한 구상이 대략 실행되어, '빈강 코스'로 주목을 모았다. 그러나 그 철저한 빈농중심주의와 반 관료주의는 여전히 각 방면에서 비난의 표적이 되었다. 후술하는 것처럼 농사합작사를 흥농합작사로 개조하는 가운데, 빈강 코스는 눌러 부서지고 관계자는 탄압되었다. 사토는 1943년 치안유지법위반으로 유죄가 되고, 같은 해 옥사했다.178

농사합작사의 조직화와 병행하여 추진된 가촌제街村制는 치안의 대폭적인 확립을 이어받아 이제까지의 보갑제를 개편하여, 현 이하의 말단행정기구를 강화할 목적을 가지고 있었다. 그 본질은 국가에 의한 지방행정의 파악과 민중통제의 강화에 있었다. 현 아래에는 법인격을 가진 가 또는 촌이 설치되었다. 가·촌에는 자치체의 기능은 없고, 가촌장 이하의 이원은 현장에 임명되었다. 행정은 성-현-가(촌)-둔을 거쳐 민중에게 침투하도록 했다. 농사합작사와 가촌제는 농촌의 민중에 대한 국가적 통제 수단으로 표리일체가 되고 있었다.

---

177 佐藤大四郎, 『만주의 농촌협동조합운동의 건설(滿洲における農村協同組合運動の建設)』, 滿洲評論社, 1938, 복각, 龍溪書舍, 1980.

178 田中武夫, 『橘樸と佐藤大四郎』, 龍溪書舍, 1975.

통제된 농산물 유통

만주국의 성립 후, 농산물 유통기구의 개혁은 리안찬의 정리문제와 관련하여 일찍부터 일정에 올라 있었다. 이미 말한 만주중앙은행의 설립에 동반하여, 관립은행이 경영하고 있던 대 리안찬을 폐지하는 것이 관동군의 의향이었다. 이제까지 수출 면을 담당하는 데만 그치고 있던 일본자본의 특산상特産商을 산지 거래에도 진출시키기 위해서였다. 정부 내 일부에서는 이 방침에 반대하는 소리도 있었지만, 군은 관립은행계의 대 리안찬의 폐지를 결정했다. 이것을 이어받아 1935년 7월, 미쓰이 자본이 삼태잔三泰棧을 설립하는 등, 농산물의 국내 유통에도 일본자본이 등장한 것이다.

이러한 유통 면의 재편성에 대응하여, 같은 해 6월 동북 대두의 국제경쟁력을 높일 목적에서, 만주특산중앙회가 설립되었다. 대두는 지금은 엔 블록 내의 중요한 수출상품이 되어 있었기 때문이다. 중앙회는 특산물의 수매·수출업자를 회원으로 하여, 수출시장의 조사, 거래의 합리화, 품질 검사 등을 행하여, 비용은 주로 정부와 만철의 보조금으로 충당했다. 이러한 움직임은 일본자본에 의한 중소 리안찬의 종속화를 가져왔다. 이 시기에는 아직 유통기구의 전면적인 통제에는 이르지 않았다.

농산물의 유통통제가 본격화하는 것은 역시 5개년계획기의 1938~1939년이었다. 그 경과를 품목별로 보면 다음과 같다.

(1) 소맥·소맥분 : 처음에는 만주제분연합회(1938년 5월 설립)로 비교적 업계의 자주성에 근거한 통제가 이루어졌다. 제분업에는 만주사변을 계기로 일본자본이 급속하게 투자되어, 민족자본과의 경쟁이 심했다. 특히 원료소맥의 부족은 심각했다. 연합회는 일본자본에 의한 기계제분업의 카르텔이고, 이에 따라 민족자본의 마방磨坊은 크게 압박되었다. 더구나 중일전쟁으로 소맥의 수입이 제한되었기 때문에, 1939년 12월에는 소맥분전매법·소맥급제분업통제법의 공포, 연합회의 만주곡분관리회사에의 개조로 강도 높은 국가통제가 완성된다.

(2) 쌀 : 1938년 11월에 미곡관리법이 공포되어, 만주양곡회사가 설립된다. 동사는 미곡을 독점으로 매입하여, 지방관서의 허가를 받은 판매업자의 조합에 배급했다. 배급의 할당량과 소매가격도 회사가 결정했다.

(3) 대두 : 1939년 10월, 중요특산물전관법이 공포되어, 만주특산전관공사가 대두 3품(콩·두유·콩깻묵)의 매입, 배급을 독점했다.

(4) 주식곡물 : 1939년 11월의 주요양곡통제법으로 수수·조·옥수수의 수매, 배급은 만주곡량회사에 위임하게 된다. 수매는 리안찬에서 조직하는 주요양곡취급상조합을 통해서 이루어졌다.

이상과 같은 일련의 통제정책의 특색은 품목별로 특수회사를 만들어, 수매업자로부터의 매입과 소매상·수출상에의 도매를 공정가격으로 독점시키는 것에 있었다. 그러나 공정가격은 일본에의 수출을 전제로 낮게 결정되었기 때문에, "통제품목이 오로지 농가의 자가용으로 충당"되고 "물품이 시장 밖으로 나도는 것이 심하게 줄어들고, 거꾸로 통제 외의ー

잡곡이 보통보다 높은 가격으로 시장에 범람"하게 된 것이다.179 또 주요양곡통제법에서는 대상을 원곡과 그 정백품으로만 한정하여 본고장의 유통품도 제외했기 때문에, 할인의 형태로 통제를 벗어나거나, 철도연선의 집산지 시장을 피해 본고장 소비가 늘어나는 현상이 널리 보인다.

이 때문에 정부는 1940년 2월 18일에 공정가격을 인상하는 한편, 주요양곡통제법을 양곡관리법으로 바꾸어, 통제품목을 대폭으로 증가시킨다. 리안찬의 곡물가공과 본고장 판매도 허가제로 했다. 신공정가격은 대략 당시의 암시세를 공인한 것이었지만, 농가의 생활필수품 등과의 관련은 고려되지 않고, 도리어 전반적인 물가고등을 불러일으켜 농민생활은 개선되지 않았다. 통제가 강화되었기 때문에, 농가의 가계에서는 작물의 줄기薪 등 부산물 수입의 비중이 높아져, 사료나 연료에 이용되는 수수·조의 줄기는 곡실과 큰 차이 없는 수입원이라고까지 말해졌다. 그 결과 비교적 노동력이 적게 드는데, 부산물 수입이 거의 없는 대두의 작부를 멀리하게 되었다. 주요 작물의 상품화율은 통제 강화에 반비례해서 현저하게 낮아졌다. 예를 들면 1937~1939년도의 상품화율은 평균 45.8%였지만, 1940~1942년도에는 불과 29.6%가 공정시장에 돌아다니는데 불과하다.180

---

179 橫山敏男, 『滿洲國農業政策』, 東海堂, 1943.

180 Kinney, Ann R.:Investment in Manchurian Manuracturing, Mining, Transportation and Communications, 1931-1945.(unpublished doctoral dissertation, Columbia Univ., 1962: Xerox Univ. Micro. 62-5186)

리안찬 배제의 실패

유통통제의 다른 하나의 문제점은 그 최대의 목적이기도 했던 지방 리안찬의 배제에 실패한 것이다. 농사합작사를 확대하여 이것을 통해 각 통제회사가 농산물을 매입한다는 플랜은 합작사가 지주·대농층에 의존하여, 직접 생산자의 조직화에 성공하지 못했기 때문에, 결국 그림의 떡으로 끝났다. 합작사의 판매 사업은 지주·대농층의 이익과 연결되는 리안찬의 세력을 타파할 수 없었던 것이다. 이것만이 아니라 양곡회사는 유력한 특산상과 리안찬을 대리수매인(나중 특약수매인)으로 지정해야만 했다. 합작사의 집하력은 그 정도로 약했다고 말할 수 있다.

특약수매인 제도는 1944년에 폐지되어, 수매는 리안찬 조합이 맡게 된다. 그러나 결국 농산물은 생산자-리안찬-특약수매인(리안찬조합)-양곡회사라는 쓸데없이 복잡한 루트를 더듬어 가게 되어, 유통경비를 증대시켰다. 또 특약수매인 제도는 중소 리안찬에도 상당한 타격을 준 것이 사실이다. 그 결과 리안찬 자본의 일부는 유통 면에서 고리대자금으로 도피하여, 그만큼 농민을 강하게 착취한 것도 놓칠 수 없다.

리안찬 배제의 실패는 식민지 만주국 지배의 본질을 상징하고 있다고 말할 수 있다. 만주국 지배의 기초는 전통적인 농촌지배질서-지주·대농·상인층의 계급적 이해에 의존하고 있고, 그들의 이익을 무시해서는 성립하지 않았다. 따라서 모든 농업정책은 현정을 담당하는 지주·상인 등 지방 소지배층 아래에서, 그들의 이해에 따라 크게 굽혀지고, 중농 이하의 직접 생산자층에 대한 압박이 되기 쉬웠다. 현과 농민을 연결하는 농정의 배달부가 없다고 말해지는 이유이다.

그런데 5개년 계획의 시기에는 구체적으로 증산의 실적을 올리는 것이 농정의 중심과제가 되고, 이를 위해서는 직접생산자를 파악해서, 거기에 정책의 굵은 관을 통과시킬 필요가 생겼다. 경우에 따라서는 소지배층의 이익을 막는 면도 있을 것이다. 그래서 나온 것이 리안찬의 중간착취에 대신하는 농사합작사였다. 빈강 코스처럼 철저한 빈농중심주의가 일시적이기는 해도 가능했던것도, 만주국이 직접 생산자층의 조직화 방법을 모색하고 있었기 때문이었다.

그러나 만주국의 지배가 기본적으로 지방의 소지배층에 의존하고 있는 이상 리안찬의 배제 같은, 그들의 이해에 근본적으로 대립하는 정책을 추진하는 것은 불가능했다. 농산물의 집하를 위해서는 도리어 리안찬의 실력을 이용해야만 했다. 더욱이 합작사에 의한 농민의 조직화라는 점에서도 이제까지의 행정기구에 따른 위로부터의 강권적인 방향이 취해져, 빈강 코스는 탄압된 것이다.

일본 파시즘의 농정은 국내에서는 직접 생산자층을 파악하여 농촌의 재편성을 행하고, 지주제를 해체하는 길을 열었다. 그러나 식민지 만주국에서는 지주·대농층의 농촌지배질서에 의존하지 않으면, 이민족 지배를 계속하는 것이 불가능했다고 할 수 있다.

집하정책의 전개

일련의 유통통제의 실패에서 1940~1941년에는 농정 전반에 걸쳐 다시 통제의 강화가 이루어졌다. 1940년 9월 중요특산물전관법에 대신하여 특산전관법이 공포되어, 1941년 7월에는 양곡·곡분·특산의 3 특수회사를 통합하고, 만주농산공사가 모든 농산물의 일원적인 유통통제를 담당하게 되었다. 또 농사합작사의 정돈상태로부터 1940년 4월, 농사·금융 양 합작사가 흥농합작사로 통합되었다. 더욱이 같은 해 6월, 농림행정은 산업부에서 독립하여 흥농부로 이관된 것이다.

이 가운데 합작사의 통합에는 2개 합작사의 금융방침 차이와 감독관청끼리의 대립으로, 정책이 혼란되기 쉬웠던 것을 해소한다는 목적이 있었다. 흥농합작사는 전국기관으로 흥농합작사 중앙회(이사장·고다이라 곤이치)를 가지고, 사업자금은 완전히 정부의 보조금에 의지하고 있었다. 단위합작사의 사장을 현(기시)장이 겸임한 것도 농사합작사와 같이, 조직의 관료성은 보다 강하게 되었다고 할 수 있다.

흥농합작사의 사업 중점은 농촌금융과 농사공려(생산지도)였다. 그렇지만 5개년계획 전체 자금의 결핍은 흥농합작사의 금융과 사업을 매우 곤란하게 했다. 이 때문에 1942년에는 보조금주의가 자기자본주의로 변경되는 등, 방침은 두세 번 바뀐다. 농사공려도 자금, 자재, 인재, 기술의 모든 것이 불충분했기 때문에 증산의 결정적인 수단이 되지 못하고, 자연히 농민에게 노동 강화를 피하게 하는 것 외에는 없었다.

이렇게 증산정책은 생산력의 확대를 기반으로 하지 못하고, 다만 생산된 농산물을 얼마나 많이 통제경제 가운데로 끌어넣을까,라는 집하의 문제에 귀착한다. 1940년도에는 2.18 공정가격을 적용한 데다, 조기 출하자에게는 곡물 100킬로당 1.0~3.9엔(공정가격의 5~28%)의 출하 장려금을 얹어서, 집하의 증대를 도모했다. 다음해는 이 장려금이 발전하여, 농민에게 먼저 출하고를 계약시켜 대금의 일부를 선불한다는 출하예약금 제도를 실시했다. 이것은 하나는 영농자금을 융통하는 의미가 있지만, 교부시기가 늦어져 그 의미가 덜해질 뿐, 같은 해의 계약고 약 688만 톤에 대해, 집하실적은 548만 톤뿐이 없고,[181] 140만 톤은 농민의 채무가 되어 버렸다. 따라서 이것은 국가권력에 의한 청전青田(벼가 푸릇푸릇하게 자란 논—옮긴이) 매입에 다름 아니었고, 과연 각 방면으로부터 비판이 속출하게 된다.

이 때문에 1942년도부터는 출하에 대신하여, 면화 등의 생활필수품을 특배하게 되었다. 곡물의 출회시기에는 면제품을 도시로 할당하는 것을 정지하여 농촌에 돌리고, 첫 해는 곡물 1톤에 대해, 면포 15평방 아르(하복 3벌분)가 배급되었다. 그러나 물자 부족으로, 1943년도에는 10평방 아르, 1944년도에는 7평방 아르가 되고, 출하 장려의 효과는 해마다 줄어들 뿐이었다.

출하 장려금과 생활필수품의 특배는 정말로 집하량을 어느 정도 증가시켰지만, 그것은 또한 새로운 모순을 만들어냈다. 예를 들면, 1940년도의 장려금은 총액 8,308만 엔이 넘고, 그만큼 소매가격의 상승을 가져온

---

181 『만주개발40년사(상)』

다.182 이것으로 암시세도 한층 높아지므로, 일부에서는 농산물의 암거래 유출에 박차를 가했다. 더구나 콩깻묵의 대일수출분에 대해서는 가격을 그대로 두고, 장려금 부분은 정부가 부담했다. 동북 민중의 세 부담으로 일본의 농촌은 부당하게 싼 비료를 사고 있었던 것이다.

이 외에도 조기출하의 장려로 조정이 불충분한 곡물이 나돌거나, 일시에 출하가 집중하여 수송력과 포장 재료가 부족하기도 했다. 그 위에 이러한 출하 장려책이 상품화율이 낮은 대다수의 영세농보다, 지주·대농층을 윤택하게 했다는 것은 말할 것도 없다. 협화회의 어느 지방 직원도, "특배품은 거의 지주계급의 손에 들어가 암시세로 매매되었다"고 인정하고 있다.183 나아가 소작농이 지주에게 현물소작료의 조기납입을 요구받고 있고, 하차를 빌릴 수 없기 때문에 빤히 알고 있으면서 출하기한을 놓치는 일도 적지 않았다. 집하정책은 농촌의 계급모순을 점점 격화시키는 역할을 한 것이다.

그래서 1943년도에는 예약금제도가 납부기한을 끊지 않는 일률의 장려금으로 돌아가고, 또 소작료의 금납제도 추진되었다. 특히 소작료의 금납은 소작농의 출하량을 늘려, 장려금과 면화특배를 받을 수 있게 하기 위한 정책이었다. 그러나 지주는 소작료의 비율 환산에 공정가격이 아니고 암시세를 가지고 했기 때문에, 결국은 소작농의 부담을 무겁게 하는 것이 되었다.

---

182 横山敏男,『滿洲國農業政策』, 東海堂, 1943.

183 根津義明,「出荷工作雜感」,『協和運動』5권 12호, 1943.

강해지는 농민통제

1943~1944년의 집하량은 일단 계획을 상회하는 성적을 올렸는데, 이것은 집하정책의 철저도 그렇지만 풍작이 큰 원인이었다. 정부도 역시, 증산이 집하의 기초라는 것을 인정하여, 1943년 1월 「전시긴급농산물증산방책요강」을 냈다. 거기에는 "질보다 양에 중점을 두고 각 지역에서 단위수량이 가장 많은 작물의 작부면적을 증가"하는 것이 강조되었다. 증산이라고 해도 이제는 생산력을 확충하기 위한 기초적인 투자의 여유는 없고, 전통적인 윤작체계를 파괴하여 약탈성을 강하게 한 것을 양해하고, 단일작물의 작부를 고정하는 외에 방법이 없었다고 할 수 있다.

이러한 농정의 모순은 농촌의 민중지배를 한층 강화시켰다. 1943년도부터 도시의 국민인보조직을 농촌에도 펼치기 위해, 촌 건설운동이 추진된다. 협화회가 현 이하의 분회조직을 확충하여 행정기구나 합작사와 일체가 되어, 집하공작을 행하려는 것이었다. 예를 들면, 둔은 가촌의 하부기구임과 동시에, 흥농합작사의 하부조직으로 둔흥농회이기도 하고, 더욱이 협화회의 둔상회屯常會이기도 하다는 것이었다. 이 '삼위일체'화로 위로부터의 강권적인 농촌민중지배의 형태가 완성된 것이다.

매년도의 출하량은 성-현(기시)-가(촌)를 통해 둔에 할당되었다. 할당량은 농촌의 실정을 무시하고 기계적으로 행해지는 것이 많았고, 말단의 농민을 고통스럽게 했다. 더구나 집하실적이 예정보다 낮고, 다음 봄이 되어 더욱이 할당이 추가된 것은 농민의 정부불신을 강하게 했다. 1942년도에는 추가할당이 없었는데 1943년도의 풍작을 계기로, 1944년도부터 '보은출하'라는 명목으로 추가할당이 부활했다. 지린성의 예를 보면, 이 '보은출하'는 당초 할당의 15%에 미치고, 같은 해의 합계 할당 량은 전년도보다 30%나 많게 되었다고 한다.[184]

그런데 이렇게 모은 농산물도 대일수송은 해마다 곤란하게 되었다. 광공 부문과 군수 관계 화물의 증대, 철강 부족에 따른 레일의 회수 등으로 철도의 수송력이 저하한 것도 있지만, 이 이상으로 심각한 것은 선박의 부족이었다. 농민이 흘린 땀의 결정은 여기저기에서 물건이 쌓여 산을 이루고 쓸모없이 부패했다. 그것만으로도 민중의 불만을 높이기에는 충분했을 것이다. 마지막에는 정부가 일본으로 도항하는 자에게 일정량의 대두를 가지고 가도록 의무지우거나,[185] 고무주머니에 넣어 바닷물에 띄워 일본에 보내는 일까지 생각한 것이다.

노동력 동원과 농촌

증산정책이 결국은 농민에 대한 노동 강화로 살짝 바뀌어 가는 가운데, 5개년계획과 북변진흥계획에 따른 노동력 동원이 농촌에 얼마나 부담이었는지는 말할 것도 없다. 더구나 동원에 내몰리는 것은 보통 고용농을 주로 하는 하층농민이었다. 금주성 창무현 상둔촌의 예에서는 1941년

---

184 辻英武, 「농산물의 출하에 대하여(農産物の出荷について)」, 滿洲回顧集刊行會, 『ああ滿洲』, 1975.
185 飯塚浩二, 『滿蒙紀行』, 筑摩書房, 1972.

도에 강제 동원된 인원의 67%는 순 고용농이었다. 그 가운데서도 평소부터 농촌에 체류하여, 농번기에 고용된 일공이 압도적으로 많았다. 결국 소작농 내지 자소작농, 자작농의 순서인데, 각각의 계층 가운데는 경지규모가 작은 것일수록 많이 동원되고 있다. 더구나 전체로 거의가 3천지天地(晌과 같고, 동지에서는 약 60아르are186) 이하의 영세농인 것이다.187 1943년도의 지린성 장춘현의 근로봉공대의 경우를 보더라도, 고용농은 전체의 45%를 차지하고, 소작·자소작이 25.5%, 자작농이 22%이고, 지주는 없다.188

여기에도 지주·대농층의 지배력이 강한 것이 나타나고 있다. 노동력의 동원도 행정기관을 통해 촌이나 둔에 할당명령이 오지만, 실제로 누구를 보낼까는 촌·둔정을 장악하는 지주·대농층이 정했다. 또 금전으로 노역을 타인에게 인수시키는 습관도 널리 보여, 대농에게 부역이 할당되었을 때, 거기에 자가의 고용농을 보내는 것도 당연시 되고 있었다. 따라서 근로봉공대와 같은 일률적 의무에도 경제적 능력으로 그것을 피하는 일이 가능했던 것이다.

그렇다고 해도 노동력의 강제동원은 이 시기 도시로의 인구유출과 함께, 농촌노동력의 현저한 감소를 초래했다. 생산력의 저하를, 잠재적인 과잉인구, 즉 고용농층의 존재로 겨우 충당해 온 동북농업은 5개년계획

---

186 역주_면적 측정의 기본이 되는 미터법의 단위.

187 日戸春木, 「금주성 창무현 상둔촌에서 노무공출의 실상(錦州省彰武縣賞屯村に於ける勞務供出の實狀)」, 『滿洲評論』22권, 14호, 1942.

188 寺田隆良, 「근봉제도의 전시적 의의와 대운영에 대하여(勤奉制度の戰時的意義と隊運營について)」, 『滿洲評論』26권 11-14호, 1944.

의 영향으로 이제까지의 노동기반을 잃어가고 있었다고 말할 수 있다.

노동력의 부족은 1938~1939년 이후 농촌 노임의 급등에도 나타나고 있다. 이것은 특히 영세농가의 경영을 압박하여, 작부면적의 감소, 제초의 생략 등에서 수량의 저하를 가져왔다. 또 노임의 고등으로 일부에서는 지주의 자작화도 진행되어, 소작료의 인상, 소작지의 박탈이 오히려 소작농을 위협하는 것이 되었다. 이렇게 노동력의 문제로부터도 농촌의 계급모순은 더욱 강화되어, 하층농민에 대해서는 예측할 수 없는 중압을 준 결과가 되었다.

3

일본인 농업이민

이민정책의 시작

1922년 말 야마가타현 자치강습소의 졸업식 당일, 4명의 졸업생이 소장 가토 간지加藤完治(1884~1967)를 방문하여, 다음과 같이 호소했다.

우리는 1년간 선생의 아래에서 농민혼의 단련 도야를 한 덕분에 겨우 일본농민으로서의 본분을 다하고 싶다는 굳은 결심을 하게 되었습니다. ─그러나─우리는 농가의 차남, 3남으로, 이제부터 집에 돌아가서도─농사지을 토지가 없습니다. 또 그 토지를 구입할 자금도 없습니다. 도대체 우리는 어떻게 하면 좋겠습니까.[189]

---

[189] 加藤完治, 『농과 일본정신(農と日本精神)』, 千歲書房, 1943.

천황중심주의의 독특한 정신적 농민교육을 받아온 가토는, 이 말에서 이제까지 자신의 방침이 불철저했다는 것을 깨달았다. 그리고 덴마크, 미국 등을 방문하여 그 대규모 농업을 견문한 끝에, 일본농민의 해외이식을 열심히 부르짖게 되었다. 1927년 이바라기茨城현에 일본국민고등학교(나중의 일본농업실천학원—옮긴이)를 설립한 그는, 거기서 농민교육에 몰두하는 한편, 먼저 조선에의 이민사업을 추진해 갔다.

만주사변은 가토에게 지론을 적극적으로 주장할 호기였다. 1932년 초부터 그는 동북에의 일본인 농업이민의 송출을 각 방면에 연설하고 다녔다. 그 결과 농림차관 이시구로 다다아츠石黑忠篤, 농림성 농무국장 고다이라 곤이치小平權一, 도쿄제대 농학부교수 나스 히로시那須皓, 교토제대 농학부 교수 하시모토 덴자에몬橋本傳左衛門 등의 찬성과 협력을 얻었다. 그들은 가토와 함께 이민론자로서 정부나 언론계에 적극적으로 공작해 가게 된다.

한편, 관동군 가운데서도 일본인 이민에 대한 검토가 이루어지고 있었다. 1932년 1월에 관동군 통치부가 연 건국자문회의에는 나스와 하시모토가 출석하여, 이민의 단행을 주장하고 있다. 통치부는 같은 해 2월, 「이민방책안」 등의 구체안을 결정했다.

이러한 움직임을 받은 척무성에서는 가토의 안을 토대로 시험적인 이민안을 정리하고, 1932년 8월, 이것이 의회를 통과했다. 동북에의 일본인 농업이민정책은 실시의 제일보를 내딛은 것이다. 급거 모집된 400명 정도의 제1차 시험이민은 같은 해 10월, 전화가 진정되지 않은 동북에 보내졌다. 시험이민 모집은 1935년 제4차까지 계속되었다.

▌1936년 히로다 내각

1936년 2·26사건을 계기로 성립한 히로다⾨田 내각은 육군의 「만주
개발방책요강」을 넣어, 동북에의 이민을 이른바 7대국책의 하나로 제안
하여, 1937년도의 예산편성에 들어갔다. 머리말의 처음에 쓴 것 같은 형
태로 이민정책이 본격적으로 추진된 것은 이 이후 일본의 패전까지 9년
간이다.

이민은 마을이나 군을 단위로 모집되어 이민단을 조직하는데, 그 편성
은 규모에 따라 집단이민단(200~300호), 집합이민단(30~100호), 분산이민
(그 이하로 보충적인 것)으로 나누어졌다. 또 농가의 차남 3남 이하의 미성
년자를 훈련하여, 장래 이민단에 이행시킬 제도도 만들었다. 이것은 특
히 만몽개척청소년의용군(만주국 측에서는 이 명칭의 침략적인 평판을 피해,
만주개척청년의용대라고 했다)으로 불렸다. 임업, 낙농 등을 주요 목적으로
하는 반농이민, 전시통제에서 기업정리의 대상이 된 중소상공업자 등의
전업이민 등도 있었다. 또 일본인 이민을 충당하기 위해, 조선인의 이민

도 장려되었다. 1945년 5월까지 송출된 일본인 이민은 32만 1,873명, 계획 중에 패전을 맞이한 사람과 중도 퇴단자를 빼도, 대강 27만 명이라고 한다.[190] 그 중심은 성인의 집단이민단과 청소년의용군이었다.

이민정책의 실시기관은 만주국 측과의 연락이나 국내로부터의 송출을 맡는 척무성이 있고, 외곽단체의 만주이민협회(1935년 설립)가 이민의 후원, 선전, 알선, 훈련 등을 맡았다. 한편, 이민이 농촌경제갱생정책의 일환이 되었기 때문에, 이민단의 편성에 대해 농림성이 부현과 정촌에 강력한 행정지도를 시행했다.

만주국 측에서도 1934년에 관동군이 개척한 이민문제의 자문회의를 거쳐, 1935년 3월, 이민단의 영농표준안이 만들어지는 등, 이민정책은 본격화해간다. 같은 해 7월, 민정부에 척정사拓政司가 설치되고, 12월에는 이민용지의 취득을 목적으로 하는 특수회사 만주척식회사가 설립되었다.

2·26사건 이래 군부의 발언권 강화를 배경으로 관동군은 1936년 5월, 20년간 100만 호 500만 명의 일본인 농민을 동북에 이주시킨다는 대규모 계획을 세우고, 같은 해 8월 히로다広田 내각은 앞에서 말한 것처럼 이것을 국책으로 했다. 1937년 8월에는 만주척식회사가 일·만 합변合弁의 만주척식공사(만척)로 개조되어, 토지의 취득과 영농자금의 대부를 중심으로 하는 현지 측의 이민정책 실행기관이 되었다. 그리고 1939년 산업부의 외국外局으로 개척총국이 만들어져, 만주국의 이민행정은 독립했

---

190 滿洲開拓刊行會,『滿洲開拓史』, 1966.

다. 일본인 농업이민정책은 산업개발 5개년계획과 나중의 북변진흥계획과 병행하여, 만주국에서도 3대국책의 하나로 강력하게 추진되어 간 것이다.

이민이 목표한 것

일본인 농업이민정책은 첫째로, 일본의 동북지배를 굳히는 인구적인 기반의 확립을 노리고 있었다. 동북 주재 일본인의 절대 수를 늘려 통치의 안정을 확보하기 위해서이다. 100만 호 500만 명이라는 이민계획은 20년 후의 동북 인구를 5,000만 명으로 추정할 때, 그 1할을 일본인이 차지한다는 계산에 따른 것이었다는 점이, 위 사실을 잘 말해주고 있다.

이 인구정책은 대소전 준비와 국내치안유지라는 군사적인 필요에 답하는 것이기도 했다. 직접적으로는 관동군이 현지에서 소집 가능한 인원을 늘려, 예비 병력을 강화하는 동시에, 또 군수농산물의 생산이라는 면에서도, 이민에는 큰 기대가 걸려있었다.[191] 관동군 통치부의 「일본인 이민안 요강설명서」(1932년 2월)는 이 점을 다음과 같이 말하고 있다.

방인을 만몽에 이식하는 것이 필요한 이유는 다만 모국에서 과잉인구를 완화하기 위한 것만이 아니라, 만몽에서 제국의 권익을 신장하고, 만몽

---

[191] 孔經緯, 「1931至1945年間日本帝國主义移民我國东北的侵略活动」, 『历史研究』(北京), 1961년 3기.

개발상 장래 제국국방의 제일선을 확보하기 위해 절대로 긴요한 초미의
급무에 속하고, 만약의 경우 유사시에는 쟁기를 버리고 감히 무기를 잡고
일어날 동포를 기다리는 것 외에 아니다.

관동군 가운데서도 일찍부터 열심히 일본인 이민을 주장한 것은, 동군
사령부 지린군 고문 도미야 가네오東宮鐵男192였다. 그의 안은, 임지 지린
성 이란依蘭현에 일본의 재향군인으로 이루어진 둔간군屯墾軍을 입식시켜,
허술한 현역부대를 대신하여 치안유지와 대소전비에 충당한다는 군사성
이 강한 것이었다. 그리고 제1차 이하의 시험이민단은 실제로 일본 각지
의 재향군인회의 협력을 얻어 모집되어 군장 일식을 받고 입식했고, 제1
차의 경우는 현지에서 도미야에게 직접 지도를 받는 등, 그의 안에 따라
추진되었다. 이후 이민단의 대부분은 주로 반만 항일군의 유격지구의 주
변과 소련과의 국경에 가까운 지방에 중점적으로 배치되었다.

다른 한편 이민정책은 일본의 내정 면에서도 큰 의미가 있었다. 그것
은 농촌의 과잉인구를 줄여, 공황으로 피폐한 농촌을 구제하는 하나의
방법이었을 뿐 아니라, 공황을 통해 격화된 농촌의 계급관계의 모순을
완화하려는 것이기도 했다. 1932년 12월에 확정된 농산어촌 경제갱생정
책은 중견 자작농층을 농촌의 중핵적 존재로 취급하여, 소작쟁의나 농민
운동의 고양에 보이는 계급모순을 피하고, 농촌의 지배질서를 재편성할
목적을 가지고 있었다. 중견 자작농층은 또 군대(육군)의 사회적 기반이

---

192 역주_1892~1937. 육군 대위. 장쭤린폭살사건의 실행자이며 만주이민의 발안자이다. 재
향군인에 의한 무장이민을 송출하여 만주에 입식시켰다.

므로, 자작 중농층의 안정화를 지향하는 갱생정책은 군부의 요구에도 합치하여, 이 정책의 침투에 따라 농촌은 파시즘체제로 편입되어 간다.

당시 일본의 농가 1호당 경지면적은 홋카이도北海道를 더해도 1정町 6무畝 정도(약 1.05헥타르193)에 지나지 않고 매우 영세했다. 따라서 안정된 자작농을 확보하는 데는 경지의 적극적인 확대나 농업기술의 개량을 도모하지 않는 한, 토지에 대해서는 농촌인구가 너무 많다는 논리가 생겨난다. 동북에의 농업이민이 경제갱생정책의 한 수단이 된 것은 그 때문이다. 자작농을 국내에서 안정시켜, '과잉농가'의 소작빈농층은 동북에 보내 자작농으로 삼는다는 것이 이민의 기본방침이 되었다.

이를 위해 처음에는 끝없이 널리 모집되고 있었던 이민도, 송출이 본격화한 1938년경부터는 특정의 촌과 군을 단위로 편성되었다. 같은 해 나가노현 미나미사쿠南佐久군 오히나다大日向촌에서 송출한 것을 선구로 하는 분촌이민은 촌의 경제갱생계획의 일환으로, 촌민만으로 하나의 집단이민단을 조직하여, 모촌의 인구를 줄여 1호당 경지를 늘린다는 것이었다. 또 하나의 촌만 가지고 집단이민단을 편성하는 것이 곤란한 경우에는 군내의 여러 촌이 공동으로 송출하는 분향分鄕이민이라는 방법이 취해진 것이다.

---

193 역주_토지측정의 주요단위로 아르are의 100배이다.

이민의 모집곤란과 청소년의용군

그런데 이 이민정책도 정부의 기대대로는 진행되지 않았다. 아무리 농촌이 피폐하고 있다고 해도 농민이 미지의 외국에 이주할 결심을 하는 것은 쉬운 일은 아니었다. 시험이민의 시기는 그렇다고 해도 이민이 본격화해서 매년 대량의 모집이 이루어지게 되자, 응모자의 수는 항상 계획을 밑돌았다. 특히 1937년의 중일전쟁 개시 이후는 군대 소집과 군수산업의 활황으로 농촌의 과잉인구가 이쪽으로 상당히 흡수되어, 그 면에서도 이민은 곤란하게 되어갔다. 1937년부터 미성년자로 구성된 만몽개척청소년의용군의 송출이 강력하게 추진된 것은, 이러한 배경으로부터였다. 따라서 청소년의용군은 집단이민단에 이은 이민송출의 기둥이 되어, 일본의 패전까지 10만 명이 넘는 농촌청소년들이 동북에 건너간 것이다.

청소년의용군제도도 가토 간지 등의 적극적인 제창이 구체화된 것이었다. 각 부현에서 모집된, 16~19세의 대원은 일본 국민고등학교에 병설된 우치하라훈련소內原訓練所(소장 加藤完治)에서, 약 2개월의 훈련을 받는다. 그 후 동북 각지의 현지훈련소에서 약 3년의 훈련을 거쳐, 이민단으로 입식하는 것이다.

우치하라훈련소의 훈련은 심신단련, 일본정신의 철저, 협동정신의 함양을 주요 목적으로, 군대를 본뜬 부대편성으로 이루어진다. 특히 소장 자신이 담당하는 「황국정신」이 중심적인 과목이 되었다. 현지 훈련소는 농사 훈련 외에, 군사교련을 적극적으로 실시했다. 현지 훈련소의 직원은 원칙적으로 우치하라 간부훈련소의 수료자를 충당하는 것으로 되어 있다. 또 대의 기본편성이 되는 중대(약 300명)는 도항 후에도, 입식 시에도 개편하지 않으며, 중대장은 우치하라훈련소에서 동일인이 근무하는 것이 보통이었다. 따라서 대원은 이 사이 일관해서 가토류流의 천황제 농본주의 사상을 주입받게 되었다.194 청소년의용군은 단지 이민제도 이상으로, 일본 파시즘이 청소년을 교육한 하나의 형태이기도 했다고 말할 수 있다.

입식지의 수탈

일본인 이민을 위한 토지는 관동군과 만주국의 여러 기관에서, 농민으로부터 매우 싸게 강제수용된 것이 보통이었다. 관동군에서 토지의 대량 매수를 최초로 행한 것은 하얼빈 주둔의 제10사단이다. 1933년 동 사단은 참모장을 위원장으로 하는 토지수용위원회를 조직하여, 그 아래에 연대장을 장으로 하는 두 개의 매수반을 두고, 지린성 북부 각 현에서 약 119만 정보의 토지를 수용할 계획을 세웠다. 실제로 매수를 시행한 것은 군의 위탁을 받은 동아권업회사(1921년, 동북의 토지경영을 위해 만철 등의 출자로 설립)인데, 사단은 동사나 만주국의 지방관서를 지휘하여, 사실상 매수의 진두에 서 있었다. 이때 나온 현의 포고는, 수용 후에도 현거주자

---

194 上笙一郎, 『滿蒙開拓靑少年義勇軍』, 中公新書, 1973.

는 그대로 농경에 종사할 수 있다고 말하고 있지만, 한편 수용 지정을 받은 자는 반드시 출두하지 않으면 안 되고, 거기에 응하지 않으면 토지징용법(1928년, 국민정부 제정)을 적용하는 일이 있다고 말했다.

전년의 제1차 시험이민의 입식 시에도, "현재 농경 중인 만주인의 생활에 위협을 끼치지 않을 것", "주로 미경지를 선정할 것"이라고 주민대표와의 의정서가 교환되었지만, 결국 6만 6,000정보 가운데 2만 1,500정보(32.6%)는 기경지가 수용되고 있다.

이러한 일방적인 수용은 당연히 동북 농민의 불만을 낳고, 민중의 반항을 가져왔다. 1934년 3월의 이란依蘭사건은 그 전형적인 예였다. 토지수용에 반대하는 지린성 이란현 일대의 민중은, 보장保長 사문동謝文東의 지휘 하에 결속하여, 동북민중 자위군을 조직했다. 그 병력은 약 3,000에 달하여, 먼저 토룡산土龍山 경찰서를 공격하여 경찰관의 무장을 해제했다. 사문동 등의 회유에 대항한 제63연대(제10사단)장ㆍ매수 제2반장 이이즈카飯塚朝吾(대좌)의 1대 40여 명은 민중 자위군의 기습을 받아 포위ㆍ섬멸되었다. 동군은 그 후 점점 세력을 늘려, 여러 차례에 걸쳐 제1차ㆍ제2차 시험이민단을 공격, 5월에는 제2차 이민단의 집결지 화천樺川현 호남영湖南營을 20일간이나 포위하는 등, 공세를 계속했다. 이 민중 자위군은 나중에 동북항일연군 제6군(군장, 사문동)으로 성장한 것이다.

이란사건은 시험이민에서 대량의 탈락자를 내는 등, 성립한지 얼마 안 되는 만주국과 이민정책에 대해 직간접적으로 큰 타격을 주었다. 토지수용이 군의 매수반으로부터 정부나 만주척식회사의 손으로 옮겨지게 된 것, 또 1934년도의 제3차 시험이민단의 용지에는 기경지의 비율이 저하하고 있는 것 등도, 이란사건의 결과였다.

그러나 토지수용의 본질은 그 후도 변하지 않았다. 1939년 말경까지 정부와 만척이 취득 정비한 이민용지는, 합계 1,067만 9,247헥타르라는 방대한 면적에 이른다. 그 19%에 해당하는 203만 8,331헥타르가 기경지였다.[195] 1938년 일본 국내의 경지면적이 약 607만 9,000헥타르이므로, 대강 그 3분의 1 이상의 광대한 기경지가 일본인 이민 때문에 빼앗긴 것이다.

이민단의 영농

농업이민의 침략성은 단지 토지 문제에만 있었던 것은 아니었다. 이민의 입식은 동북농촌의 사회구조에 큰 변화를 가져오고, 새로운 계급적, 민족적 모순을 낳은 것이다.

예를 들면, 집단이민에는 1호당 10~20정보의 경지가 배분되는 것이 보통이었다. 이것은 이민의 영농방침이 자작중농의 창설에 맞춰져, 동북 북부에서의 자작농경영에는 적어도 그 정도의 경지가 필요하다는 것에서 나온 면적이었다. 그렇지만 전 농가의 약 3할이 5단보 미만(이민에 응모한 것은 이 계층이 많다)이라는 영세한 일본농민이, 아무리 동북 재래의 조방粗放 방법에서 배웠다고 해도, 입식 후 곧 이 넓은 경지를 경영할 수

---

[195] 喜多一雄, 『滿洲開拓論』, 明文堂, 1944.

있는 것은 아니었다.

첫째, 재래농법이 조방하다고 해도 동북 북부에는 앞에서 말한 것처럼 축력畜力에 의한 이경犁耕196이 보급되어 농가의 가족 수도 많다. 또 지주·대농경영에서는 대부분의 소작농과 고용농을 책임지고 있는 것이다. 이민이 만일 즉석에서 재래농법을 이해했다 하더라도, 입식 초에는 이민단의 공공시설 건설에 쫓기고, 그것이 일단락되어 가족을 불러들였다고 해도, 본래 이민에 응하는 것은 가족이 적은 차남 3남이 중심이다. 더구나 남편은 이민단의 공적인 일에 시간을 빼앗기고, 처는 가사·육아에 종사한다. 제2차 시험이민의 치후리千振촌에서는, "농업에 종사할 수 있는 노동력은 경영주 0.8 정도, 처 0.2, 계 1.0 정도이다"라고 말해진다. 분촌 계획으로 입식한 제7차의 오히나다촌에서는 가족 수는 평균 4명이지만, 젊은 부부가 많기 때문에 자녀의 비율이 높고, 노동력은 1.2~1.3 정도였다.197 그러므로 할당된 경지를 자가 노동력으로 경영할 수 있는 것은 극히 한정되어 있었다. 이민단의 대부분은 그 경지를 중국인이나 조선인에게 소작시키거나, 그들을 고용하지 않으면 안 되었던 것이다.

제6차(1937년도)까지의 8개 이민단의 조사에 따르면, 제3차 미즈호瑞穗촌에서 1호당 약 22정보의 경지 가운데, 17.1정보가 소작지로 되어 있는 것을 시작으로, 각단도 상당한 토지를 소작시키고 있었다. 즉 일본인 농업이민은 농민으로부터 강제적으로 수용한 토지에 들어가, 그곳의 지주

---

196 역주_우마가 끄는 쟁기에 의한 경작을 말함.

197 滿洲國立開拓硏究所, 『개척촌에서의 고용노동 사정조사(開拓村に於ける雇傭勞働事情調査)』, 1941.

가 되었다는 것이 실정이었던 것이다. 자가 노동력이 적은 이민단이 처음에는 고용농에 의존하여, 그 노임 부담에 견딜 수 없게 되어 고용농을 소작인으로 전화했다. 이른바 궁여지책이라는 설명도 있겠지만, 그렇게 만 말할 수는 없다. 정말로 고용농에 대한 노임 지불은 이민의 영농비의 30~70%라는 높은 비율을 차지하여, 경영을 압박하고 있었다(앞과 같음). 그 반면 소작의 발생은 이민단의 영농 안정과 걸음을 하나로 하여, 이민단의 생활향상에 크게 기여하고 있었던 것이다.

예를 들면, 빈강성 수릉綏稜현에 입식한 미즈호촌의 경우, 이민단 가운데 수전 전업농가와 전작畑作전업농가가 분리하여, 수전농가는 전작농가에 할당된 수전도 소작하는 한편, 자신의 밭은 중국인 농민에게 소작시킨다는 구조가 보인다.[198] 이 경우도 광대한 수전의 경영에는 고용노동력이 사용되고 있다. 더욱이 전작농가의 경우는 이민단내의 수전농가에 대해서도 지주화 하기 때문에, 점차로 농업에서 떨어지는 경향이 생긴다. 할당된 경지를 모두 소작지로 하여 자신은 이민단의 본부에 근무하거나, 특기를 살려 이민단 외에 취직하거나 하면, 우아하게 상당한 수준의 생활이 영위될 것이다.

삼강성三江省(전 지린성) 이란현의 제2차 치후리千振촌의 입식지에는 "당면의 경작에는 남아도는 기경지가 있고", 거기에 3만 여의 중국인 농민이 살고 있었다. 이것을 거의 이민단의 소작인으로 전화한 것이 "치후리향, 금일의 경이적 발전을 초래한 원인"이라고 말해진다. 동단에는 1호

---

198 滿洲國立開拓硏究所, 『瑞穗村綜合調査』, 1941. (『滿洲移民關係資料集成』제2편, 不二出版, 1991에 수록)

당 16정보 가운데 10정보 내외를 소작에게 보내는 것이 보통으로, "역장 또는 중앙부에 근무하는 자는 거의 전부 소작시키고, 혹은 만주인에게 고리대를 하고 있는 자가 있다"고 할 정도였다.[199]

이민의 지주화·대농화의 예는 입식연차가 비교적 늦은 경우에도 보인다. 빈강성 목란木蘭현에 입식한 제8차(1939)의 후지미富士見촌[200] 입식 6년째에는 "경영에는 상당한 현지의 고용노동력을 교묘하게 사용"하여, "평화적이고 풍요로운 가을, 고복격양鼓腹擊壤이라 할 만한 단맛을 만끽" 했다고 한다.[201]

흔들리는 이민의 비행

이렇게 일본인 농업이민은 동북의 농촌에 새로운 지주·소작관계와 고용관계를 가져왔다. 그것은 종래 농촌의 계급모순을 더욱 복잡한 것으로 만들었을 뿐만 아니라, 민족적인 모순을 더했다. 지주화·대농화가 거의 보이지 않는 이민단에서도, 많건 적건 간에 중국인과 조선인을 고용하고 있었고, 거기에는 끊임없이 민족적 긴장이 가득 차 있었던 것이다.

이러한 긴장이 이민단과 중국인 민중과의 사이에 많은 충돌을 낳은 것은 또한 당연했다. 동안성의 파두 한 사람은 수하 노동자의 도망과 빼돌

---

199 『만주 농업이주지 시찰보고』
200 나가노長野현 스와諏訪군 후지미촌의 분촌이민단
201 富士見 村拓友會, 『富士見分村滿洲開拓誌』, 1954.

림에 대해 이렇게 말하고 있다. "특히 심한 것은 개척단에 도망간 것이지만, 전날도 분명히 도망자가 있다고 하므로 북北 오도강五道崗의 개척단(제6차 야마가타山形촌)에 가서 찾아보았을 때, 일본인으로부터 '쳐 죽인다'라고 위협 당했기 때문에 도망해 돌아왔습니다. 그 후도 갔습니다만 일본인에게 맞았습니다".202

또 1939년 7월 빈강성 오상五常현의 제7차 조양천朝陽川 이민단(각현 혼성)의 시즈오카靜岡반 스즈키鈴木久(당시 24세)는 가까운 중국인 부락에 노동력의 제공을 강요했는데, 적극적으로 응하지 않았던 것에 화를 내고 "부락민의 한두 명을 살해해도 어쩔 수 없다고 결의하여", 식사 중인 리훈유를 저격해서 죽였다. 이 사건은 이민단의 노동력 고용이 강제동원에 가까운 것이었다는 것을 나타내고 있다. 스즈키에 대한 판결은 불과 징역徒刑 4년이었다.

나아가 1940년 5월 동안성 밀산密山현의 제4차 성자하城子河 이민단(각현 혼성)원 다카하시高橋智秋(당시25세)는 지나가던 인야돈의 짐마차에 편승한 뒤, 말을 빼앗기 위해 인을 칼로 찔러 죽였다. 다카하시는 "만주에서는 어떠한 일을 해도 상관이 없다"고 생각하고 있었던 것이다.203

이렇게 일본인 농업이민의 대부분은 중국인에 대해 민족적인 편견을 갖고 있었고, 이러한 비행의 예는 다른 것도 일일이 열거할 틈이 없다. 그 점은 일본 당국에서도 어느 정도 인식하고 있었던 것으로, 대본영 육

---

202 「동안성에서 당면의 노공문제에 대하여(東安省における當面の勞工問題について)」, 『勞工協會報』3권 7호, 1940.
203 「개척관계문제(1)」

군부의 자료는 다음과 같이 말하고 있다.

개척민에 대한 일본 내지 및 현지에서의 교육은 국책이민으로서 국사적 기개를 주입시키기 위해 쓸데없이 스스로를 높이는 동시에 원주 만인 滿人민족을 멸시하는 관념으로 바뀌어 구타폭행이 심한 것은 살해에 이르고, 더구나 이것이 집단적이 되기 때문에 왕왕 만인에게 압박, 박해하는 감을 주는 자도 있다. 이것 때문에 개척민에 대하여 감정이 첨예한 만인 민중의 불안은 증대하여 반일적 감정으로 전화하는 예가 적지 않다.[204]

물론 이민단 모두가 항상 이러한 비행을 하고 있었던 것은 아니다. 그 이면에 있는 민족적 편견과 동북의 농촌사회 가운데 이민단의 위치에 대한 객관적 인식의 결여는, 이민정책의 침략적인 본질과 떼어놓을 수가 없다. 따라서 이민단과 동북의 민중과의 사이에는 일상적인 형태로 민족적인 모순이 누적되고 있었다고 말할 수 있다.

1939년 12월의 「만몽개척정책요강」으로 농업이민과 이민단은 공식적으로는 개척농민, 개척단의 이름으로 통일되었다. 그러나 그 실태를 보면 본래의 '개척'과는 좀 먼 것이었다는 것을 알 수 있다. 일본인 농업이민은 일본의 동북지배의 가장 명백한 손톱이었던 것이다.

---

[204] 「해외지방인의 언동에서 보는 국민교육자료(海外地邦人ノ言動ヨリ觀タリ國民敎育資料(案))」

만주국의
유산은
무엇인가

만주국의 유산은 무엇인가

일본 파시즘과 만주국

나는 이 책에서 14년간에 걸친 일본의 전면적인 동북지배에 대해, 그 중심이 된 세 가지 문제—지배체제, 산업개발, 농업정책을 중심으로 말해왔다. 파시즘 시기의 일본 제국주의가 중국의 일부분을 어떻게 빼앗고, 어떻게 지배했는가를 확실히 하기 위해서이다.

이 책의 주제를 간단하게 정리하면 다음과 같이 될 것이다. 1920년대 후반 국내의 정세와 동아시아의 세계사적 현실에서, 일본 제국주의는 심각한 위기를 맞이했다. 이것을 타개하기 위해 러일전쟁 이래 세력권인 중국의 동북 지방을 점령하여, 이것을 중국에서 떼어놓고 괴뢰국가 만주국을 만들었다. 이 침략을 추진한 것은 군부, 특히 관동군인데 일본의 지배층과 정부는 때로 군부와 생각이 달랐음에도, 이러한 형태로 중국을 지배하게 된 것에 결코 반대하지 않고, 결국 모든 기정사실을 인정했다. 여러 외국도 당시 동아시아의 현상을 변경시키는 데 관여하는 것이 불가능하고, 중국의 국민정부도 공산당에의 공격을 우선해서, 동북의 함락에는 수수방관하고 있었다.

일본 국내에서는 만주사변과 만주국 성립을 발판으로 군부의 정치상 발언권이 강해져, 파시즘이 대두해온다. 그리고 만주국 지배체제가 강화되어 가는 것과 발맞추어, 군부의 정치개입은 급속히 확대된다. 국내의 사회운동과 변혁사상을 탄압했을 뿐 아니라, 식민지의 권익을 위협하는 중국의 국민혁명과 사회주의 건설을 추진하는 이웃나라 소련에 대항한다는, 국제적인 반혁명성—이것이 일본 파시즘의 구체적인 내용이었다. 만주국이 성립하자마자 화북 진출을 개시하고, 또 소련국경에 예의 군사력을 집중한 것은 그 점을 말해주고 있다. 이 이래 침략은 계속해서 확대되어, 일본은 중일전쟁부터 태평양전쟁에 이르는 15년 전쟁의 길을 걸었다.

만주국은 일본의 국내산업에 자원을 공급할 뿐 아니라, 중국혁명과 사회주의 소련에 대응한 군사기지가 되고, 더구나 그 군사력을 지탱하는 경제적인 기반도 되었다. 만주국의 3대 국책인 산업개발 5개년계획, 북변진흥계획, 일본인 농업이민은 어느 것이든 먼저 동북의 전략적 지위향상을 목적으로 하고 있었다. 만주국의 모든 정책은 모두 이 목적에 봉사하는 것이었다고 말해도 좋다. 더구나 이들 국책은 근본적인 모순을 내포하고, 계획대로는 실현되지 않았다. 따라서 만주국 지배의 구체상은 물적, 인적자원의 끝없는 수탈에 귀착하여, 민중에게 헤아릴 수 없는 고통을 주었다.

그러나 이러한 침략은 사람이 없는 들을 가는 것 같이 실행된 것은 아니다. 만주국의 상태나 그 지배방법은 일본과 중국, 그리고 동아시아를 둘러싼 세계사의 현실에 크게 규정되고 있었다. 15년 전쟁 시기에 일본 국내의 사회운동과 변혁사상이 철저하게 탄압받은 것은, 침략정책을 취하기 위해 국민이 자유롭게 비판하는 것을 막지 않으면 안 되었던 것을 의미하고 있다. 또 중국 동북 지방의 점령에 성공해도, 군이 처음 생각한 것처럼 그것을 일본이 영유하는 것은 불가능했다. 형식적이기는 하지만 구 군벌의 군인과 관료를 기용하여 포스트를 주고, 권위의 상징으로 폐제마저 추대하여, 어찌되었든 '독립국'의 모습을 취하지 않으면 안 되었다. 이 점을 보더라도 만주국은 대만이나 조선 등 이제까지의 일본의 식민지와는 역사적 성격이 달랐다는 것을 알 수 있다.

반만 항일투쟁

내외의 역사적 조건 속에서 만주국이 이러한 괴뢰국가로 성립한 것은 단적으로 말해서, 그 통치상 구 군벌시대 이래의 전통적인 지방 세력을 이용하지 않으면 안 된다고 하는 것이었다. 전쟁준비를 지상명령으로 하여 산업 개발, 시설 건설, 식량 증산을 서두르면 서두를수록, 전통적인 계급질서에 의존해서 민중을 지배하고, 그 노동력을 총력전체제로 동원하지 않으면 안 되었다. 이것은 지주·대농·상인 등의 소 지배자층의 이익을 따르는 방향이었지만, 반면 새로운 계급적, 민족적 압박을 받는 민중—주로 중농 이하의 농민층 사이에 만주국에 대한 불만을 심하게 하여 반항의 에너지를 기르는 것이 되었다.

일본의 동북침략에 대한 중국민족의 가장 근본적인 회답은 이 에너지를 집약한 반만 항일투쟁이다. 일본과 만주국은 반만 항일세력을 '비적'이라 부르고, 무엇인가 정통에의 반란인 것처럼 위치지웠지만, 그 본질은 당시의 동북민중이 얻은 빠듯한 군사행동이고, 정규군에 의하지 않는 대일전쟁이었던 것이다. 반만 항일투쟁은 만주사변 당초의 고양을 지나면, 병력 면에서는 급속히 수그러들었다. 그러나 그 가운데 공산주의자가 주도권을 잡고, 시행착오를 반복하면서도 항일민족통일전선의 원칙을 확립하여, 모든 항일군사력을 동북항일연군으로 정리한 것으로, 이 전쟁은 전혀 새로운 성질을 띠게 되었다. 즉 제국주의 점령 하에 놓여, 후방도, 보급도 죽을 지경인 지역에서의 부정규군에 의한 유격전쟁이 된 것이다. 이러한 민족해방전쟁에 뺄 수 없는 조건은 전쟁의 목적과 개개의 군사행동에 대한 광범한 민중의 지지일 것이다. 그것이 없으면, 적과 비교해 압도적으로 불리한 전략적 지위에 놓인 가운데, 길게 전선을 유지하는 것은 불가능하다.

반만 항일투쟁의 경우 위에서 말한 것 같이, 민중의 불만과 반항의 에너지를 최대의 전략적 기초로 하고 있었다. 항일연군의 장병에는 농민 출신자가 가장 많고, 노동자, 병사 등이 거기에 이어진다. 전술 면에서도 민중과의 연결이나 민중의 조직화에 끊임없이 큰 관심을 나타내고, 민중에 대한 군의 규율은 엄격했다. 특히 민중에게 폭력을 쓰거나, 물품을 약탈하면 중벌을 받았다. 부대가 어느 지방에 유격遊擊205하면 먼저 민중과 잘 대화하여, 반일회를 조직시키고, 전단이나 포스터로 항일의 의의

---

205 역주_처음부터 공격할 적을 정하지 않고 우군을 도와 적을 공격하는 일.

를 선전한다. 이것은 항일연군의 중요한 작전활동이었다. 이 활동으로 민중은 정치적 자각을 높여, 반일회를 중심으로 자발적인 군사원호를 행하게 되었다. 특히 일·만군과 경찰의 행동을 사전에 아는 데는 민중의 정보제공이 크게 공헌했다.

그러나 집가공작과 대규모 포위작전이라는 만주국 측 치안정책의 진전은, 민중과 유격부대와의 연대를 끊고, 항일연군의 싸움을 매우 곤란한 것으로 만들었다. 그중에서도 보급로가 막힌 것은 치명적이었다. 항일연군의 보급에는 민중에게 받은 피복과 식료 원조가 큰 자리를 차지하고 있었기 때문이다. 일·만군의 군수품 탈취도 이것이 태마駄馬(좋지 않은 말―옮긴이)나 하차荷車에서 철도·자동차로 바뀌고 있었기 때문에, 해마다 곤란하게 되었다. 항일연군의 가장 전성기였던 1936~1937년에 그 병력은 5만이라고 일컬어졌지만, 1939년 말에는 3,000~4,000명이 되었고, 항일연군의 생모였던 제1로 군장 양정우楊靖宇의 전사 후, 1941년에는 겨우 2,000명으로 감소했다고 말해진다.

이 때문에 항일연군은 부대편제로 유격을 유지할 수 없게 되고, 3~4명을 1조로 하는 그룹의 소극적 활동으로 어찌되었든 그 세력을 온존할 수밖에 없게 되었다. 그렇다고 해도 항일연군의 일익을 이루는 김일성의 조선인민혁명군은 만주국 측의 포위망을 빠져나가, 1940년 3월, 간도성 화룡和龍현 삼도구三道溝 경찰서장 마에다 부이치前田武市가 이끄는 경방警防 중대를 공격, 56명을 섬멸할 정도의 공세로 나왔다. 또 1941년 1월에는 하얼빈 교외의 왕강王崗에서 만주국군 비행대 84명의 병사가 반란을 일으켰지만, 이것은 항일연군 제3로군의 공작에 의한 것으로 만주국 당국에 큰 충격을 주었다.

한편, 화북의 팔로군은 1938년부터 리허성(열하성) 경계에 정진군挺進軍을 파견하고 있고, 나중에는 기열요冀熱遼(허베이·리허·랴오닝 성-옮긴이) 해방구가 건설되어, 리허성의 남서부는 그 유격구가 되었다.

만주국의 붕괴

이러한 곤란 가운데 활동을 계속한 반만 항일투쟁은 대전 전국의 진전에 따르는 관동군과 만주국 측의 경비력 저하 사이를 벗어나, 그 세력을 다시 회복하기 시작했다. 이미 말한 것처럼, 전쟁 말기 만주국의 다양한 중압에서 민중 사이에도 반만 항일의식이 높아졌다. 당시 만주영화협회 순영과장이었던 오츠카 유쇼大塚有章는 리허성을 순회하던 중, 중국공산당의 편의대便衣隊 요원으로 보이는 두 청년이 만주국의 중국인 경찰관에 연행되던 열차에 타고 있었던 때의 일을 다음과 같이 말하고 있다.

"경찰의 높은 사람으로 보이는 자가-괜찮다, 일본인은 없다고 판단한 것처럼, 청년들의 수갑을 풀어주었던 것이다. 그렇게 하자 어떻게 되었을까. 차 내의 여기서도, 저기서도 환성이 일어나, 어떤 사람은 담배를 주어 청년을 위문하고, 어떤 사람은 과일이나 만두를 가지고 있었기 때문에, 잠시 동안 청년의 모습이 사람들 가운데 묻혀 보이지 않았습니다."206 만주국의 말기 민중들의 이러한 잠재 항일의식은 동북사회의 구석구석까지 퍼져, 만주국 지배를 근본에서 무너뜨려갔다.

▌소련군의 만주침공(1945. 8. 9) 창춘·펑톈 방면으로 향하는 전차부대

▌소련 극동군 사령관 와시레프스키와 회견하는 관동군 총사령관
야마다 오토죠山田乙三(오른쪽에서 2번째)

206 大塚有章, 『미완의 여로(未完の旅路)〈5〉』, 三一新書, 1961.

1945년 8월 8일, 소련은 일본에 선전하여 만주국과의 국경을 넘어 일제히 공격을 개시했는데, 남방전선으로 부대가 전용되어 현저하게 약체화되어 있던 관동군은 이것을 지탱할 틈도 없이, 각지에서 격파되어 패주했다. 관동군총사령부는 동북의 대부분 지역을 방기하여, 조선과의 국경 가까이에 산악지대를 세워 버티는 소극적인 작전계획에 근거하여 통화通化성에 후퇴하고, 만주국정부나 황제도 그 뒤를 따랐다. 정부의 도피는 만주국의 권력이 관동군의 무력에 의존하여, 이들 없이는 하루도 존속할 수 없었던 것을 확실히 나타내는 것이었다. 동시에 만주국 통치는 혼란에 빠져 거의 정지되었다. 그리고 8월 15일 일본이 포츠담선언을 수락하여, 중국을 포함한 연합국에 항복한 것을 이어받아, 8월 17일 만주국은 '해산'되고, 황제는 퇴위한 것이다.

그 결과 동북민중은 무정부상태 중에 소련군의 진주를 맞이하게 되었다. 특히 권력의 비호를 잃은 동북 주재의 일본인은 중국민중과 소련군의 폭행·약탈을 당했다. 그 가운데 특히 비참한 체험을 당하고, 많은 희생자를 낸 것은 동북 북부의 변방에 배치된 농업이민이다. 그들은 관동군의 무력을 배경으로 스스로도 무장하고, 중국인에게 빼앗은 토지에 입식하여, 더욱이 지주·대농으로 민중을 착취하고 있었던 일본인 이민인 이상, 그 권력의 후원이 무너질 때, 눈앞의 적이 된 민중의 공격을 받지 않을 수가 없었다.

그러나 이전부터 중국인 민중과 어떠한 형태로 협력관계를 맺어온 이민단과 거류민은 패전 시의 혼란 가운데, 중국인에게 구출되고 있는 예도 적지 않다. 중국민중은 일본인에게 무차별적으로 폭행을 가한 것은

▌도쿄재판의 증인대에 선 푸이(1946. 8)

아니었다. 그러나 대다수의 일본인은 관동군과 만주국정부가 붕괴하자마자 동북사회의 어디에도 몸을 둘 곳이 없어, 예외를 제외하고 모두 본국에 귀향하지 않으면 안 되었다. 이민의 역사상 매우 드문 이 사실에도 14년간의 만주국 지배의 본질이 나타나고 있다.

현대일본의 '만주' 인식

현재 '만주'에 관한 출판물은 인양자 원호단체가 편찬한 대저『만주국사』를 비롯하여, 회고록, 소설, 전기에서 사사社史, 단체사 등까지 다양한 형태로 수많이 출판되고 있다. 특히 패전 후 일본인이 빠진 혼란, 억류, 인양의 비참한 기록은 도저히 셀 수 없다. 일본인의 '만주'인식은 지금도 이 비참한 운명에 집약되어, 상징되고 있다고 말할 수 있다.

이들 가운데는 뛰어난 기록도 있지만 안타깝게도 주관적이고, 비과학적인 역사인식이 흐르고 있는 것도 많다. 만주국정부 관계자의 회고록과 수기에 우선 그 경향이 강한 것은 당연이라고 해도 큰 문제이다. 예를 들면, 국제선린협회가 편집한 회고록『만주국 건국의 꿈과 현실(滿洲國建國の夢と現實)』(1975) 가운데, 전 만주중앙은행참사 나가시마 가츠스케永島勝介는 다음과 같이 쓰고 있다.

자본의 축적도 없으면, 만족한 기술도 없다. 이른바 반봉건적, 반식민지적인 만주경제의 기초 상에, 근대적 경제사회에의 혁신과 비약적인 산업건설이 열의를 다하여 신속 과감하게 추진된 것은 정책적으로도, 역사적으로도 매우 큰 의의를 가진다.

신흥 중국의 왕성한 건설과 발전에는, 만주, 즉 현재의 동북지구가 개발의 원동력이 되어 기지가 되었다고 한다. 예를 들면, 이전의 만주국에서 예의 산업건설이 이루어진 근대적인 경제기반 상에, 새롭게 신중국으로서의 자력갱생의 열의와 노력이 가해져, 보기 좋게 결실한 것으로 보아도 좋을 것이다. 적어도 거기에는 중국인민의 자력갱생을 결실시키는 만큼의 기초조건이 구축되어 있던 것이라 해도, 결코 우리의 자찬적 내지 지나친 것은 되지 않을 것이다.

또 전 금주성 금錦현 부현장 모리야마森山誠之는 "중국인은 만주국을 괴뢰국가라고 한다. 일본인의 대부분은 침략국가라고 한다. 결코 그렇지 않다. 만주국은 정의 이상의 현현이고, 청년 군중을 약동시킨 대업이었다"고 말하고 있다.

그렇다. 만주국 시기에 동북의 정치기구나 산업구조가 근대화한 것은 사실이다. 그러나 그 근대화는 동북사회 자신의 역사의 필연성에 근거한 것이 아니다. 일본의 총력전체제의 확립 때문이었고, 오히려 동북사회의 자발적 발전의 길을 막는 것이었다는 것은 내가 이 책에서 말해온 대로이다. 이 때문에 동북의 자원과 생산물은 대량으로 일본에 빼앗기고, 증산강행으로 산업설비는 노후화하여, 민중의 노동력은 한계점까지 착취당했다. 더구나 동북에 진주한 소련군은 매우 많은 설비를 후송하고, 이어지는 국공내전도 황폐에 박차를 더했다. 만주국이 남긴 '근대적인 경제기반'은 신중국에서는 가끔 마이너스의 기반일 뿐이었다.

다만 그런 가운데 개개의 일본인이 주관적으로는 선의의 활동을 한 것은 의심할 수 없다. 사토 다이시로佐藤大四郎의 농촌협동조합운동은 그 전형이고, 협화회의 지방 활동가나, 가사기 요시아키笠木良明의 영향을 받은 현기참사관(나중 부현장)도, 개개의 행정 면에서 민중의 입장을 생각하는 것이 많았다. 그 결과 이와사와 히로시岩澤博와 같이 직책을 걸고 군이나 정부 방침에 반대하는 자도 있었고, 사토 같이 옥중에서 목숨을 잃어버리는 자도 있었다. 이러한 개개인의 자세가, 군벌지배 하에서는 선정을 기대할 수 없던 동북의 민중으로부터, 인간적으로 전폭적인 신뢰를 얻었다고 해도 불가사의 한 것이 아니다. 그러나 만주국 지배라는 전체 상황의 본질에서 말하면, 양심적인 개인이 존재하는 것의 의의에는 큰 한계가 있었다. 그들이 군이나 정부와 대립해도 그것은 어디까지나 식민지 지배 방침상의 차이에 지나지 않았던 것이다. 제국주의의 식민지 지배 기구 가운데 어떠한 선의의 개인도, 객관적으로 보면 타 민족에의 침략과 억압의 역사적 책임을 어쩔 수 없이 분담하지 않으면 아니 되었다. 따라서 지금 우리에게 필요한 것은 과거를 쓸데없이 미화하는 것이 아니고, 일본과 일본인이 해온 현실의 역사적 역할을 응시하여, 파시즘의 재기나 제국주의의 지배를 막는 것이다. 이제부터 일본과 중국과의 평등한 국제관계는 그 위에 비로소 열려야 한다. 만주국은 결코 과거의 한 페이지가 된 것이 아니라, 지금 우리들에게 산 교훈을 주고 있다.

참고문헌

먼저 개개의 논점만이 아니고, 그 문제시각과 논리가 이 책의 입론에 크게 반영하고 있는 최근의 연구 성과로는, 역사학연구회 편,『太平洋戰爭史(1)~(5)』(靑木書店, 1971~1973), 만주사연구회 편,『일본제국주의 하의 만주(日本帝國主義下の滿洲)』(오차노미즈쇼보, 1972), 아사다 교지淺田喬二,『일본 제국주의 하의 민족혁명운동(日本帝國主義下の民族革命運動)』(미래사, 1973), 고바야시 히데오小林英夫,『'대동아공영권'의 형성과 붕괴('大東亞共榮圈'の形成と崩壊)』(오차노미즈쇼보, 1975), 만주이민사연구회 편,『일본 제국주의 하의 만주이민(日本帝國主義下の滿洲移民)』(龍溪書舍, 1976) 등이 있다.

공문서류는 주로 일본 국제정치학회 편,『태평양전쟁에의 길(太平洋戰爭への道)』별권(아사히신문사, 1963),『현대사자료(7)(8)(11)』(미스즈쇼보, 1964·65), 만주국사 편찬간행회 편,『만주국사(滿洲國史)』전2권(만몽동포원호회, 1970~1971), 남만주철도주식회사 경제조사회,『만주경제통제방책(滿洲經濟統制方策)』(1935), 同『만주농업이민방책(滿洲農業移民方策)』(1935~1937), 외무성,『일본외교연표 竝 주요문서(하)(日本外交年表竝主要文書)』등에 의했다. 「철도에 관한 군작전상의 요망안에 관한 건(鐵道=關スル軍作戰上ノ要望案=關スル件)」(1933년 5월 22일), 「납부금에 관한 건(納付金=關スル件)」(같은 해 11월 24일)은, 오다와라小田原시립도서관의 야마사키 모토키山崎元幹문고에 포함되어 있는 「(만철)중역회의 결의사항(滿鐵重役會議決議事項)」에 있고, 「국경건설기본요강 及 각분과회소

254

안(國境建設基本要綱及各分科會素案)」은 동양문고 소장, 각각 열람이 가능하다. 「개척관계문제(1)」는 만주국 최고검 검사 노무라 사다오野村佐太男가 편집한 기록으로, 와세다대학 중앙도서관에 소장되어 있다(『근대민중의 기록(6)(近代民衆の記錄)』신인물왕래사, 1978에 수록). 「국방상 긴요한 조선철도 항만능력증강에 관한 건(國防上緊要ナル朝鮮鐵道港灣能力增强ニ關スル件)」(육군성 군무국 교통과, 1939년 10월 5일)은, 구 육해군문서의 마이크로필름(R.109)에 있다. 대본영 육군부연구반, 「해외지 방인의 언동에서 본 국민교육자료(안)(海外地邦人ノ言動ヨリ觀タル國民敎育資料(案))」(1940년 5월)은, 다카사키 류지高崎隆治 편, 『十五年戰爭極秘資料集(1)』(龍溪書舍, 1976) 소수. 또 만철개조문제에 대해서는 저자가 소장하는 육군성, 관동군, 만철의 문서에 의했다.

그 외, 인용 또는 직접 전거로 한 문헌은 본문 각각의 개소에 썼지만, 제목명만 쓰거나, 또 기사·논문의 일부는 필자명만으로 표기했기 때문에 다음의 일람표를 써 둔다.

• 서 적

愛親覺羅溥儀(新島 外譯), 『わが半生(下)』, 大安, 1965

秋山浩, 『特殊部隊 731』, 三一新書, 1956

アメリカ合衆国戰略爆擊調査團(正木 譯), 『日本戰爭經濟の崩壞』, 日本評論社, 1950

飯塚浩二,『滿蒙紀行』, 筑摩書房, 1972

石射猪太郎,『外交官の一生』, 讀賣新聞社, 1950, 복각, 太平出版社, 1972, 中公文庫

大塚有章,『未完の旅路(5)』, 三一新書, 1961

岡崎哲夫,『秘錄北滿永久要塞』, サンデ-新書, 秋田書店, 1964

片倉衷,『戰陣隨錄』, 經濟往來社, 1972

片倉衷·古海忠之,『挫折した理想國』, 現代ブック社, 1967

加藤完治,『農と日本精神』, 千歳書房, 1943

上笙一郎,『滿蒙開拓靑少年義勇軍』, 中公新書, 1973

關東憲兵隊司令部,『滿洲共産運動ノ近情』, 1932, 복각, 井光書店(孔版)

菊地主計,『滿洲重要産業の構成』, 東洋經濟出版部, 1939

喜多一雄,『滿洲開拓論』, 明文堂, 1944

金融合作社 聯合會,『金融合作社七年史』, 1939

軍政部顧問部,『滿洲共産匪の硏究(1)』, 1937, 복각, 大安, 1964, 재복각 極東硏究所 出版會, 1969

五味川純平,『人間の條件(1)(2)』, 三一新書, 1956, 57

近藤康男,『滿洲農業經濟論』, 日本評論社, 1942

佐藤大四郎,『滿洲における農村協同組合運動の建設』, 滿洲評論社, 1938, 복각, 龍溪書舍, 1980

上海日本商工會議所,『滿洲事變後の對日經濟絶交運動』, 1931

鈴木小兵衛,『滿洲の農業機構』, 白揚社, 1935, 증보5판, 1937

太平洋戰爭史硏究會,『奧田直氏談話記錄』(太平洋戰爭史硏究資料(1)),

一橋大學社會學部藤原研究室, 1974

高碕達之助,『滿洲の終焉』, 實業之日本社, 1953

田中克彦,『草原と革命』, 晶文社, 1971

田中武夫,『橘樸と佐藤大四郎』, 龍溪書舍, 1975

治安部 警務司,『滿洲國警察史』, 1942, 복각, 元在外公務員援護會(松山), 1976

鐵友會,『滿洲製鐵小史』, 滿洲製鐵鐵友會, 1971

長尾和郎,『關東軍軍隊日記』, 經濟往來社, 1968

長野縣,『滿洲農業移住地視察報告』, 1938

中村敏,『滿ソ國境紛爭史』, 改造社, 1939

日淸汽船,『日淸汽船株式會社 三十年史及追補』, 1941

林三郎,『關東軍と極東ソ連軍』, 芙蓉書房, 1974

平竹伝三,『實地踏査ソ聯極東國境線』, 櫻木書房, 1941

富士見村 拓友會,『富士見分村滿洲開拓誌』, 1954

防衛廳 防衛硏修所戰史室,『戰史叢書·關東軍(1)(2)』, 朝雲新聞社, 1969~74

星野直樹,『도중에 깬 꿈見果てぬ夢』, ダイヤモンド社, 1963

本溪湖煤鐵銑公司,『本溪湖純銑鐵の發達と是が將來』, 1934

本多勝一,『中國の旅』, 朝日新聞社, 1972

前田一,『特殊勞務者の勞務管理』, 山海堂, 1943(『十五年戰爭重要文獻シリ-ズ12』, 不二出版, 1993에 수록)

松岡洋右傳記刊行會,『松岡洋右』, 講談社, 1974

滿史會,『滿洲開發四十年史(上)(下)』, 同 刊行會, 1964, 65

滿洲開拓史刊行會,『滿洲開拓史』, 1966

滿洲鑛工技術員協會,『滿洲鑛工年鑑』(昭和19年版), 東亞文化圖書, 1944

滿洲國立開拓研究所,『開拓村に於ける雇傭勞働事情調査』, 1941

同,『瑞穂村綜合調査』, 1941.(『滿洲移民關係資料集成』 第2編, 不二出
　　版, 1991에 수록)

滿鐵會,『滿鐵最後の總裁 山崎元幹』, 1973,〈南滿洲鐵道(滿鐵)〉

이하의 8점은 남만주철도주식회사(만철)의 編刊物

『南滿洲鐵道株式會社十年史』, 1919

『南滿洲鐵道株式會社 第3次十年史』, 1938, 복각, 龍溪書舍, 1976

『第八十四回 帝國議會 說明資料』, 1943

經濟調査會,『滿洲經濟年報』(1935年版), 改造社, 1935

同,『滿洲五個年計劃槪要(1)』(『滿洲五個年計劃立案調査資料』 第1編
　　第1卷), 1937

同 (天野元之助),『滿洲經濟の發達』, 1932

조사부(石田精一),『北滿に於ける雇農の研究』, 博文館, 1942

同,『滿洲經濟年報』(昭和14年版), 改造社, 1939

民政部警務司,『滿洲國警察槪要』, 1935

森崎實,『東辺道』, 春秋社, 1941

横浜貿易協會,『支那の排日と出先邦商』, 1937

橫山敏男, 『滿洲國農業政策』, 東海堂, 1943

蘭星會, 『滿洲國軍』, 1970

『細菌戰用兵器ノ準備及ビ使用ノ廉デ起訴サレタ元日本軍軍人ノ事件ニ
　　關スル公判書類』, 外國語圖書出版所(모스크바), 1950

『滿洲農村雜話』, 滿洲評論社(大連), 1939

・기사 · 논문

飯塚浩二, 「滿洲國の在來經濟社會と戰爭末期における統制方策」, 『東
　　洋文化硏究所紀要』40호, 1966(飯塚「北滿における白系露人の入植地
　　ロマノフカについての所見」의 부록)

大上末廣, 「滿洲國農業生産政策の吟味」, 『東亞人文學報』1권 1호,
　　1941

大村達夫(中西功), 「滿洲農村の'窮民'數について」, 『國際評論』5권2-3호 ,
　　1936

岡部牧夫, 「植民地ファシズム運動の成立と展開」, 『歷史學硏究』406호,
　　1974

同, 「笠木良明とその思想的影響」, 『歷史評論』295호, 1974

同, 「植民地の民衆運動」, 藤原彰편, 『日本民衆の歷史(9)戰爭と民衆』,
　　三省堂, 1975

同, 「滿洲農業移民政策の展開」, 藤原·野澤 편, 『日本ファシズムと東ア

ジア』, 靑木書店, 1977

穩田作兵衛, 「東滿地區に於ける農村の現狀と‘集團部落’建設の重要性」, 『滿洲評論』9권3-12호, 1935

嘉村龍太郞, 「間島における共産主義運動の新動向」, 『滿洲評論』8권 19-20호, 1935

小林英夫, 「1930年代‘滿洲工業化’政策の展開過程」, 『土地制度史学』 44호, 1969

佐藤大四郞, 「合作運動の新段階を論ず」, 『北滿合作』(浜江省農事合作社 聯合會)1권1-2호, 1940

鈴木融史, 「滿洲國協和會史試論」, 『季刊現代史』2, 5호, 1973, 74

武居鄕一, 「滿洲における勞働政策と勞働調査」, 『調査』(滿洲調査機關聯 合會) 1권 3호, 1942

辻英武, 「農産物の出荷について」, 滿洲回顧集刊行會, 『ああ滿洲』, 1975

寺田隆良, 「勤奉制度の戰時的意義と隊運營に就いて」, 『滿洲評論』26권 11-14호, 1944

寺廣映雄, 「滿洲における抗日統一戰線の形成について」, 『歷史硏究』(大 阪敎育大学)6호, 1968

根津義明, 「出荷工作雜感」, 『協和運動』5권 12호, 1943

日戶春木, 「錦州省彰武縣賞屯村に於ける勞務供出の實狀」, 『滿洲評論』 22권, 14호, 1942

保坂英雄, 「滿洲に於ける土建勞働者の監理について」, 『勞工協會報』3권 3호, 1940

滿洲重工業調査部,「北支勞力對策硏究」,『滿業資料彙報』25-26호, 1940

同 제2과(勝部元),「滿洲採炭部門に於ける勞働力の現態」,『調査』(前揭) 1권3호, 1942

山口重次,「滿洲建國と小澤開作」, 小澤征爾 편,『父を語る』 私家版, 1972

山田豪一,「滿洲における反滿抗日運動と農業移民」,『歷史評論』142－146호, 1962

吉植悟,「滿洲勞働問題の基本的特質」,『東辺道』(東辺道開發會社)2호, 1939

「鴨綠江」(神田正種),『現代史資料(7)』, 미스즈쇼보, 1964

「間島に於ける最近の共匪工作」,『東亞』7권 7호, 1934

「共産黨ノ集團農場反對」,『共産黨資料旬報』(滿洲國協和會)23호

「炭磺勞務者逃亡原因に就いての座談會」,『勞工協會報』3권 5호, 1940

「東安省における當面の勞工問題について」, 동 3권 7호, 1940

「東三省 金融整理委員報告書(譯文)」,『滿鐵調査月報』12권 11호, 13권 1-2호, 1932-33

「東三省の農業恐慌と農民」, 동 12권 4호, 1932

「北滿出稼工人座談會」,『勞工協會報』3권 3호, 1940

「北滿の大農經營に就いて」,『北滿合作』(前揭) 1권 3호, 1940

「滿洲國視察報告」(반비 使節團),『中央公論』1935년 2월호 부록

• 외국어문헌

孔經緯, 「1931至1945年間日本帝國主义移民我國东北的侵略活动」, 『历史研究』(北京), 1961년 3기

東北物資調節委員會研究組, 『東北經濟小叢書(19)金融』(瀋陽), 1948

Dockson, Robert R.:A Study of Japanese Economic Influence in Manchuria, 1931-1941.(unpublished doctoral dissertation, Univ. of Southern california, 1946)

Kinney, Ann R.:Investment in Manchurian Manufacturing, Mining, Transportation and Communications, 1931-1945.(unpublished doctoral dissertation, Columbia Univ., 1962: Xerox Univ. Micro. 62-5186)

Meyers, Ramon H.;The Japanese Economic Development of Manchuria, 1932 to 1945.(unpublished doctoral dissertation, Univ. of Washington, 1959:Xerox Univ. Micro. 60-867)

Удовенко, В.Г.:Дадьнии восток.Государственное изд.гео.дит., Москва, 1957

저자후기

나는 일찍이 역사학연구회에서 편찬한 『태평양전쟁사』에 15년 전쟁기의 식민지에 관해서 썼는데, 시기가 새롭게 되면 될수록, 신뢰할만한 사료가 적기 때문에 손을 덴 경험이 있다. 이러한 사료상의 곤란은 지금도 연구의 장해가 되고 있지만, 그래도 요 수년 사이에 상당히 개선되었다. 식민지문제를 역사적으로 연구하는 중요성이 널리 인식되어, 연구자층이 두터워짐에 따라, 사료의 발굴이 진행되어 연구 성과도 쌓아올리게 된 것이다. 『태평양전쟁사』의 집필자 등으로 구성된 태평양전쟁사연구회도 1973년부터 2년간 문부성의 과학연구비의 조성으로, 15년 전쟁기의 각 방면의 사료를 발굴·정리했다. 나는 이것으로 처음 이 책을 쓰는 것이 가능하게 되었다. 특히 나의 인터뷰에 응해주신 아베 이사무阿部勇·이토 다케오伊藤武雄·오쿠다原奥田直·하야시 사부로林三郎 씨, 문헌의 열람과 복사에 편의를 준 오다와라小田原시립도서관, 국립국회도서관, 도쿄상공도서관, 동양문고, 만철회, 남캘리포니아대학도서관 등의 후의에 감사하고 싶다. 그 외에 아와야 겐타로粟屋憲太郎·스즈키 다카시鈴木隆史·하루야마 메이데츠春山明哲·마츠모토 도시로松本俊郎·야마다 다다시山田忠·요시이 겐이치芳井研- 여러분에게도 각별한 협력을 받았다. 또 태평양전쟁사연구회를 비롯하여, 역사학연구회 현대사부회, 일본현대사연구회, 항일전쟁사연구회 회원의 한 사람으로, 다양한 계발을 받은 것이 내 연구의 버팀목이 된 것도 덧붙여두고 싶다.

1978년 봄, 落葉舍에서　岡部牧夫

학술문고판 후기

옛날에 쓴 책이 다시 햇빛을 보는 것은 저술가에게는 기쁜 일이지만, 이 책과 같이 실증을 주로 하는 역사서술의 경우는 약간 복잡하다. 초판으로부터 30년이나 지났기 때문에 그 후의 연구 진전에서 말하면 당연히 진부하고, 실증의 정도나 그 대상은 완전하지 않다. 성실한 저자라면 대폭으로 개정하고 싶을 것이다.

학술문고의 편집부로부터 재 간행 제안을 받았을 때, 물론 나도 그것이 머리를 스쳤다. 그러나 원본을 간행한 후, 나 자신도 포함하여 일본이나 외국의 만주·만주국 연구자가 축적해 온 실증연구의 성과는 질량 모두 너무나 놀랍다. 작은 이 책이 이 축적을 충분하게 받아들인다고 하면, 그것은 개정·신판의 범위를 넘어 다른 새 책을 쓰는 것이 되지 않을 수 없다. 간단히 할 수 있는 일이 아니고, 그것은 이 문고의 본지에도 반할 것이다.

그래서 이번은 1981년의 제2쇄를 저본으로 몇 개의 오자를 고쳤다. '유조구柳条溝사건'을 '유조호柳条湖사건'으로 고치고, 2, 3의 중국어 고유명사의 가나 표기를 재검토하여, 참고문헌 일람에서 탈락된 연도를 보충하는 등의 정정을 했지만, 내용에 대해서는 변경을 가하지 않고, 원본 그대로를 재간하게 되었다. 그래도 어느 정도 의의가 있다고 생각했기 때문이다. 그 이유를 말하고, 또 이 책 간행 후의 연구 진전을 일별하기 위해 조금 긴 '학술문고판 후기'를 첨부하고 싶다.

*

일본현대사의 전후 실증연구, 특히 식민지·세력권에 관한 연구는 1960년대에 사료의 탐색·간행과 방법론의 모색이 시작되어, 70년대에 본격화했다고 말해도 좋다. 내가 유럽사상사에서 일본근현대사로 연구 테마를 옮기고, 연구자로서 걷기 시작한 것은 바로 이 전후 식민지연구의 발족기에 겹치고 있었다.

원본의 「후기」에 쓴 것처럼, 역사학연구회의 『태평양전쟁사』(신판)를 위해 연구회에 참가할 기회를 얻어, 15년 전쟁기의 식민지 항목을 담당하면서 연구를 시작한 나는, 그 일단의 성과로 이 책을 쓰고, 산세이도三<ruby>省<rt>せい</rt></ruby>堂선서의 한 권으로 1978년에 출판했다. 이것은 동아시아의 기존질서를 무력으로 개편할 것을 계획한 일본 제국주의가 국제사회에 인정받지 못하는 서자로 낳은, 14년 역사에 이름을 남긴 이 괴뢰국가에 대해서, 한 사람의 역사가가 이른 시기에 낸, 초보적이면서 실증에 근거한 통사였다. 만일 이 책이 지금도 읽힐 가치가 있다고 한다면, 먼저 그러한 연구사상의 위치에 의한 것이다. 지금의 연구 상황에서 보면, 정말로 의존한 사료는 적고, 1차 사료는 거의 간행본에 의지하고, 실증된 사항도 얼마 안 된다. 나는 그 후도 연구를 계속하는 가운데 방대한 사료를 접하고, 자신도 신사료를 발굴하여 무수한 사실을 확인해왔다. 그럼에도 불구하고 만주국에 대한 나의 역사적 평가와 당시 세계사·일본사 가운데의 그 위치부여는 지금도 이 책을 썼을 때와 기본적으로 변하지 않았다. 만주국을 둘러싼 나의 역사인식은 실증연구의 전반적인 발전에서 확실한 증거가 늘어나, 논리적인 근거를 강고하게 하고, 사회적 설득력을 강하게 했다고 할 수 있다.

불충분했지만 이 책에도 몇 개의 특색이 없지는 않다. 이 책의 기본적인 의도는 현대사의 이론적 틀로서의 제국주의론·파시즘론을 일본 식민지연구를 통해서 재구성하는 것이었다. 그때 정치적 이데올로기를 전제로 제국주의·파시즘의 식민지 지배를 규탄, 또는 변호하는 연역적인 논리를 피해, 역사의 사실과정을 분명히 한 위에 역사상을 구체적으로 구성하는 귀납적 방법을 취했다. 이를 위해서도 당시의 한정된 사료상황 가운데 가능한 한 실증을 명심했다. 공간사료를 구사하는 것은 당연하지만, 그 외에 예를 들면 방위청이 소장하면서 공개하고 있지 않는 구 육해군문서에 대해, 미국에서 작성된 마이크로필름을 구입하거나, 만철의 중역회의 기록을 촬영하기 위해 오다와라小田原 시립도서관에 다니면서, 스스로도 사료 수집에 힘써 실증도를 높였다.

다만 서장의 「어느 회의의 결정」 부분은 일반서로서 친근감이 있는 기술로 하고 싶다는 산세이도선서 편집부의 제안으로, 회화 등에 나의 상상이 섞여있다. 회의의 「세부의 픽션」을 넣어서, 실증사가로서는 지금도 내심 부끄럽고 창피한 기분이다. 이 에피소드의 주인공 미야모토宮本正武에 대한 본래의 '실증적'인 기술은, 기미시마 가즈히코君島和彦, 「파시즘 하 농촌에서의 만주이민(ファシズム下農村における滿洲移民)」(大江志乃夫 편, 『일본 파시즘의 형성과 농촌(日本ファシズムの形成と農村)』, 校倉書房, 1978)에 솜씨 좋게 서술하고 있다.

이 책에서 내가 의도한 시도의 하나는, 동아시아의 외국어 고유명사를 표기하는데, 한자를 일본어 읽기로 하는 종래의 습관에 따르지 않고, 중

국어나 조선어의 음에 가까운 가다가나로 표기한 것이다. 그 이유는 서
장의 말미에 썼다. 당시 친한 연구자 사이에서는 의도는 알겠지만, 고유
명사가 매끈하게 머리에 들어오지 않는다고, 대체로 불평이었다. 그러나
지금은 미디어계 등에서도, 한국·조선의 인명·지명에 대해서 같은 원
칙이 일반화하고 있다. 다케우치 요시미竹內好의 시사에 따른 나의 이 시
행도, 반드시 기발한 것은 아니었던 것 같다. 익숙해지면 위화감도 적어
진다. 중국에 관해서도 언젠가 그 방향으로 갈 것이다.

다만 한자표기가 정착하고 있는 역사상의 인물 등은 본인도 가나표기
는 역시 익숙하지 않다. 한자특유의 이미지 환기력도 버리기 어렵고, 또
공저의 일이 많은 것도 있어서, 그 후 나는 대세를 따라 순응하여 금일에
이르렀다. 그러나 이 문제는 앞으로도 널리 의논되어야 할 것이다.

또 사료 면에서 시도한 것은 예를 들면, 2차 사료로서의 잡지 활용이
다. 행정 또는 군사의 관청문서를 중심으로 하는 1차 사료에서는 정책이
든, 작전이든 의도, 입안과정, 그 결과 등의 골자는 알 수 있지만, 그것에
만 의존하면 아무리해도 기술은 무미건조한 것이 되기 쉽다. 그러나 당
시는 그 외의 준準 1차 사료나 2차 사료의 존재도 충분하게 알려지지 않
았다.

그래서 나는 관청의 외곽조직, 업계단체, 기업 등의 간행물, 특히 잡지
에 주목하고, 그 기사에 근거하여 정책의 실시나 그 모순의 양상을 구체
적으로 예시하려고 생각했다. 이들 사료는 재야의 저술가인 내가 오로지
의지하는 국립국회도서관도 그다지 소장하고 있지 않으며, 요즈음 동경
상공도서관(도쿄상공회의소)에 매일 가서 수집했다. 본서 II-4의 「현장으

로부터의 호소」 등은, 이러한 2차 사료 덕분에 쓴 부분이다. 정책의 입안·실시당사자의 속마음이 새기 쉬운 비상업지 등의 이용은 근현대사의 중요한 것이라고 말할 수 있지만, 그것을 적극적으로 활용한 연구는 그 대신에 많지 않다. 더욱 역사서술에 살려가야 할 것이다.

*

이 책을 간행한 후 30년간의 연구 상황의 발전에 대해서 간단하게 언급해 둔다. 먼저 식민지연구를 비롯하여 일본현대사의 기본적인 1차 사료는 국립공문서관, 외무성 외교사료관, 방위성방위연구소, 국립국회도서관, 동 헌정자료실 등에서 원칙으로 공개되고 있다. 그 가운데 식민지사 관계 사료에 대해서는 온라인 데이터베이스인 아시아역사자료센터를 통해, 누구라도 간단하게 입수할 수 있는 태세가 갖추어지고 있다. 관련 1차 사료를 풍부하게 소장한 미국의회도서관, 동 국립공문서관의 이용도 여러 가지 의미에서 이전보다 훨씬 용이하게 되었다.

동북을 중심으로 하는 중국 각지의 도서관·당안관檔案館(문서관)은 외국인이 이용하기에는 아직 제한이 많다. 특히 당안관은 공산당조직에 속하고 있어 이용하기 매우 어렵지만, 소장사료의 목록은 점점 충실하고, 일본의 연구자에 의한 방문·이용체험의 보고나 안내기도, 학회지 등에 상당히 축적되고 있다. 만주국에 관한 사료로 특필할만한 것은 중앙당안관(베이징)이 소장하는 중화인민공화국 성립 후의 일본인 전범재판 과정에서 쓰여진 자필공술서가, 근년 영인본으로 간행된 것이다(『日本侵華戰犯筆供』 전10권, 중국 檔案출판사, 2005). 총무청 차장이었던 후루미 다다유키古海忠之를 비롯하여, 대부분의 만주국 고관·군인이 강권적인 지배나

가혹한 민중탄압의 실태를 적나라하게 고백한 이 공술서 자료는, 이미 일부가 알려져 있고, 나도 포함하여 여러 명의 연구자가 그 일부를 소개하고 있다(新井利男·藤原彰 편, 『침략의 증언侵略の證言』, 이와나미서점, 1999). 그 전체를 겨우 일본어로 읽을 수 있게 된 것은, 금후의 만주국 연구에 크게 기여할 것이다.

이러한 사료 환경의 개선을 반영하여, 일본의 만주지배나 만주국에 관한 실증연구는 일본, 미국을 필두로 하는 구미제국, 그리고 최근은 당사국인 중국에서도 장족의 발전을 이루고 있다. 일본에서의 성과에 대해서는, 식민지연구 관계의 학설사적 논문집, 야나기사와 아소부柳澤遊·오카베 마키오岡部牧夫 편, 『제국주의와 식민지(帝國主義と植民地)』(『전망 일본역사(20)』, 도쿄도출판, 2001)의 해설과 문헌목록을 참조하기 바란다. 외국인 연구자의 경우도, 1980년대 경부터 일본어가 가능하여 일본에 유학하여 사료를 수집하는 것이 당연하게 되고, 지금은 연구수준이 매우 높다. 많은 일본 연구자의 협력을 얻어 쓴 Young, L., Japan′s Total Empire: Manchuria and the Culture of Wartime Imperialism(Univ. of California Press, 1998. 가토 요코加藤陽子 외 옮김, L·영, 『총동원제국』, 이와나미 서점, 2001) 등과 같이, 일본 제국주의에서 만주가 가진 정치적·경제적·사회적 의미를 신선한 문제의식으로 다시 묻고, 일본의 연구에도 새로운 자극을 주고 있는 업적이 적지 않다.

나 자신도, 우선 식민지지배를 포함한 15년 전쟁사 연구의 총괄로 『15년 전쟁사론—원인과 결과와 책임(原因と結果と責任と)』(靑木書店, 1999)을 냈다. 또 중국잔류 일본인의 국가배상 청구소송에 협력하여, 일련의 연구에 근거한 의견서를 원고 측 서증書證으로 도쿄지재地裁에 제출하여, 작년 그것에 대해 법정에서 증언을 하는 등, 자그마한 사회활동도 하고 있다. 올해는 상기의 전범공술서가 공간된 단계에서 스스로의 만주국관을 새로 논했다(「지금 '만주국'을 어떻게 볼 것인가(いま, 滿洲國をどう見るか」),『中歸連』39, 2007년 1월). 아울러 참조해주면 다행이다.

*

이 책 원본의 겉표지에는 다음의 한 문장이 인쇄되어 있다. 지금도 변함이 없는, 나의 식민지연구의 원점이다.

나는 15년 전쟁 하의 도쿄에서 태어나, 패전 시 4세였다.
나를 키워준 두부와 된장, 밀가루는 '만주'의 대두였을지도 모른다.
내가 후루룩 마시거나 흘린 죽도 근원을 밝힌다면
'만주'의 콩깻묵을 비료로 하고 있었을 것이다.
즉 우리들의 세대를 포함한 현대 일본인 모두는,
육체적으로, 일본의 '만주'지배에 의한 물질순환의 계열상에 존재하고 있다.
그러므로 '만주'를 아는 것은, 우리 자신을 아는 것이다.

만주사변의 개시부터 76년째인 2007년 9월
신슈信州 야츠가다케八ヶ岳 산록 라쿠요샤落葉舍에서
오카베 마키오岡部牧夫

역자후기

이 책은 오카베 마키오岡部牧夫의 『滿洲國』(講談社 학술문고, 2007년 12월)을 완역한 것이다. 2008년 2월 자료수집 차 일본을 방문했을 때 도쿄 간다神田의 고서점에서 이 책과 처음 만나게 되었다. 1978년 산세이도三省堂에서 나온 뒤 30년 만에 고단샤講談社에서 다시 간행한 책이다. 이 책을 번역하게 된 이유는, 지금까지 우리 학계에 만주사변이나 독립운동 등의 사건과 관련한 단편적인 논문이나 저술은 있지만, 실증에 기초하여 체계적으로 일제의 만주지배를 분석하고 저술한 연구가 거의 없기 때문이다.

저자 오카베 마키오는 일본 제국주의의 식민지 지배정책과 만주 연구의 권위자로, 일본의 전쟁책임과 관련한 연구를 왕성하게 하고 있다. 저서에는 『출처진퇴에 대하여-쇼와사 성찰(出處進退について-昭和史省察)』(1989), 『15년 전쟁사론』(1999), 『제국주의와 식민지(帝國主義と植民地)』(2001), 『바다를 건넌 일본인(海を渡った日本人)』(2002), 『근대일본의 전쟁을 어떻게 볼 것인가(近代日本の戰爭をどう見るか)』(공저, 2004), 『일본 식민지 연구의 현상과 과제(日本植民地研究の現狀と課題)』(2008), 『남만주철도회사 연구(南滿洲鐵道會社の研究)』(2008) 등이 있다. 자료집으로 『만주사변에서 헌병대의 행동에 관한 자료(滿洲事變における憲兵隊の行動に關する資料)』(1987), 『만주 이민관계 자료집성』(1990), 『초기의 만주국군에 관한 자료(初期の滿洲國軍に關する資料)』(1992), 『만주 이민관계 자료집성 제2기』(1998)와 번역으로 『昭和天皇』(공역, 2002) 등이 있다.

저자는 이 책에서 세 가지 사항에 중점을 두었음을 밝히고 있다. 첫째,

만주국의 설립과 육성의 정치과정, 둘째, 일본파시즘이 만주국에 기대한 총력전체제를 확립하기 위한 산업개발과 소련에 대한 전쟁준비를 축으로 한 만주지배의 실태와 모순, 셋째, 농업정책의 실태를 통해 본 식민지배와 민중 관계의 모순을 분석했다. 즉 일본이 중국의 일부분이었던 만주를 어떻게 빼앗고, 어떻게 지배했는가를 밝혔다. 일본의 전쟁책임에 대한 규명은 전후보상, 역사교과서 문제 등을 비롯한 현대적 과제의 해결에도 필요하다. 따라서 일본 제국주의의 만주 지배실태를 분석한 이 책은 일본의 전쟁책임을 역사적으로 규명하는 데 큰 시사를 주고 있다.

만주는 청일·러일전쟁 이후 러시아와 일본 제국주의의 각축장이 되었던 곳이며, 역사적으로나 지정학적으로 한반도와 밀접한 관계를 갖는 곳이었다. 1910년대 이후에는 많은 조선인들이 만주로 이주하였고, 항일독립운동의 근거지이기도 했다. 또한 만주에 거주하고 있는 조선족 문제나 '동북공정' 문제는 현대적 과제이기도 하다. 만주에 대한 연구가 필요한 이유이다. 예전과 달리, 이제는 만주 지역도 자유로이 왕래할 수 있는 시대가 되었다. 만주에 대한 앞으로의 연구는 이제부터 시작이라고 할 수 있다. 이 책이 그러한 연구를 시작하는 데 도움이 된다면 다행이다.

이 책을 번역하면서 중국과 일본의 지명 및 인명 등은 현지발음으로 표기하는 것을 원칙으로 했으나 오히려 불편한 것은 그대로 두었다. 또한 원본에는 각주가 없이 본문 가운데 ( ) 안에 인용문헌을 표기했다. 그러나 전거典據를 알기 쉽게 하기 위해 각주로 돌리고, 역자가 이해를 돕기 위해 붙인 역주를 '역주'라고 표시하여 구별했다. 그 내용이 짧은 경우에는 본문 중의 ( ) 안에 '옮긴이'라고 표시를 했다. 그리고 사진자료를 보충하여 시대적 상황을 이해하는데 도움이 되게 했다.

한국어판 간행에 즈음하여 서문을 보내주신 오카베 마키오 선생과 그동안 한국학연구소에서 공부할 수 있는 기회와 여건을 만들어 준 한양대 사학과의 박찬승 교수께 감사드린다.

2009년 5월

최혜주

색 인

ㄱ

가나이 쇼지 **42**

가사기 요시아키 **43, 57**

가촌제 **211**

가타구라 다다시 **38**

가토 간지 **224**

간도 지방 **34, 59**

건차자도사건 **154**

공덕백 **72**

관동군 **45, 56, 68, 79, 145,**
　164, 242

관동군인 **242**

관동군총사령부 **249**

관동군특종연습 **163**

관동도독부 **23**

관동주 **23**

관동청 **23**

국가방위법 **116**

국가총동원법 **116**

국무원 **52**

국민근로봉공법 **181**

국민정부 **28**

국병법 **171**

국제연맹 **45**

금융합작사 **205**

기찰 정무위원회 **90**

기타노 마사지 **167**

ㄴ

나가이 류타로 **80**

남만주철도주식회사 **23**

노동자긴급취로규칙 **180**

노동통제법 **176**

노몬한사건 **156**

노무신체제 확립요강 **180**

농사합작사 **211**

농촌협동조합운동 **252**

ㄷ

다나카 류기치 **46**

다나카 신이치 **163**

다몬 지로 **39**

다치바나 시라키 **210**

다케베 로쿠조 **49**

275

저 자

오카베 마키오岡部牧夫

1941년 도쿄에서 출생
세이케이대학成蹊大學 정치경제학부 졸업
저술업

• 주요 저서 및 자료집
『出處進退について-昭和史省察』(1989)
『15年 戰爭史論』(1999)
『帝國主義と植民地』(2001)
『海を渡った日本人』(2002)
『近代日本の戰爭をどう見るか』(2004, 공저)
『日本植民地硏究の現狀と課題』(2008)
『南滿洲鐵道會社の硏究』(2008)
『滿洲事變における憲兵隊の行動に關する資料』(1987)
『滿洲移民關係 資料集成』(1990)
『初期の滿洲國軍に關する資料』(1992)
『滿洲移民關係 資料集成 第2期』(1998)
『昭和天皇』(2002, 공역)

최혜주崔惠珠

숙명여자대학교 사학과와 동 대학원 졸업(문학석사)
일본 도쿄대학 인문과학연구과 석·박사과정 졸업(문학수사·문학박사)
현재 한양대학교 한국학연구소 학술연구교수

• 주요 저서 및 역서

『滄江 金澤榮의 한국사론』(1996)

『일제 하 아나키즘운동의 전개』(2003, 공저)

『한국근대사와 고구려·발해인식』(2005, 공저)

『일본의 한국침략과 주권침탈』(2005, 공저)

『근현대 한일관계와 국제사회』(2007, 공저)

『일본망언의 계보』(1996, 역)

『일본의 근대사상』(2003, 역)

『일본의 군대』(2005, 역)

『朝鮮雜記-일본인의 조선정탐록』(2008, 역)

『일본인의 조선관』(2008, 역)

『조선인의 일본관』(2008, 역)

『인구로 읽는 일본사』(2009, 공역)